힘과 규칙

국제질서에 대한 두 가지 관점

힘과 규칙
국제질서에 대한 두 가지 관점

2024년 8월 28일 초판 1쇄 찍음
2024년 9월 11일 초판 1쇄 펴냄

지은이 박종희

책임편집 김천희, 한소영
디자인 김진운
본문조판 민들레

펴낸이 윤철호
펴낸곳 ㈜사회평론아카데미
등록번호 2013-000247(2013년 8월 23일)
전화 02-326-1545
팩스 02-326-1626
주소 03993 서울특별시 마포구 월드컵북로6길 56
이메일 academy@sapyoung.com
홈페이지 www.sapyoung.com

ⓒ 박종희, 2024

ISBN 979-11-6707-162-0 93340

POWER

힘과 규칙

국제질서에 대한 두 가지 관점

and
RULES

박종희 지음

사회평론아카데미

들어가며

　　'투키디데스의 함정'으로 잘 알려진 그레이엄 앨리슨(Graham Ellison)은 2020년 대단히 논쟁적인 글을 미국의 외교 전문 잡지인 『포린 어페어즈(*Foreign Affairs*)』에 발표했다(앨리슨 2018; Allison 2020). 앨리슨은 "신세력권: 다른 강대국과 세계 공유하기"(The New Spheres of Influence: Sharing the Globe With Other Great Powers)라는 제목의 글에서 미국 중심의 단극질서가 끝나고 중국과 러시아와의 강대국 경쟁이 분명해진 시점에 미국은 외교정책에서 이제 "세력권"(sphere of influence) 개념을 받아들여야 한다고 주장했다. 그는 "[시리아에서 러시아의 지원을 받은] 아사드의 잔혹 행위, 러시아의 크림반도 병합, 중국의 남중국해 군사화는 이제 그 누구도 군사적으로 이의를 제기하지 않을 기정사실이 되었다"고 주장하며 국제정치에서 강대국들이 특정 지역의 비강대국[1]들에 대해 행사하는 영향력이

....

1　　이 책에서는 강대국(great power)에 상대되는 개념으로 비(非)강대국이라는 표현을 사

한 번도 사라진 적이 없음에도 미국의 외교정책 엘리트들은 세력권 개념을 극도로 경계해왔다고 비판한다. 미국의 국제적 역할에 대해 미국 외교정책 엘리트들이 가진 통념은 지금도 냉전에서의 승리라는 찬란한 기억으로 가득차 있지만, 그러한 통념이 통할 수 있는 현실은 사라졌다는 것이 앨리슨의 주장이다.[2]

앨리슨의 글은 6년 전 존 미어샤이머(John J. Mearsheimer)가 같은 잡지에 기고한 글과 무척 닮아 있다(Mearsheimer 2014). 미어샤이머는 2014년 러시아가 크림반도를 무력으로 장악하면서 시작된 러시아-우크라이나 위기에 대해 러시아가 그와 같은 군사행동을 할 수밖에 없었던 이유가 서방의 잘못된 정책 때문이라고 비판했다. 흥미로운 점은 미어샤이머가 러시아 푸틴의 2014년 군사행동을 정당화하는 관점 역시 "세력권" 논리에 철저히 기반해 있다는 것이다. 원래 미어샤이머는 국제체제에 세계 패권국은 존재하지 않으며 오직 지역 패권국만 존재한다고 주장해 왔다(Mearsheimer 2001). 미국만 이 점을 간파하지 못하고 어리숙하게 세계 패권국인 양 모험적인 외교정책을 반복한다는 것이다.

작금의 국제관계가 세력권 질서의 원리로 움직인다고 바라보면, 미어샤이머의 주장은 상당한 설득력을 갖는다. 그의 논문 부제목("The Liberal Delusions That Provoked Putin")에 함축되어 있듯이, 미어샤이머가 보기에 우크라이나에 대한 EU(유럽연합) 가입, NATO(North Atlantic Treaty Organization, 북대서양조약기구) 가입, 그리고 민주주의 확산이라는 서방의 세 가지 정책 패키지는 "푸틴

용한다. 비강대국은 강대국이 아닌 국가를 의미하는 잔여적 개념이며 약소국(small or weak power)부터 중견국(middle power) 모두를 포괄한다.

2   미국 외교전략을 세력권 개념 중심으로 재구성해야 한다는 주장은 많은 비판을 불러왔다: Kagan(2015), Pifer(2020), Brands and Edel(2020).

을 자극한 자유주의적 망상들"이다. 왜냐하면 조지아와 우크라이나의 NATO 가입 추진은 동유럽에 미국과 서방의 "세력권"을 만들려는 것(Mearsheimer 2014, 79)이기 때문이다. 따라서 "2008년 8월 러시아의 조지아 침공은 조지아와 우크라이나의 NATO 가입을 막으려는 푸틴의 결의"를 보여준 것이다. "이러한 명백한 경고에도 불구하고 NATO는 조지아와 우크라이나를 동맹국으로 끌어들이겠다는 목표를 공개적으로 포기한 적이 없다. (…) 러시아 지도자들의 눈에 EU의 확장은 NATO 확장을 위해 앞세운 미끼(stalking horse)나 다름없다."(Mearsheimer 2014, 80) 이러한 논리에 기반하여 미어샤이머는 그것이 아무리 가능성에 머물렀다 할지라도 EU와 NATO의 우크라이나로의 확장은 그 어떤 강대국도 좌시할 수 없는 중대한 안보적 위협이었다고 설명한다.[3]

나폴레옹의 프랑스, 제국주의 독일, 나치 독일이 모두 러시아를 공격하기 위해 건넌 거대한 평지(平地, flat land)인 우크라이나는 러

....

3   여기서 세계를 세력권 질서로 보지 않는 사람에게 미어샤이머의 주장은 매우 기이하게 들린다는 점을 지적하고 넘어가지 않을 수 없다. 첫째, EU는 기본적으로 경제통합을 목적으로 한 국가 간 경제연합(economic union)이다. 안보 및 국방 분야에서의 협력이 존재했지만 주로 정보 교류와 방어적 성격이며 군사동맹에 해당되는 수준의 협력은 이루어지지 않았다. 둘째, NATO는 기본적으로 방어동맹으로서, 회원국 중 한 국가가 공격을 받을 경우에만 집단방위 의무가 발동된다(NATO 조약 제5조). 따라서 가입국인 우크라이나가 러시아를 일방적으로 공격한다고 해서 다른 회원국들이 자동적으로 이를 지원할 의무는 없다. 오히려 NATO는 UN 헌장 제2조에 명시된 무력 사용 금지 원칙을 준수할 것을 강조해왔다. 또한 NATO는 가입 신청국의 영토 내에 해결되지 않은 분쟁이 존재할 경우 가입을 제한하고 있다. 러시아와 우크라이나 간 크림반도 및 동부 지역을 둘러싼 분쟁이 지속되는 한 우크라이나의 NATO 가입은 요원한 일이다. 우크라이나가 NATO에 가입한다고 해도 NATO-러시아 이사회(Nato-Russia Council, NRC)를 통해 러시아는 이에 대한 우려를 표명할 수 있는 외교적 창구를 가지고 있다. 마지막으로 러시아 역시 공식적으로 민주주의 제도를 채택하고 있기 때문에 우크라이나의 민주주의가 러시아에 위협이 된다는 주장도 논리적으로 맞지 않다.

시아에 엄청난 전략적 중요성을 지닌 완충국(a buffer state of enormous strategic importance to Russia)이다. 어떤 러시아 지도자도 최근 우크라이나로 진출하고 있는 모스크바의 불구대천의 적인 군사동맹[NATO]을 용인하지 않을 것이다. 또한 어떤 러시아 지도자도 서방이 우크라이나를 서방으로 통합하기로 결심한 정부를 수립하는 것을 가만히 두고 보지 않을 것이다(Mearsheimer 2014, 82).

여기서 "완충국"이라는 지정학적 개념이 등장한다는 점에 주목할 필요가 있다. 근대 평등주권에 기반한 논의에서나 자유주의 국제질서의 관점에서는 거의 종적을 감춘 완충국 개념이 러시아의 세력권을 정당화하기 위해 호출된다. 우크라이나의 완충국 기능은 러시아의 안보에 필요한 것이지 우크라이나가 스스로 선택한 것이 아니라는 점은 굳이 설명할 필요가 없을 것이다.

앨리슨은 미국의 쇠퇴로 인해 국제질서가 이제 막 세력권 질서로 이행하고 있다고 보는 반면 미어샤이머는 국제관계가 항상 세력권 질서였고 미국만 이 사실을 외면했다고 본다는 점에서 둘 사이에 미세한 차이가 존재하지만, 결국 이들 모두 21세기 국제관계를 세력권 질서로 보는 것이 타당하며 바람직하다고 주장한다는 점에서는 일치된 의견을 보인다. 실제 많은 국제정치 논평가들은 미어샤이머나 앨리슨과 같은 관점에서 미국의 영향력 쇠퇴는 다극질서의 부활이자 지정학의 귀환이며 이는 곧 세력권 질서의 부활이 되거나 또는 되어야 한다고 주장하고 있다(예: Mead 2014; Etzioni 2015; Kissinger 2015; Acharya 2018; Mearsheimer 2019; Saunders 2020; O'Rourke & Joshua Shifrinson 2022; Ashford 2023).

이 책은 오늘날 자유주의 국제질서가 직면한 도전을 이해하는 것을 목적으로 한다. 보다 구체적으로, 자유주의 국제질서의 도전이 노화나 과잉팽창과 같은 내적 원인에서 기인하는 것인지, 아니면 외적인 도전에 의한 것인지를 규명할 것이다.

이를 위해 먼저 "국제질서란 무엇인가?"라는 원론적인 질문을 던지고 이에 대한 답을 Part I에서 제시할 것이다. 이 책에서 자유주의 국제질서는 '국가들의 동의 또는 재가에 의해 등장한 규칙(rules)을 통해 국가 간 관계를 조직하고자 하는 국제질서 이념'으로 정의된다. 이 책은 자유주의 국제질서의 등장과 진화 과정에 중요한 영향을 준 경쟁적 이념을 세력권 질서(sphere-of-influence order)로 정의한다. 여기서 세력권 질서란 강대국들이 각자의 군사적 영향력이 미치는 특정한 지리적 영역 내에서, 비강대국에 대한 통제와 타 강대국의 개입 배제를 기본 원칙으로 삼는 국제질서 이념을 말한다. 20세기 이전까지 역사적으로 존재했던 국제질서들은 대내적으로 위계적이고 대외적으로 배타적이었다는 의미에서 대부분 세력권 질서의 성격을 띠고 있었다. 제국(empire), 패권(hegemony), 식민지(colony), 보호령(protectorate), 봉신국(vassal state), 신탁통치(trusteeship), 위성국가(satellite state), 종주권(suzerainty), 공동통치(condominium), 그리고 조공관계(tributary system)가 그 예이다. 이들은 모두 국가 간 관계를 본질적으로 불평등한 것으로 보고 위계적 질서를 기본 원칙으로 삼았다는 공통점이 있다. 반면 20세기에 등장한 자유주의 국제질서는 국제관계를 군사력이나 경제력과 같은 "힘"에 의해서가 아니라 국가들에 의해 만들어지고 합의된 "규칙"에 의해서 조직하고자 하는 이념이다.

이 책의 Part II에서는 자유주의 국제질서를 떠받쳐 온 대내적 요인으로, 자유주의 국제질서의 핵심 국가에서 유지되어 온 "개방에 대한 사회적 합의"를 살펴볼 것이다. 개방에 대한 사회적 합의를 가장 잘 설명할 수 있는 주제는 미국의 무역정치이다. 1934년에 통과된 상호무역협정법(Reciprocal Trade Agreements Act, RTAA)은 개방에 대한 사회적 합의가 미국의 국내 정치에 굳건하게 자리 잡게 된 역사적 기점이자 제도적 기원이라고 볼 수 있다. 미국 헌법은 관세에 대한 결정 권한을 의회에 부여했지만 의회는 RTAA를 통해 외국과의 무역협정(곧 미국 관세의 조정)에 대한 권한을 무역 협상을 진행하는 대통령에게 위임했다. 관세 조정 권한의 위임은 의회의 주기적인 승인이 없으면 소멸되었지만, 2016년 전까지 미국 의회는 대통령이 개방적 대외경제정책을 추진하는 것을 막지 않았다. 그러나 2016년 공화당 대통령 후보 도널드 트럼프(Donald Trump)가 스스로를 윌리엄 매킨리(William McKinley, 재임 1897-1901)를 잇는 보호주의 대통령으로 자임하고 위임정치의 종식을 선언하면서 1934 체제는 중단되었다. 트럼프는 그동안 워싱턴의 엘리트들에게 위임해준 대외경제정책에 대한 권한을 유권자들이 돌려받아야 하는 이유를 다음과 같이 설명했다.

"저[도널드 트럼프 후보]는 우리 국민 모두를 위한 대통령이 되겠습니다. 그리고 저는 도심을 되살리고 국민에게 힘을 주고 경제를 살리고 일자리를 되찾아주는 사람이 될 것입니다. [힐러리의] 남편[빌 클린턴 대통령]이 서명한 북미자유무역협정(NAFTA)은 아마도 세계 역사상 가장 큰 재앙의 무역 협정일 것입니다. 이 나라의 것이 아닙니다. NAFTA는 우리에게서 제조업 일자리를 빼앗아갔습니다. 우리는 일자리를 잃었고, 돈을 잃었고, 공장을 잃었습니다. 재앙입니다. (…) 이제 그녀는 환태평양파트너십(Trans-Pacific Partnership, TPP)에 서명하고 싶어 합니다. 그녀는 그것을 황금표준(the gold standard)이라고 불렀습니다."(2016년 10월 10일, 미국 대통령 선거

2차 토론회 중 도널드 트럼프 후보의 발언)[4]

　트럼프의 공화당 경선 승리와 대통령 선거 승리는 예측이 어려운 극적인 사건이 분명하지만, 보호주의적 요구가 미국 대통령 선거의 중요한 이슈로 등장한 것은 예측 가능한 사건이었다. NAFTA 이후 지속적으로 진행되어온 개방경제정책은 높은 교육 수준과 자산 이동성을 가진 소수에게 이익을 집중시킨 반면 교육 수준과 자산 이동성이 낮은 비도시 지역 유권자들의 삶을 황폐화하고 있었다. 이미 트럼프 행정부가 등장하기 전부터 미국 행정부는 자유주의 국제질서에 대한 공격을 통해 개방정책에 대한 유권자의 불만을 달래고자 했다. 이를 가장 잘 보여주는 것이 지난 10여 년 동안 진행된 WTO 분쟁해결기구(Dispute Settlement Body, DSB)에 대한 미국 행정부의 공격이다. 오바마 행정부는 2011년 미국의 보호무역 조치를 지지하지 않았던 미국 출신 상소위원 제니퍼 힐먼(Jennifer Hillman)의 재임명을 반대하면서 WTO 상소기구(the Appellate Body)에 대한 공격을 시작했고, 2016년 5월에는 한국 출신 장승화 상소위원의 재임명을 거부했다. 장승화 위원이 관여한 4건의 상소기구 판정 중에 미국에게 불리한 판정이 내려진 3건이 그 이유였다(정하늘 2023, 225-234). 이후 트럼프 행정부는 모든 상소위원의 임명과 재임명을 차단하여 WTO 분쟁 해결 절차를 기능정지시켰다(Zaccaria 2022).[5] 분쟁해결기구 개

....

4　　Politico, "Full transcript: Second 2016 presidential debate"(https://www.politico.com/story/2016/10/2016-presidential-debate-transcript-229519, 최종 접속 2023년 8월 5일).

5　　WTO 상소기구는 분쟁해결기구(DSB)에 의해 임명되어 4년 임기를 수행하는 7명의 위원으로 구성된다. 각 위원은 4년 임기로 재임명될 수 있는데 이들의 임기에는 시차를 두고 있어서 모든 위원이 동시에 임기를 시작하고 종료하지 않도록 구성되어 있다. World Trade Organization, "Appellate Body Members"(https://www.wto.org/english/tratop_e/dispu_e/ab_members_descrp_e.htm, 최종 접속 2024년 5월 21일).

혁과 WTO 기능복원을 위한 13차 각료회의가 2024년 2-3월에 진행되었으나 미국과 나머지 국가의 입장 차이는 여전히 큰 간극을 보이고 있다.[6]

　　이와 같이 현재 자유주의 국제질서는 안과 밖의 도전에 직면해 있다. 개방이 초래한 사회적 충격을 더 이상 감당할 수 없는 유권자들의 불만으로 인해 개방에 대한 사회적 합의가 미국을 비롯한 선진국 곳곳에서 위협받고 있으며 개방에 대한 거부감은 사회적·문화적 영역으로까지 확산되고 있다. 다른 한편으로 자유주의 국제질서 안에서 급성장한 비자유주의 강대국 중국과 러시아는 자유주의 국제질서의 틀을 깨고 자국에 유리한 새로운 세력권 질서를 구축하기 위해 공세적인 외교정책을 추진하고 있다. 이들에 의한 세력권 질서 부활 시도가 특히 우려스러운 이유는 세력권 질서 구축을 주도하는 국가들이 권위주의 정권이기 때문이다. 두 차례의 세계대전에서 이미 확인된 바와 같이, 여론이나 법, 의회와 같은 민주적 제도의 견제를 받지 않는 권위주의 지도자들이 주도하는 세력권 질서는 주변 국가와 그 국민들의 삶에 치명적인 피해를 줄 수 있다. 2022년 2월 24일 러시아의 우크라이나 침공은 권위주의 정권에 의해 주도되는 세력권 질서가 어떤 모습이 될 것인가를 보여주는 서막에 불과하다. 조지아, 홍콩, 예멘, 대만해협, 남중국해가 제2, 제3의 우크라이나가 될 수 있다.

　　앨리슨은 2020년 논문에서 "우크라이나는 크림반도의 상실을 잊어버려야 할 것이며, 러시아의 근외(近外, near abroad) 국가들은 크렘린에 대해 더 두려워하고 더 공손해지는 법을 배워야 할 것이다(learn to be both more fearful of and more deferential to the Krem-

6　　WTO, "13th WTO Ministerial Conference"(https://www.wto.org/english/thewto_e/minist_e/mc13_e/mc13_e.htm, 최종 접속 2024년 7월 11일).

lin)"(Allison 2020, 37)라고 우크라이나에 충고했다. 앨리슨에게 세력권 질서의 부활은 "다른 강대국과 세계 공유하기"였을지 모르지만 우크라이나에게 세력권 질서의 부활은 "완충국" 역할을 힘으로 강요하는 러시아의 특수군사작전을 의미했다.

데시데리위스 에라스무스(Desiderius Erasmus, 1466-1536)와 토머스 모어(Sir Thomas More, 1478-1535) 이래 계몽주의자들은 국제관계에서 "힘"에 의해 지배되는 질서에 대항하는 "규칙" 중심의 질서를 만들기 위해 끊임없이 고민해왔다(하워드 1977[2018]). 이러한 노력은 미국의 건국과 함께 유럽대륙에서 신대륙으로 건너왔고 20세기 초에 월슨주의와 그 뒤에 전개된 일련의 자유주의적 국제질서를 수립하려는 노력 속에서 구체적인 국제제도와 국제법으로 하나씩 구체화되었다. 현대사에서 자유주의 국제질서가 등장하고 확산되는 과정은 한반도에도 적지 않은 영향을 미쳤다는 사실을 상기할 필요가 있다. 1919년 임시정부 수립의 기원이 된 3.1운동은 월슨의 14개조에 고무된 바 크며 1943년 카이로선언에서의 한국 독립에 대한 연합국 대표의 서명 역시 전후 세계를 세력권 질서가 아니라 자유주의 국제질서로 만들고자 했던 미국의 의도에 힘입은 바 크다.[7] 또한 1950

----

7   제2차 세계대전 중인 1943년 11월 카이로에서 개최된 연합국 정상회담에서 발표된 카이로선언은 전후 한국의 독립을 보장하는 중요한 내용을 담고 있었다: "Japan will also be expelled from all other territories which she has taken by violence and greed. The aforesaid three great powers [the United States, the United Kingdom, and the Republic of China], mindful of the enslavement of the people of Korea, are determined that in due course Korea shall become free and independent." 이 조항이 포함된 배경에는 미국과 중국 국민당 정부의 역할이 있었던 것으로 평가되나 학자들에 따라 그 상대적 중요성에 대한 평가가 나뉜다. 미국 루스벨트 대통령은 세력권 질서를 대신할 미국, 소련, 영국, 중국으로 구성되는 4강 연합(Big four alliance)을 전후 질서의 구상에서 중요시했다. 따라서 중국을 중요한 파트너로 인식하고 있었고, 이에 카이로회담에 중국 대표로 장제스 총통을 초청하는 데 적극적이었다. 임시정부 요인들은 회담에서 국제 공동 관리가 아닌 조선의 즉각 독립을 관철시켜줄 것을 장제스에게 요청했고, 장제스는 회담에서 한국 독립의 당위성을 강력히 주장했다. 루스벨트는 월슨의 민족자

년 한국전쟁에 대한 UN(국제연합)의 다국적군 파병은 집단안보에 대한 윌슨주의적 실험이 제2차 세계대전 이후 최초로 현실화된 것이며, 한국이 세계 10위의 경제대국이자 문화대국으로 비약적인 성장을 이룰 수 있었던 환경 역시 자유주의 국제질서에 의해 조성된 것이라고 볼 수 있다. 따라서 자유주의 국제질서를 미국과 유럽의 세력권으로 치부하고 그 쇠퇴를 수수방관하는 것은 한국의 국익에도 부합하지 않는다.

이 책의 저술에는 많은 분들의 도움과 격려가 있었다. 우선 연구 구상 단계부터 출판까지 학술적, 재정적, 행정적 지원을 아끼지 않은 사회과학연구원의 안도경 원장님께 깊은 감사를 드린다. 이 책이 완성되는 과정에서 세계질서의 재편에 대한 필자의 고민을 항상 귀담아 들어주시고 귀중한 논평과 직관을 나눠주신 필자의 석사과정 지도교수이자 평생의 은사이신 윤영관 선생님께도 깊은 감사를 드린다. 또 책의 내용에 좋은 논평을 해주신 김주형, 김용균, 손인주, 손정욱 교수님, 전문가 자문을 해주신 정하늘 변호사, 박홍민 교수, 유영주, 조경회, 박준수, 최태호 님께도 깊은 감사의 말씀을 드린다.

필자는 항상 서울대학교 정치외교학부 교수님들과 다양한 이슈에 대해 함께 논의하고 토론할 수 있다는 점을 무엇보다도 큰 행운이자 기쁨이라고 생각하고 있다. 특히 외교학 전공에 계신 정재호, 신

....

결주의를 계승하는 한편 전후 아시아에서의 식민주의 청산을 주장하고 있었고 장제스 역시 한국을 포함한 아시아 피식민국가들의 독립에 우호적인 입장이었기에 양국의 이해관계가 일치할 수 있었던 것이다. 물론 '한국 조항'의 이면에 미국과 중국 모두 전후 한국에 대한 영향력 확보 가능성을 염두에 두고 있었다는 점도 주목할 필요가 있다. 반면 영국 처칠 수상은 한국 독립 조항을 삭제할 것을 주장했고 한국 독립 조항 전체에 대해 소극적이거나 유보적인 태도를 보였다. 이에 대해서는 한시준(2014), 정병준(2014, 2023)의 연구를 참고하라.

욱희, 이옥연, 전재성, 김상배, 신범식, 박성우, 조동준, 안두환, 이정환, 이나경, Brandon Ives, 그리고 김종학 교수님으로부터 받은 많은 통찰이 이 책을 포함한 필자의 연구에 두루 반영되어 있다는 점을 이 자리를 빌려 다시 한 번 고백한다. 또한 이 책 후반부의 많은 내용은 서울대학교 국가미래전략원 경제안보 클러스터에 계신 김병연, 손윤규, 박현우, 그리고 김병구 교수님과의 대화와 토론 속에서 자라난 것들임을 밝히며 이에 대해 깊은 감사를 드린다. 학문의 길에 우연히 만나 필자의 거친 생각을 다듬어준 양준석, 김성은, 이인복, 권혁용, 홍지연 교수님께도 항상 깊이 감사드린다. 학문적 진지함과 연구에서의 엄격함을 두루 갖추신 분들과의 협업은 자꾸 무뎌져가는 필자의 연구력에 중요한 죽비가 되었다.

책의 원고를 꼼꼼히 읽고 좋은 논평을 해준 석사과정 권순욱, 이연주, 박범준, 장호선 학생에게도 깊은 감사를 드린다. 석사과정 학생들의 따끔한 비판이 이 책이 제 모습을 갖추는 데에 큰 도움을 주었다. 또한 항상 어려운 상황에서도 흔쾌히 출판을 허락해 주시고 꼼꼼하게 교열과 편집을 봐주신 사회평론아카데미 윤철호 대표님과 김천희 소장님께도 감사의 말씀을 드린다. 마지막으로 서재에 틀어박혀 혼자만의 시간을 보내는 필자의 모습을 인내해준 아내 희진이와 아들 태현이, 딸 준영이에게 미안하고 고맙다는 말을 전한다.

차례

힘 vs. 규칙

2019년 6월 27일 G20 정상회의 전날, 블라디미르 푸틴은『파이낸셜 타임즈』편집장 라이어널 바버(Lionel Barber) 그리고 모스크바 지국장 헨리 포이(Henry Foy)와 대담을 나눴다. 여기서 푸틴은 트럼프의 당선과 자유주의의 위기 등에 대한 자신의 생각을 자세히 설명하였다. 푸틴의 생각은 러시아의 국제정치관을 대변하는 것이자 자유주의 국제질서에 대한 가장 영향력 있는 비판 중 하나라는 측면에서 다소 길게 인용해본다(Barber and Foy 2019).[1] 인용문 안의 강조(진한 글씨)는 인용자에 의해 삽입된 것임을 미리 밝혀둔다.

푸틴: 지난 25년 동안 전 세계 GDP에서 G7 국가가 차지하는 비중은 58%에서 40%로 감소했습니다. 이는 어떤 식으로든 국제기

....

1   인터뷰 전문은 http://en.kremlin.ru/events/president/news/60836에서 확인할 수 있다(최종 접속 2024년 4월 22일).

구에도 반영되어야 합니다. 이것이 러시아와 중국의 공통된 입장입니다. 이것은 공정한 조치이며 특별한 것은 아닙니다.

(…)

바버: 당신은 역사학도입니다. 헨리 키신저(Henry Kissinger)와 많은 대화를 나누셨을 겁니다. 그의 저서인 『세계 질서(*World Order*)』도 거의 다 읽으셨을 겁니다. 트럼프 대통령을 통해 우리는 새로운 것, 훨씬 더 거래적인(transactional) 태도를 보았습니다. 그는 유럽의 동맹과 동맹국에 대해 매우 비판적입니다. 이것이 러시아에 이익이 될까요?

푸틴: 이 경우 미국에 무엇이 유리한지 묻는 것이 더 나을 것입니다. 트럼프는 직업 정치인이 아닙니다. 그는 뚜렷한 세계관과 미국의 국익에 대한 비전을 가지고 있습니다. 저는 문제 해결에 있어서 그의 방식 중 많은 부분을 받아들이지 않습니다. 하지만 제가 [그에 대해] 어떻게 생각하는지 아십니까? 저는 그가 재능 있는 사람이라고 생각합니다. 그는 유권자들이 자신에게 무엇을 기대하는지 잘 알고 있습니다.

러시아는 뮬러 보고서(Mueller Report)에도 불구하고 미국 대선에 개입했다는 의혹을 받고 있으며, 이상하게도 여전히 비난을 받고 있습니다.[2] 실제로는 어떤 일이 있었을까요? 트럼프 대통령은 자신에 대한 반대자들의 태도를 살펴보고 미국 사회의 변화를 보았

....

2 뮬러 보고서는 2016년 미국 대통령 선거 과정에서 러시아의 개입 여부에 대한 특별검사 보고서이다. 뮬러 보고서는 러시아 정부가 소셜 미디어 캠페인과 민주당 이메일 해킹을 통해 2016년 미국 대선에 "광범위하고 체계적인 방식으로(sweeping and systematic fashion)" 개입했다는 것을 확인했으나(Mueller 2019, 1), 트럼프 캠프가 러시아 정부와 공모하거나 선거운동을 조율했다는 것을 확인하지는 못하였다. 뮬러 보고서는 트럼프 대통령에 의한 열 가지 잠재적 사법 방해 사례를 발견했지만 현직 대통령은 기소될 수 없다는 법무부 정책을 인용하며 사법 방해에 대한 판단을 내리지 않았다.

고, 이를 이용했습니다.

여러분과 저는 G20 회의를 앞두고 이야기를 나누고 있습니다. 이 회의는 경제 포럼이며 세계화, 세계 무역, 국제금융에 대한 논의가 있을 것입니다. 1990년대 이후 지난 25년 동안 우리가 관찰하고 참여해온 세계화의 발전을 통해 누가 실제로 혜택을 받았고 어떤 이득을 얻었는지 생각해본 적이 있습니까? 특히 중국은 수백만 명의 중국인을 빈곤에서 벗어나게 하는 데 세계화를 활용했습니다.

미국에서는 어떤 일이 어떻게 일어났을까요? 미국에서는 기업, 경영자, 주주, 파트너 등 미국의 주요 기업들이 이러한 혜택을 누렸습니다. 중산층은 세계화의 혜택을 거의 받지 못했습니다. (…) 미국의 중산층은 세계화의 혜택을 받지 못했고, 파이를 나눌 때 소외되었습니다.

트럼프 팀은 이를 매우 예리하고 명확하게 감지했고, 이를 선거 캠페인에 활용했습니다. 트럼프의 승리의 원인을 외국의 간섭에서 찾지 말고 바로 여기서 찾아야 합니다. 세계 경제를 포함해 우리가 여기서 이야기해야 할 것은 바로 이것입니다.

(…)

바버: 다시 큰 그림에 대한 질문입니다. 저는 대화 초반에 파편화(fragmentation)에 대해 이야기했습니다. 오늘날 또 다른 현상은 엘리트와 기존 체제에 대한 대중의 반발(backlash against elites and against the establishment)이 일어나고 있다는 것입니다. 당신도 영국의 브렉시트와 트럼프의 미국을 언급했습니다. 독일에서는 독일을 위한 대안(AFD)이 있고, 터키, 아랍 세계에서도 이런 일들이 있습니다. 러시아가 언제까지 기존 체제에 대한 전 세계적인 반발 움직임에서 자유로울 수 있다고 생각하십니까?

푸틴: (…) 러시아는 얼마나 오래 안정된 국가로 남을까요? 길

수록 좋습니다. 다른 많은 것들과 세계에서의 위치는 안정과 내부 정치적 안정에 달려 있기 때문입니다. 궁극적으로 국민의 안녕은 아마도 일차적으로 안정에 달려 있을 것입니다. 소련이 붕괴한 내부적인 이유 중 하나는 국민의 생활이 어려웠고, 국민이 가져가는 임금이 매우 적었기 때문입니다. 상점은 텅 비었고 사람들은 국가를 보존하려는 본질적인 욕구를 잃었습니다.

그들은 무슨 일이 있어도 상황이 더 나빠질 수 없다고 생각했습니다. 특히 1990년대 초 사회 보호 및 의료 시스템이 무너지고 산업이 무너지면서 많은 사람들의 삶은 더욱 악화되었습니다. 비효율적일 수 있지만 적어도 사람들은 일자리가 있었습니다. 붕괴 이후 그들은 일자리를 잃었습니다. 따라서 각각의 사례를 개별적으로 살펴봐야 합니다. 서방에서는 무슨 일이 일어나고 있습니까? 말씀하신 대로 미국에서 트럼프 현상의 원인은 무엇입니까? 유럽에서도 무슨 일이 일어나고 있습니까? 지배 엘리트들이 국민으로부터 멀어졌습니다. 분명한 문제는 엘리트들의 이해관계와 압도적 다수 국민 사이의 간극입니다.

(…)

소위 자유주의 이념(liberal idea)이 있습니다. 이 이념은 자신의 목적보다 더 오래 지속되고 있습니다. 우리의 서방 파트너들은 다문화주의와 같은 자유주의 이념의 일부 요소가 더 이상 지속 가능하지 않다는 것을 인정했습니다. 이민 문제가 대두되었을 때 많은 사람들이 다문화주의 정책이 효과적이지 않으며 핵심 인구(the core population)의 이익을 고려해야 한다는 것을 인정했습니다. 물론 본국의 정치적 문제로 인해 어려움을 겪는 이들에게도 우리의 도움이 필요합니다. 하지만 서유럽으로 향하는 이주민의 수가 소수가 아니라 수천, 수십만 명에 달할 때 자국민의 이익은 어떻게 될까요?

바버: 앙겔라 메르켈 총리가 실수를 한 건가요?

푸틴: 중대한 실수입니다. 멕시코와 미국 사이에 장벽을 세우려는 트럼프의 의도를 비판할 수 있습니다. 너무 지나친 것일 수도 있죠. (…) 그러나 그는 엄청난 이민자와 마약의 유입에 대해 뭔가를 해야 했습니다. 아무도 아무것도 하지 않습니다. 그들은 이것도 나쁘고 저것도 나쁘다고 말합니다. 그럼 무엇이 좋은가요? 무엇을 해야 할까요? 아무도 아무것도 제안하지 않았습니다. 멕시코와의 경제 관계에서 장벽을 건설하거나 관세를 매년 5퍼센트씩 올려야 한다는 뜻이 아닙니다. (…) 트럼프는 적어도 해결책을 찾고 있습니다. (…) 이 문제에 대해 우려하는 사람들, 평범한 미국인은 이것[트럼프의 정책]을 보고 적어도 그는 무언가를 하고 있고 아이디어를 제안하고 해결책을 찾고 있다고 말합니다. 자유주의 이념의 지지자들은 아무것도 하지 않습니다. 그들은 모든 것이 잘되고 있고 모든 것이 정상이라고 말합니다. 하지만 그럴까요? 그들은 아늑한 사무실에 앉아 있지만 텍사스나 플로리다에서 매일 문제에 직면하고 있는 사람들은 행복하지 않으며 곧 그들 자신의 문제를 겪게 될 것입니다. 그들에 대해 생각하는 사람이 있습니까? 유럽도 마찬가지입니다. 많은 동료들과 이 문제를 논의했지만 아무도 답을 찾지 못했습니다. 여러 가지 이유로 강경 정책을 추구할 수 없다고 말합니다. 정확히 왜 그럴까요? 그냥 그렇기 때문이죠. 법이 있기 때문이라고 그들은 말합니다. 그럼 법을 바꾸세요! 러시아의 영역(sphere)에도 러시아만의 문제가 꽤 있습니다. 우리는 구소련 공화국들과 개방된 국경을 맞대고 있지만 그 나라 사람들은 적어도 러시아어를 사용하죠. 무슨 말인지 아시겠습니까? 게다가 우리 러시아는 이 영역의 상황을 간소화하기 위한 조치를 취했습니다. 우리는 이제 이민자들이 온 나라에서 일하면서 학교에서 러시아어를 가르치고 있으며, 여기에서

도 그들과 함께 일하고 있습니다. 우리는 이민자들이 해당 국가의 법률, 관습 및 문화를 존중해야 한다는 것을 보여주기 위해 법률을 강화했습니다. 즉, 러시아에서도 상황이 간단하지는 않지만 우리는 이를 개선하기 위해 노력하기 시작했습니다. 자유주의 사상은 아무 것도 할 필요가 없다고 전제합니다. 이민자로서의 권리가 보호되어야 하기 때문에 이민자들은 처벌받지 않고 살인, 약탈, 강간을 할 수 있습니다. 무슨 이런 권리가 있습니까? 모든 범죄에는 반드시 처벌이 따라야 합니다.

그래서 자유주의 이념은 쓸모가 없어졌습니다. 그것은 압도적인 대다수 인구의 이익과 충돌하게 되었습니다. (…) 저는 우리가 동성애 혐오 혐의로 비난을 받았기 때문에 누구를 모욕하려는 것이 아닙니다. 그러나 우리는 성소수자에 대해 아무런 문제가 없습니다. 그들이 원하는 대로 살게 내버려두면 됩니다. 그러나 어떤 점들은 우리에게 과도해 보입니다. 그들은 이제 아이들이 대여섯 가지 성 역할을 선택할 수 있다고 주장합니다. 저는 이것이 정확히 어떤 성별인지 말할 수도 없고 그것에 대한 개념도 없습니다. 모두가 행복해지면 우리는 그것에 대해 아무런 문제도 제기하지 않을 것입니다. 그러나 이것이 핵심 인구를 구성하는 수백만 명의 문화, 전통, 전통적 가족 가치를 가려서는(overshadow) 안 됩니다.

이 인터뷰에서 우리는 다음 네 가지 언급에 특히 주목할 필요가 있다. 첫째, 푸틴은 국제기구와 국제제도에서 중국과 러시아를 포함한 비G7 국가들이 자국의 증가한 경제적 영향력에 상응하는 영향력을 가져야 한다고 생각하며 이러한 방향으로의 개혁이 공정하다고 주장한다. 둘째, 푸틴은 트럼프의 당선이 세계화에서 소외된 중산층에게 옳든 그르든 어떤 "해결책"을 제시했기 때문에 가능했으며 반대 진영은 해결책을 제시하지 못했다는 점을 강조하고 있다. 셋째, 푸틴은 자유주의 이념이 이제 수명을 다했으며 그 목적보다 더 오래 지속되고 있다고 지적하고 있다. 푸틴이 지적하는 자유주의의 심각한 문제점은 세계화와 다문화주의, 그리고 난민 수용에 대한 개방적 입장이며 이들이 전통적 가치와 원주민(핵심 인구로 표현된)의 이익에 대해 가하는 위협이다. 넷째, 푸틴은 러시아와 국경을 접하고 있고 주민의 다수가 러시아어를 사용하는 국가들에 대해 러시아 "영역"(sphere)이라는 표현을 사용하고 있다. 암묵적이지만 러시아 세력권에 대한 이러한 이해가 주변 국가와의 관계에서 그의 사고를 지배하고 있음을 알 수 있다.

이 네 가지 내용을 종합해보면 푸틴의 메시지는 간결하다. 미국과 유럽이 주도하는 자유주의 국제질서가 안에서는 부의 불평등과 전통적 가치의 붕괴로, 밖에서는 자유주의 주도 국가의 경제적 후퇴와 비자유주의 국가들의 성장으로 이제 그 존재 의의가 사라졌다는 것이다. 푸틴은 이러한 자신의 생각을 행동으로 옮기는 것을 주저하지 않았다. 이 인터뷰가 있은 지 3년 후인 2022년 2월, 푸틴은 주민의 대다수가 러시아어를 사용하는 우크라이나를 무력으로 침공하는 특별군사작전(speical military operation)을 감행했다. 특별군사작전 직후 푸틴은 자신이 생각하는 새로운 국제질서란 무엇이며 그것은 어떻게 가능한지를 다음과 같이 설명했다.

국제관계 및 이를 규제하는 규칙에서 세계정세의 변화와 세력균형(balance of power)을 고려할 필요가 있었다. 이것은 모든 국가의 이익을 고려하고 존중하며 자신의 책임을 이해하면서 전문적이고 원만하게, 그리고 인내심을 가지고 이루어졌어야 했다. 그러나 [미국과 서방세계는] 그렇게 하지 않았다. [미국은] 현대판 절대주의의 일종인 압도적 우위(absolute superiority)에서 오는 희열과 낮은 수준의 문화, 그리고 의사결정자의 오만함으로 인해 자신들에게만 이익이 되는 결정을 준비하고 채택하고 밀어붙였다. (⋯) 미국과 그 동맹국들에게 이것[NATO 확장]은 러시아 봉쇄 정책이며 명백한 지정학적 이점을 가져다 줄 것이다. 우리 러시아에게 이것[NATO 확장]은 궁극적으로 삶과 죽음의 문제이자 민족으로서의 역사적 미래에 관한 문제이다. 이것은 과장이 아니라 사실이다. 이것[NATO 확장]은 우리의 이익뿐만 아니라 우리 국가의 존재와 주권에 대한 진정한 위협이다. 여러 번 언급된 바로 그 레드 라인이다. 그들은 그것을 넘어섰다.[3]

---

3 "'No other option': Excerpts of Putin's speech declaring war" Al Jazeera, February 24, 2022(https://www.aljazeera.com/news/2022/2/24/putins-speech-declaring-war-on-ukraine-translated-excerpts, 최종 접속 2024년 4월 22일).

1

국제질서란 무엇인가?

모든 국제질서는 국가들이 직면한 사회적 딜레마를 해결하는 것을 목적으로 한다. 국제사회는 기본적으로 무규범의 상태이며 국가보다 상위의 권위체가 존재하지 않기 때문에 국가들은 마치 자연 상태의 개인처럼 심각한 불안과 갈등에 직면할 수 있다. 무규범의 상태에서 발생하는 사회적 딜레마의 가장 대표적인 예는 토머스 홉스(Thomas Hobbes)가 말한 자연 상태의 딜레마이다. 이 상태에서 국가들은 생존을 위해서 서로를 끊임없이 의심하고 경계하며 궁극적으로는 상대를 힘으로 제압하고자 한다. 미어샤이머(Mearsheimer 2001)를 따라 이를 공격적 안보의 딜레마로 부를 수 있다. 공격적 안보의 딜레마 반대편에는 공격에 대한 방어와 현상 유지를 추구하는 경우에 발생하는 방어적 안보의 딜레마가 있다(Jervis 1978). 방어적 안보의 딜레마는 한 국가의 안보 추구가 다른 국가에는 위협으로 인식되어 상호 불신과 군비경쟁을 초래하는 상황을 말한다.

안보의 딜레마 외에도 국가들이 국제관계에서 서로 영향을 주고

받음으로써 직면하게 되는 다양한 딜레마가 있다. 예를 들어 공유자원의 딜레마(공유자원을 각자의 이익을 위해 무분별하게 사용하여 자원고갈을 초래하는 상황, Harding 1968; Ostrom 1990; Ostrom et al. 1999), 근린궁핍화의 딜레마(beggar-thy-neighbor dilemma, 보호무역이나 국내보조금 지급, 평가절하와 같이 자국의 이익을 위해 타국에 피해를 주는 정책을 시행하여 결과적으로 모두에게 손실을 초래하는 상황), 표준경쟁의 딜레마(기술이나 규격 표준이 통일되지 않아 비효율과 갈등이 발생하는 상황), 공공재 과소공급의 딜레마(공공재 제공 비용이 개별 국가의 편익을 초과하여 국제적으로 필요한 공공재가 충분히 공급되지 않는 상황, Kindleberger 1973), 외부성의 딜레마(한 국가의 행동이 제3국에게 의도하지 않은 피해나 이익을 주지만 이에 대한 경제적 보상이 어려워 갈등이 생기는 상황, Coase 1960) 등이 대표적이다.

　　사회적 딜레마를 어떻게 해결하는가에 대한 정치경제학의 논의(예: Ostrom 1990; Miller 1992; Lichbach 1995)를 살펴보면 일반적으로 사회적 딜레마를 해결하기 위해 크게 다섯 가지 유형의 해결 방법이 등장했다. 첫째는 위계(hierarchy)이다. 이는 절대왕정(Leviathan)식 해결책으로 불리기도 한다. 위계는 지위의 불평등을 전제하고 보다 높은 곳에 위치한 행위자(예: 패권국, 제국, 종주국)가 그렇지 않은 행위자에게 해결책을 강제하는 상황을 말한다. 권위를 가진 한 국가가 결정권을 독점하기 때문에 해결 방법을 둘러싼 갈등이 발생할 소지가 애초부터 차단된다. 두 번째 해결책은 시장이다. 국가들은 사적 소유권의 획정이나 시장에서의 교환행위를 통해 사회적 딜레마를 줄일 수 있다. 미국이 프랑스로부터 루이지애나를 매입한 경우나 미국과 러시아 제국 간 알래스카 조약, 온실가스 배출권을 상품처럼 매매하는 탄소배출권거래제가 시장을 통한 해결책의 예시에 해당된다. 세 번째 해결책은 위임(delegation)이다. 개별 국가들의 이익이 충돌하거나 이익의 조정을 위한 전문 지식이 필요할 때 국제기구나 전문가 집단과 같은 대리인에게 문제 해결을 위탁하는 것이다. IMF나 World Bank, WHO, WTO와 같은 국제기구들은 국가들의 위임에 의해 만들어지고 운영되는 대리인이라고 볼 수 있다. 네 번째로 계약(contract)이라는 방법이 있다. 위임과 유사하지만 대리인을 설정하기보다 국가들이 일정한 행위 규칙에 대해 약속하고 규칙에 대한 처벌과 보상 규정을 만들어 두는 것이다. 국제 조약이나 규범, 국제법이 계약에 의한 해결책에 해당된다고 볼 수 있다. 마지막으로 공동체 안에서 생겨난 관습이나 규범에 의한 해결 방법이 존재할 수 있다. 앞서 제시한 해결책보다 모호하고 비공식적이며 교류의 밀도가 높은 행위자들 사이에서 등장하는 것으로, 주로 특정 지역에서 오랫동안 교류해온 국가들 사이에서 파생된 전통, 규범, 역사적 경험, 공유된 신념, 공통된 종교의 교리 등이 일정한 행동 준칙으로 발전된 경우라고 할 수 있다. 동아시아의 조공체제나 근대 유럽에서 나타난 유럽협조체제(Concert of Europe), 동남아시아의 아세안 방식(ASEAN way) 등이 부분적으로 이에 해당한다고 할 수 있다.

위에서 제시한 다섯 가지 유형화는 사회적 딜레마의 해결책에 의해 영향받는 행위자들(stakeholders)이 사회적 딜레마의 해결 방법의 채택과 수정에 얼마나 영향력을 가질 수 있는가에 따라 두 개로 구분될 수 있다. 위계는 다른 행위자들의 의사를 반영하지 않고 강제력(coercion)에 의해 권력자의 의사가 강요되는 것이다. 반면 위계를 제외한 나머지 해결 방법은 모두 해결 방법에 영향을 받는 행위자들의 동의(consent)에 일정 부분 기반하고 있다. 이러한 구분을 존 롤스(John Rawls, 1921-2002)의 정의론(a theory of justice)의 관점에서 바라보면, 국제질서에 대한 중요한 함의가 도출된다. 롤스는 정의로운 사회질서란 "무지의 베일"(veil of ignorance) 뒤에서 합의될 수 있는, 공정한 원칙에 기초해야 한다고 주장했다. 무지의 베일이란 개인들이 자신의 능력, 사회적 지위, 가치관 등을 모른 채 사회의 기본 원칙을 선택하는 가상의 상황을 말하는데, 이런 상황에서라면 사람들은 자신이 불리한 조건에 처할 가능성을 고려하여 모든 이에게 공정한 규칙을 선호할 것이라는 것이 롤스의 주장이다(Rawls 1973, 17-22, 136-142). 이를 국제관계의 사회적 딜레마 해결 방식에 적용해본다면, 지정학적 상황, 경제발전 수준, 인종, 언어, 국력 등을 배제한 채 합의될 수 있는 원칙은 강제보다는 동의에 기반한 질서에 가까울 것이라는 결론에 쉽게 다다를 수 있다. 더 나아가 그 동의의 범위가 포괄적일수록, 동의의 과정이 투명할수록, 그리고 합의된 내용이 명시적일수록 더욱 정의로운 질서라고 할 수 있다.

따라서 비밀외교(secret diplomacy)나 밀실협상보다는 공개외교(open diplomacy)가, 일방주의나 양자주의보다는 다자주의가, 선언이나 약속에 의한 합의보다는 조약이나 법에 의한 합의가 (롤스적인 의미에서) 더 정의로운 국제질서라고 할 수 있다. 뒤에 상술하겠지만 자유주의 국제질서는 동의의 포괄성, 투명성, 명시성을 추구하는 국제질서라는 점에서 그 이전의 세력권 질서와 구분된다.

그렇지만 국제관계의 사회적 딜레마를 해결하기 위한 다양한 해결책을 강구한다 해도 바뀌지 않는 한 가지 중요한 사실이 있다. 그것은 국제관계의 근본 속성은 무정부 상태라는 점이다. 이로 인해 국제관계에서 등장하는 국제질서는 '(n-1) 문제'라는 근본적인 문제에 직면하게 된다. 여기서 (n-1) 문제란 국제질서의 기원과 등장, 그리고 유지의 과정에서 최소 1개 국가(질서 주도국, leading state)가 중심적인 역할을 해야 한다는 사실로부터 파생되는 제반 문제를 가리킨다. 이는 질서 주도국 편향(leading state bias), 구조적 특권(structural privilege), 그리고 대내적 정당성과 대외적 정당성의 딜레마라는 세

가지 문제로 나눠서 설명될 수 있다. 이를 아래에서 자세하게 논의하기 전에 먼저 (n-1) 문제의 어원에 대해 간단히 살펴보자.

　(n-1) 문제는 고정환율제도(fixed exchange rate)에 대한 논의에 그 기원이 있다(de Grauwe 1996, 26-60). 일반적으로 국가 간에 고정환율제도를 유지하기 위해서는 반드시 한 국가가 기축통화 보유국 역할을 수행해야 한다. 대외적인 관점에서 보면 기축통화 국가는 유동성 공급과 신뢰성 유지라는 공공재를 제공하는 대신 기축통화국의 지위로부터 오는 다양한 특권을 누릴 수 있다. 국제통화 지위로부터 주조차익(seignorage)을 가지고 되고 국제금융의 중심지 지위를 유지할 수 있으며 다른 국가보다 더 큰 통화정책의 자율성을 가진다. 다른 말로 하면, 고정환율제도에서 유일하게 자유도(degree of freedom)를 가진 국가가 기축통화국이며 위에 언급한 내용은 자유도로부터 오는 특혜라고 부를 수 있다. 기축통화국에 이러한 특권과 특혜는 공공재 공급의 대가이며 다른 국가들에게는 공공재 공급을 위해 지불해야 할 비용이 된다.

　기축통화국 지위에 대한 도전은 두 가지 방향에서 발생할 수 있다. 먼저 대내적으로 공공재 공급 비용이 특권과 특혜로부터 오는 편익보다 크다고 생각되면 자유도는 쉽게 포기된다. 기축통화국 지위로부터 오는 특권과 특혜가 기축통화국 내의 소수(예: 금융세력이나 다국적기업)에게 집중되는 반면 공공재 공급 비용은 다수(예: 중산층과 근로대중)에게 부과된다면 기축통화국의 다수는 기축통화국 지위의 중단을 선택할 수 있다.

　둘째, 대외적인 측면에서 기축통화국이 교체되거나 고정환율제 자체가 중단될 수 있다. 기축통화국이 유동성을 적절하게 공급하지 못하거나 기축통화의 신뢰성이 위협받게 되면, 나머지 국가들은 기축통화국이 특혜와 특권에 따른 책임을 다하지 못하고 있다고 판단하여 기축통화국을 교체하려 할 수 있다. 만약 다른 기축통화국을 찾을 수 없다면 고정환율제 자체를 폐기할 수도 있다.

국제질서의 (n-1) 문제도 고정환율제와 유사한 측면을 가지고 있는데, 아래에서는 이를 세 가지 측면으로 나누어 간단히 설명할 것이다.

질서 주도국 편향

모든 국제질서는 그 질서의 형성과 유지에 있어 중심적 역할을 담당하는 국가의 이익과 이념을 반영하게 된다. 이를 이 책에서는 국제질서의 질서 주도국 편향이라고 부르고자 한다. 질서 주도국 편향이 발생하는 이유는 분배적 제도이론(distributive theory of institutions)에서 그 설명을 찾을 수 있다. 국제질서는 단순한 규칙의 집합이 아닌, 권력과 이익의 분배를 반영하는 사회적 제도로 이해할 수 있다. 분배적 제도주의 이론(Libecap 1989; North 1990; Knight 1992)에 따르면 모든 사회적 제도는 해당 사회의 힘의 배분 상태를 반영하고 강화한다. 이러한 관점에서 국제질서 역시 노예제, 재산권, 봉건제와 같은 다른 사회적 제도들과 마찬가지로 중립적이지 않으며, 강력한 힘을 가진 국가(들)에게 유리한 방식으로 자원과 권력을 분배한다. 또한 질서 주도국은 자신들이 만든 제도를 보편적이고 합리적인 것으로 정당화하려 한다.

질서 주도국 편향의 예는 국제관계사에서 쉽게 찾을 수 있다. 현대 국제법의 기원이 된 근대 주권국가 이론은 16-17세기 유럽의 평화조약과 베스트팔렌 체제에서 비롯되었으며 여기서 네덜란드의 휴고 그로티우스(Hugo Grotius)나 프랑스의 장 보댕(Jean Bodin)과 같은 학자들의 저술이 중요한 영향을 준 것으로 알려져 있다.[1] 따라서 주권국가 개념에는 프랑스, 네델란드, 에스파냐, 스웨덴, 신성로마제국, 합스부르크 제국과 같은 종교전쟁의 주요 당사국들이 가지고 있었던 종교와 정치, 전쟁에 대한 관점과 이념, 그리고 국가이익에 대한 고려가 반영되어 있다고 볼 수 있다.

근대 국제관계의 핵심 원리인 세력균형(balance of power)이라는 이념 안에도 질서 주도국 편향이 포함되어 있었다. 세력균형 원리를 주도한 것은 영국, 프랑스, 오스트리아-헝가리, 러시아, 프로이센이었고 이들은 자국의 안보와 이익에 유리한 방향으로 세력균형을 정의하고 조정했다. 폴 슈뢰더(Paul Schroeder)는 유럽협조체제가 "궁극적으로 이탈리아 반도를 아우르는 오스트리아 제국의 패권을 보존하려는 노력의 일환에 다름 아니었다"고 분석한 바 있다(안두환 2014, 207). 이는 세력균형의 조정자 역할을 맡았던 오스트리아-헝가리가 유럽 전체의 이익이 아니라 자국의 이익을 더 중심에 놓고 유럽협조체제를 운영했다는 해석이다.

1870년대 유럽으로 확산된 금본위제도 역시 질서 주도국 편향을 보여주는 예이다. 원래 금본위제도는 영국에서 1717년 우연히 등장한 화폐본위제도였다. 그러나 유럽 국가들이 산업국가 영국을 모방하고 따라잡기 위해 금본위제도를 앞다투어 채택하기 시작하면서 금본위제도는 19세기 말 유럽 전체로 확산되었다. 영국의 화폐제도인 금본위제도가 국제적인 통화제도로 자리 잡게 되면서 자연스럽게 영국의 중앙은행제도, 국가부채제도, 금융정책의 독립성에 대한 이

....

1   이에 대해 김준석(2016)은 그로티우스를 베스트팔렌의 사상가로 보는 것이 과잉 해석임을 지적한다. 그는 최근 연구를 인용하며 『전쟁과 평화의 법』을 비롯한 그로티우스의 주요 저작의 관심은 주권 원칙의 확립이 아니라 정의로운 전쟁의 범위를 정하는 문제였다고 주장한다.

넘, 태환성(convertibility)에 대한 중요성 등도 함께 확산되었다. 금본위제도의 확산은 영국의 위상과 경제적 이익을 강화해주었다.

영국 수상 윌리엄 글래드스턴(William Ewart Gladstone, 재임 1868-1874, 1880-1885, 1886, 1892-1894)은 자유주의 국제질서를 영국의 외교정책에 반영하고자 했던 19세기 말의 영국 정치인이었다. 그의 구상을 자세히 들여다보면, 그는 모든 국가가 영국과 유사한 체제를 채택하는 것이 자유주의 국제질서가 작동하기 위한 이상적인 국제관계라고 보았다. 글래드스턴은 자유무역과 의회주의, 법의 지배와 같은 영국적 가치의 확산이 국가 간 평화와 번영을 가져올 수 있는 가장 확실한 방법이라고 보았다(하워드 1977[2018], 81-84; 키신저 1994[2023], 164-170; Schreuder, 1995).

미국의 윌슨주의 역시 국제질서에 대한 구상에서 질서 주도국 편향이 드러난 또 다른 사례라고 할 수 있다. 우드로 윌슨(Woodrow Wilson, 재임 1913-1921)의 14개조, 국제연맹, 그리고 국제법에 대한 노력은 미국식 민주주의의 확산이 지속적 평화를 가져올 것이라는 전통적 믿음, 유럽 국가들의 복잡한 동맹(entangling alliance)과 제국주의적 세력권 질서에 대한 미국의 전통적인 거부감, 그리고 법치주의에 대한 미국적 이념이 반영된 것이었다(Ikenberry 2001, 117-162). 예를 들어 미국이 제1차 세계대전에 참전해야 하는 이유에 대해 윌슨은 다음과 같이 말했다.

우리가 참전하는 이유 중에 이기적인 요소는 단 하나도 없습니다. (…) 우리는 우리가 가진 믿음과 인류의 권리를 위해 싸울 것입니다. 우리는 특별한 불만 없이 참전했는데, 그것은 미국이 항상 인류의 친구이자 봉사자라고 말해 왔기 때문입니다. 우리는 [전쟁에서] 그 어떤 이익도 좇지 않습니다. 우리는 그 어떤 특혜도 바라지 않습니다. [베르사유] 조약에 대한 논쟁 과정에서 너무나 진실되게 드러났듯이, 미국은 세계에서 유일한 이상주의 국가입니다[The Public Papers of Woodrow Wilson(New York, 1925-1927), Vol. V, pp. 22-23, p. 52. Hofstadter 1955, 279에서 재인용].

최혜국대우조항과 상호주의를 핵심으로 하는 전후 국제무역레짐 GATT 역시 미국이라는 질서 주도국의 편향을 반영한 사례라고 할 수 있다. 최혜국대우조항과 상호주의는 자유무역에 대한 미국의 이념을 반영한 것이자 제조업 산업생산력에서 세계 제1위의 지위를 누리고 있던 미국의 이익을 반영한 것이었다. GATT 안에서 관세 양허에 대한 협상에서도 미국은 품목별 협상(item-by-item basis) 원칙과 주공급자 규칙(the principal supplier rule)을 적용하여 자유무역에 취약한 국내 산업을 보호하고 미국의 핵심 동맹국가(캐나다, 영국, 서독, 프랑스)의 정치적·경제적 안정을 보장하며 무역 협상에 대한 전략적 통제력을 유지할 수 있게 해주었다. 주공급자 규칙은 국제무역체제 내에 미국의 선호를 내재화하고 관세 인하의 혜택이 주요 교역 상대국들에 집중되도록 하는 데 중요한 역할을 했다(Gowa and Kim 2005).[2]

질서 주도국 편향은 질서 주도국의 이념과 가치관을 공유하는 국가와 질서 주도국이 특수한 관계를 형성하게 되는 원인이 되기도 한다. 프로이센이 "어떤 대가를 치르더라도 신성동맹을 고수"(키신저

....

2   주공급자 규칙은 무역 협상에서 각 국가가 자국의 주요 수출품에 대해 우선적으로 협상할 수 있게 하는 것을 말한다. 예를 들어 미국의 자동차가 캐나다에 대한 주요 수출품이라면 미국은 캐나다와의 협상에서 미국의 자동차 관세를 우선협상할 수 있다. 이때 미국은 자동차 관세를 최대한 양보하는 대신 미국이 캐나다로부터 가장 집중적으로 수입하는 품목(예: 목재)에 대한 관세 삭감을 요구할 수 있다. 양국 모두 자국의 주요 수출품에 대해 유리한 조건을 확보할 기회를 얻게 되는데, 이를 상품별로 진행할 수 있기 때문에 다양한 주요 수출품을 가진 선진국들이 협상에서 더 많은 레버리지를 가질 수 있다.

2023, 122)하려 했던 것이나 19세기 후반 영국과 미국의 협력적 관계는 질서 주도국과의 이념적 동질성이 만들어 내는 특수관계라고 볼 수 있다.

　질서 주도국의 가치와 이념을 공유하면 질서 주도국과 특수관계를 형성할 수 있거나 더 많은 보상을 기대할 수 있다는 점은 질서 주도국의 가치와 이념이 종종 국제질서 안에서 왜 많은 국가들에 의해 채택되는지 그 이유를 설명해준다. 냉전 시기 미국이 자유진영의 단결을 위해 마셜 플랜(Marshall Plan)을 통해 서유럽 국가들의 경제 재건을 돕거나 일본의 경제 재건을 적극 지원한 것, 소련이 바르샤바조약기구(Warsaw Pact)를 매개로 동유럽 국가들을 이념적 동질성에 기초한 세력권으로 구축하고 군사적·경제적 지원을 한 것은 모두 질서 주도국과의 가치 공유를 통해 받은 보상이라고 할 수 있다. 다만 차이가 있다면 유럽에 구축된 미국의 세력권은 유럽 국가들에 의해 "초대된 것"(by invitation)이었던 반면 소련의 세력권은 위계에 의해 "강요된 것"(by imposition)이었다는 점이다(Gaddis 1997, 52).[3]

....

3　소련의 사회주의 국제주의 역시 공산당 독재와 계획경제로 대표되는 스탈린주의 모델을 국제적으로 확장하려는 시도였다고 볼 수 있다. 스탈린은 레닌의 혁명관을 계승하여 국제 사회주의 운동에 대해 다음과 같이 본인의 신념을 주장한 바 있다: "부르주아 계급의 권력을 전복하고 한 국가에서 프롤레타리아 계급의 권력을 수립하는 것이 그 자체로 사회주의의 완전한 승리를 의미하는 것은 아니다. 권력을 공고히 하고 농민들의 지지를 확보한 승리한 프롤레타리아는 사회주의 사회 건설을 추진할 수 있고 또 그래야 한다. 그렇다면 이것이 승리한 프롤레타리아가 사회주의의 최종 승리를 달성했다는 것을 의미하는가? 한 국가의 노동자들이 단독으로, 아무런 도움 없이 사회주의를 확실히 건설하고 외부 개입이나 구체제의 복고에 대해 안전을 보장받을 수 있다는 것을 의미하는가? 아니다, 절대 그렇지 않다. 이를 위해서는 혁명의 승리가 모든 곳에서가 아니라 하더라도 적어도 몇몇 국가에서 필요할 것이다. 그래서 혁명을 촉진하고 다른 나라의 혁명을 지원하는 것이 혁명에 승리한 국가에 부과되는 의무이다. 따라서 혁명에 승리한 국가는 스스로를 독립된 실체(independent magnitude)로 간주해서는 안 되며, 다른 나라에서 프롤레타리아 승리를 촉진하는 보조 수단으로 간주해야 한다."[Marxists Internet Archive(https://www.marxists.org/archive/murphy-jt/1945/stalin.15.htm#n1)에서 재인용]. 소련 사회주의 국제체제에서 소련의 질서 주도국 편향은 제한주권론과 브레즈네

이와 같이 무정부 상태에서 등장하는 모든 국제질서는 질서 주도국의 이념과 이익을 반영하게 된다. 따라서 특정 국제질서가 특정 국가의 이념과 이익을 반영하고 있다는 사실은 그 자체로는 비난의 대상이 되기에 충분하지 않다. 특정 국제질서에 질서 주도국의 이익이 필요한 수준을 넘어서 과도하게 반영되어 있는지, 그리고 질서 주도국의 가치와 이념에 대한 공유가 강제적으로 이루어지는에 대한 판단 등이 추가적으로 필요하다.

구조적 특권

질서 주도국 편향이 질서 주도국의 가치, 이념, 이익이 국제질서에 반영되는 현상이라면, 구조적 특권은 질서 유지로부터 발생하는 편익과 비용의 분배와 관련된 개념이다. 질서 주도국 편향과 구조적 특권은 서로 긴밀히 연관되어 있지만 그 본질적 성격은 다소 상이하다. 질서 주도국 편향은 본질적으로 조정 문제(coordination problem)에 가깝다. 통화제도의 예를 들면, 모든 국가의 통화가 국제통화가 될 수 있지만 하나 이상의 통화가 국제통화 역할을 하는 것은 비효율적이다. 따라서 n개의 통화 중에서 하나를 택하는 문제라고 볼 수 있으며 게임이론에서 말하는 성의 대결(Battle of Sex)에 가깝다. 그러나 특정 국가의 통화가 국제통화로 선택되면 그 국가는 유일한 자유도를 가지게 되고 상당한 특권을 누리게 되므로 다른 국가들은 그 특권에 상응하는 책임을 부과하고자 한다. 따라서 구조적 특권은 협상(bargaining)의 문제가 된다. 어느 정도의 특권이 적당한가를 두고 질

....

프 독트린이라는 위계적인 질서로 구체화되었다.

서 주도국과 (n-1) 국가들은 지속적인 협상을 벌인다.

모든 국제질서는 해당 질서의 구축과 유지로부터 발생하는 편익과 비용을 어떻게 분배할 것인가에 대한 원칙을 가지고 있다. 제국주의-식민지 체제, 중세 교황권을 정점으로 한 신성로마제국 질서, 소련 사회주의 국제체제, 천하질서[4]와 같은 위계적 질서에서는 편익 분배에 대한 결정권이 질서 주도국(제국주의 국가나 신성로마제국의 경우 교황, 소련 공산당)에 의해 독점되고 이러한 원칙은 힘의 논리로 강요된다.

반면 유럽협조체제의 강대국 관계나 자유주의 국제질서와 같은 비위계적 질서에서 질서 주도국은 다른 참여국들과 공유하는 공공재를 제공하는 역할을 담당한다. 19세기 말 영란은행(Bank of England)에 의해 제공되는 태환성 공약과 금본위제도의 원활한 작동을 위한 반주기적(counter-cyclical) 할인율 정책, UN, IMF, World Bank, GATT와 같은 다자적 국제기구의 건설과 금태환본위제에서 미국의 태환성 공약이 그 대표적인 예이다. 뿐만 아니라 질서 주도국은 국제 분쟁이 발생할 경우 군사력을 사용하여 분쟁을 조정하거나 질서 주도국의 국익과 직결되지 않은 다양한 외교적 갈등에 연루될 수 있는 위험도 감수해야 한다. 이러한 공공재 제공 비용을 질서 주도국이 감수하기 위해서는 '질서 유지로부터 오는 편익'이 '공공재 제공의 비용'을 상회한다는 국내적 합의가 안정적으로 확보되어야 한다. 문제는 질서 유지로부터 오는 편익이 질서 주도국 국민들에게 추상적이고 장기적이고 구체적이지 않은 형태로 다가올 수 있다는 점이다. 세

....

4   천하질서의 핵심은 사대자소(事大字小)론과 책봉-조공(冊封-朝貢) 체제로, 기본적으로
     중국이라는 대국(大國)과 주변 소국(小國)의 위계적 관계를 담은 질서였다고 볼 수 있
     다. 다만 그 안에 교린(交隣)과 같이 주변국과의 상호 이익을 도모하는 비위계적 요소를
     다수 포함하고 있었다. 전재성(2009a, 2009b), 강정인·이상익(2015).

계평화, 국제경제의 안정, 개발도상국의 발전, 빈곤의 퇴치, 인권 상황의 개선, 내전의 감소와 같은 메시지는 질서 주도국의 국민들에게 공공재 제공의 비용을 상회하는 편익으로 쉽게 다가오기 어렵다. 바로 이런 이유로 (n-1) 국가들은 질서 주도국에게 매우 구체적이고 물질적인 구조적 특권을 보장함으로써 안정된 국내적 합의를 도모할 수 있다.

제2차 세계대전 후 브레튼우즈 체제(Bretton Woods System)의 수립 과정은 질서 주도국인 미국과 (n-1) 국가들 사이에 구조적 특권에 대한 협상이 공식적으로 이루어진 대표적인 사례이다. 회담을 준비한 미국 행정부와 회담 참여국들은 전후 금태환본위제의 작동에 대한 미국의 책임 있는 역할에 관하여 미국 의회와 미국 내 여론의 지지를 안정적으로 확보하고자 했다. 이를 위해 IMF 본부를 미국에 설치하고 기축통화를 다른 제3의 통화가 아닌 미국 달러로 명시했다. 이를 통해 회담 참여국들은 미국이 영국을 대체하는 국제통화의 중심국가로 공식 등장하는 것을 추인했다.

19세기 유럽협조체제에서 이루어진 구조적 특권에 대한 배분은 브레튼우즈 체제와 같이 명시적인 것은 아니었다. 그러나 오스트리아–헝가리(메테르니히 시기, 1815-1848)와 영국, 프로이센/독일(비스마르크 시기, 1862-1890)은 유럽협조체제의 주요 질서 주도국으로 상당한 구조적 특권을 확보할 수 있었다. 오스트리아–헝가리는 신성동맹의 주도국으로서 이탈리아와 독일 등 중부유럽에 대한 영향력을 인정받았는데 이는 합스부르크 왕조의 정통성과 위신을 강화하는 한편 다민족 제국의 결속에도 기여했다(안두환 2014). 영국은 유럽 대륙에서 영국을 위협하는 강대국의 출현을 견제하는 세력균형정책을 통해 패권국으로서의 지위를 공고히 할 수 있었고, 금본위제도에서의 특권적 위치와 자유무역 질서에서의 주도적 지위를 누릴 수 있었다.

유럽 문제에 대한 정직한 중재자(honest broker) 역할을 자임한 비스마르크의 프로이센은 오스트리아-헝가리, 러시아와의 동맹관계를 통해 유럽의 평화를 주도하면서 독일 통일이라는 원대한 목표를 점진적으로 추구해나갈 수 있었다.

이와 같이 질서 주도국이 누리는 구조적 특권은 다른 참여 국가에 의해 명시적으로 또는 묵시적으로 인정되는데, 이는 특정한 국제질서의 지속 가능성을 좌우하는 중요한 변수라고 할 수 있다. 질서 주도국에 대한 유인 구조가 적절히 마련될 때 비로소 질서의 안정적 유지가 가능해지지만, 동시에 질서 주도국의 특권이 과도해지거나 다른 국가들의 불만이 누적될 경우 이는 오히려 질서의 정당성을 훼손하고 도전을 초래하는 요인이 될 수도 있다. 반대로 질서 유지 비용에 비해 질서 주도국이 얻는 이익이 부족하다는 여론이 질서 주도국의 국내정치에서 강해지면 질서 주도국은 공공재 제공을 담보로 (n-1) 국가들에게 더 많은 특권을 노골적으로 요구할 수 있다. 오바마 행정부 이후 WTO 분쟁해결기구에 대한 미국 정부의 비토나 동맹국에 대한 트럼프 행정부의 방위비 분담금 증액 요구가 그 대표적인 예이다. 이와 같이 힘이 아니라 합의에 의해 등장하는 국제질서에서 질서 주도국과 (n-1) 국가들 사이의 구조적 특권에 대한 협상은 국제질서의 안정을 결정하는 중요한 요인이라고 볼 수 있다. 이런 이유로 구조적 특권에 대한 협상은 대내적 정당성과 대외적 정당성의 딜레마를 야기하게 된다.

대내적 정당성과 대외적 정당성의 딜레마

질서 주도국은 대내적 정당성을 확보하기 위해 가능한 한 많은 구조적 특권을 요구하려는 유인이 있다. 구조적 특권이 충분해야 질서 유지에 대한 국내적 합의가 안정적으로 유지될 수 있기 때문이다. 구조적 특권을 배분 받는 지배연합의 엘리트들이 지속적인 질서 유지에 대한 선호를 유지할 수 있고 구조적 특권으로 마련된 재원으로 공공복리를 증진하면 국제질서 유지에 대한 호의적인 여론이 조성될 수 있다. 그러나 질서 주도국의 특권이 과도해지거나 특권에 상응하는 비용 부담을 질서 주도국이 충분히 수행하지 않을 때 다른 참여국들의 불만이 증가하고 이는 질서의 대외적 정당성을 훼손한다. 따라서 대내적 정당성과 대외적 정당성의 균형을 어떻게 확보하고 유지할 것인가라는 질문은 국제질서의 등장과 변화를 설명함에 있어서 매우 중요한 질문이다.

플라자 합의(Plaza Accord)는 질서 주도국 미국과 동맹국들이 국제질서의 유지 비용을 둘러싼 문제를 협상을 통해 해결한 대표적 사례이다. 플라자 합의는 1985년 9월 뉴욕의 플라자 호텔에서 주요 5개국(미국, 일본, 서독, 프랑스, 영국) 재무장관과 중앙은행 총재들이 만나 체결한, 거시경제정책에 대한 국가 간 협정이다. 당시 미국 레이건 행정부는 무역적자와 재정적자로 인한 경제적 부담을 완화하기 위해 달러화 가치 절하를 원했고, 이를 위해 미국의 거시경제정책을 조정하기보다는 일본, 서독, 프랑스, 영국의 통화가치 절상을 요구했다. 레이건 행정부는 냉전 대결 구도 속에서 미국이 자유진영의 리더 역할을 수행하면서 과도한 국방비 지출을 하는 반면, 동맹국들, 특히 서독과 일본은 미국이 제공하는 안보환경에 무임승차하면서 미국에 대한 수출을 통해 과도한 이익을 얻고 있다고 보았다. 따라서 미국 레이건 행정부는 미국이 경험하는 쌍둥이 적자를 해소하기 위해서는 동맹국들의 공정한 비용 분담이 필수적이라고 보았다.

반면 서독과 일본은 미국 스스로 재정적자와 무역적자를 줄이기

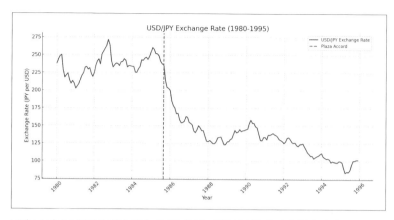

그림 1-1 미국과 일본의 환율 변화, 1980-1995: 세로 점선은 플라자 협정 시점
원자료: Board of Governors of the Federal Reserve System(US), Japanese Yen to U.S. Dollar Spot Exchange Rate [EXJPUS], retrieved from FRED, Federal Reserve Bank of St. Louis; https://fred.stlouisfed.org/series/EXJPUS, 최종 접속 2024년 5월 29일

위한 긴축정책을 펼치는 것이 선행되어야 한다고 보았다. 수출주도형 경제성장 전략을 추구하던 두 국가는 자국 통화가 의도적으로 평가절하되어 있다는 사실을 인정하지 않았다. 그러나 레이건 행정부의 강력한 압력으로 서독과 일본은 미국의 요구를 수용하고 1985년 플라자 합의가 이루어졌다. 플라자 합의에 따라 일본 엔화와 서독 마르크화의 가치는 크게 상승했다. 특히 엔화는 달러 대비 46%, 실질 실효 환율 기준으로는 30% 상승했다(〈그림 1-1〉). 엔화 가치의 급등으로 일본의 수출과 GDP 성장이 둔화되었고 일본 정부는 이를 타개하기 위해 대규모 경기 부양책을 도입하여 정책 금리를 약 3% 포인트 인하하고 1987년에는 대규모 재정 패키지를 도입했다. 그러나 일본 정부의 경기 부양책은 1985년부터 1989년까지 주식과 도시 부동산 가격을 세 배로 급등시키는 자산 가격 거품을 초래했고 결국 1990년 1월에 주식 시장 거품이 붕괴되어 일본 경제는 장기 침체에 빠졌다(International Monetary Fund 2011, 53-55).

플라자 합의에서 서독과 일본의 양보가 자유주의 국제질서를 유

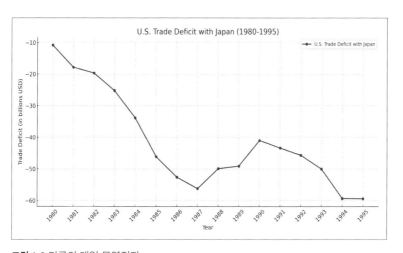

그림 1-2 미국의 대일 무역적자
원자료: U.S. Census Bureau의 USA Trade Online

지하기 위해 꼭 필요한 것이었는지, 아니면 합의 결과가 미국의 특권을 과도하게 보장하는 방식으로 이루어졌는지에 대한 논쟁은 보는 관점에 따라 상이할 것이다. 미국을 제외한 G5, 특히 플라자 합의 이후 장기 불황을 경험한 일본은 미국이 긴축정책을 통해 쌍둥이 적자 문제를 스스로 해결하기보다는 동맹국들에게 그 부담을 전가했다는 느낌을 지울 수 없을 것이다. 미국 정부가 평가절하의 근거로 내세운 대일 무역적자는 플라자 합의 직후 다소 감소하다가 다시 증가했기 때문이다(〈그림 1-2〉). 즉, 미국의 대일 무역적자에 환율이 미치는 영향은 그리 크지 않았다는 것이 추후 확인된 것이다.

지금까지의 논의를 간단히 정리해보자. 국제질서란 국가들 사이의 사회적 딜레마를 해결하기 위해 등장하는 다양한 제도화된 해법이라고 볼 수 있으며 사회적 딜레마의 해결책에 의해 영향받는 행위자들이 사회적 딜레마의 해결 방법의 채택과 수정에 얼마나 영향력을 가질 수 있는가에 따라 강제력에 기반한 질서와 동의에 기반한 질서로 나눌 수 있다. 지금까지 등장한 국제질서 중에서 동의 기반 질서의 가장 끝에 동의의 포괄성, 투명성, 명시성을 추구하는 자유주의 국제질서가 있으며 강제력 기반의 질서에는 제국이나 패권, 종주권, 조공관계 등이 있다. 모든 국제질서는 (n-1) 문제로 인해 질서 주도국 편향, 구조적 특권, 그리고 이로 인한 대내적 정당성과 대외적 정당성의 딜레마를 경험하게 된다. 딜레마의 표출 방식과 이에 대한 국가들의 대응 방식은 질서의 성격과 주도국의 특성, 그리고 국가들의 관계에 따라 다양하게 나타난다. 하지만 딜레마를 효과적으로 해소하는 것이 질서의 존속 가능성을 결정한다는 점은 동일하다. 2장과 3장에서는 국제질서를 세력권 질서와 자유주의 국제질서 두 가지로 크게 구분하고 그 구조적 특성에 대해 자세히 살펴보고자 한다.

2

세력권 질서

밴 잭슨(Van Jackson)은 2020년 『유럽국제안보잡지(*European Journal of International Security*)』에 기고한 글에서 세력권에 대한 연구가 국제정치에서 지극히 드물다는 사실을 지적한다(Jackson 2020).[1] 그는 그 주된 이유를 세력권이 "펠로폰네소스 전쟁 당시 아테네와 스파르타 제국의 구조부터 청나라 시기 중국 주변부의 조공체제에 이르기까지" 모든 형태의 위계를 가리키는 역사학적 개념이기 때문이라고 주장한다(Jackson 2020, 256). 세력권 개념에 대한 영국학파의 시각을 정리한 하스트(Susana Hast) 역시 세력권 개념이 부정적 함의를 가진 개념 이상으로 발전되지 못한 것은 세력권에 대한 연구가 지나치게 광범위한 대상을 다루면서 정의나 인권과 같은 중요한 규범적 개념과 조화되지 못했기 때문이라고 지적한다(Hast 2016).

....

1   세력권에 대한 언급은 주로 외교사나 국제관계사에서 등장한다. 세력권 개념을 연구 주제로 채택한 연구로는 Hast(2016), Etzioni(2015), Keal(1983), Petito(2016), San-key(2020)가 존재한다.

잭슨은 세력권이 패권, 제국, 동맹 등 여타의 불평등한 국제관계 유형과 구분되는 별개의 위계적 형태는 아니며 오히려 그러한 이상형적 위계 구조들이 통제와 배제의 관행을 수반할 때 세력권으로 이중 코딩될(double-coded) 수 있다고 주장한다(Jackson 2020, 272). 예를 들어, 냉전 시기 아시아에서 미국과 그 동맹국들 사이의 관계에 대해 잭슨은 다음과 같이 설명한다.

예를 들어, 아시아에서 미국의 양자 간 '허브-스포크(hub-and-spoke)' 체제는 공식적이고 합의에 기반한 일련의 동맹이지만, 냉전 시기에는 또한 명백히 미국의 세력권이기도 했다. 미국은 공산주의의 침투를 막기 위해 일본, 한국 등 동맹국들의 외교정책 결정에 대해 명시적인 통제 메커니즘을 행사했는데, 이는 문자 그대로 이들 국가의 주권을 제한하는 것이었다. 여기에 미국 주도의 '자유주의 국제질서'를 통해 행사된 동맹국들에 대한 광범위한 문화적 패권 통제까지 더해졌고, 이에 더해 수십 년 동안 배타적 통제가 다양한 방식으로 진행되었기 때문에 아시아의 동맹국들은 미국과의 연대로 확고히 자리매김하게 되었다. 그러나 냉전의 종식 이후, 우리는 더 이상 아시아의 동맹국들이 엄밀한 의미에서 미국의 세력권을 구성한다고 간주하기는 어렵다. 가장 충실한 미국의 동맹국들조차도 자체적인 국가안보 결정을 내리고 중국, 북한과 같은 국가들과 외교관계를 (독자적으로) 추구하는 방식을 보면, 더 이상 미국이 냉전 시기에 행사했던 것과 같은 방식의 동맹국 외교정책을 행사하지 못한다는 점을 보여준다. 더욱이 '자유주의 국제질서'라는 문화적 패권은 과거에는 미국의 중심성을 강화했을지 모르지만, 오늘날에는 국제적으로, 그리고 미국 내에서도 저항에 직면하고 있다는 점에 유의할 필요가 있다(Jackson 2020, 272).

여기서 잭슨은 미국의 '세력권'과 냉전이라는 '세력권 질서'를 명확히 구분하지 않고 혼용하고 있다. 이런 이유로 잭슨은 세력권의 존재와 세력권 원칙을 중심으로 구성되는 국제질서의 차이를 명확하게 나누지 않는다. 잭슨에게 자유주의 국제질서란 미국과 유럽의 세력권이 전 세계로 확장된 것이거나 미국과 유럽의 "문화적 패권"을 이식하기 위한 국제질서에 다름 아니다. 여기서 모든 국제질서를 그 국제질서의 수립과 유지에 주도적인 역할을 한 국가의 세력권 질서로 환원하는 오래된 관행을 다시 마주하게 된다. 질서의 기원을 질서의 본질적 특징과 등치시키는 것은 심각한 개념적 혼란을 야기한다. 의회민주주의의 기원이 봉건세력의 전제정치에 대한 부르주아 세력의 저항에 있다고 해서 의회민주주의를 부르주아에 의한 전제정치로 부를 수 없는 이유와 같다. 의회민주주의의 본질적 특징인 권력분립과 헌정주의는 부르주아의 이익을 도모함과 동시에 그 안에 존재하는 모든 개인의 기본적 인권을 지켜줄 수 있는 제도적 장치이기 때문이다.

세력권 질서의 정의

이러한 혼동을 피하기 위해 이 책에서는 세력권과 세력권 질서를 다음과 같이 명확하게 구분한다. 세력권이 강대국이 통제와 배제를 목적으로 행사하는 군사적 지배력의 지리적 범위를 의미한다면, 세력권 질서란 "강대국들이 각자의 군사적 영향력이 미치는 특정한 지리적 영역 내에서, 비강대국에 대한 통제와 타 강대국의 개입 배제를 기본 원칙으로 삼는 국제질서"(an international order in which great powers adhere to the basic principles of controlling non-great powers and excluding the intervention of other great powers within specific geographic domains where their respective military influence holds sway)라고 정의한다.[2]

세력권 질서는 세력권 안의 질서와 세력권 간의 질서로 구분된다. 먼저 세력권 안의 질서는 위계의 원리로 작동한다. 세력권 안의 사회적 딜레마는 강대국의 이념과 이익이 관철되는 방식으로 해결된다. 질서 주도국인 강대국의 구조적 특권을 최대한 보장함으로써 역내 평화와 안정을 유지하는 리바이어던(Leviathan)식 해결책이다. 강대국의 대내적 정당성이 극대화되고 대외적 정당성에 대한 요구는 최소화됨으로써 대내적 정당성과 대외적 정당성의 딜레마 문제도 간단히 해소된다. 세력권 개념의 기원은 스파르타 제국, 로마 제국, 페르시아 제국 등 고대 제국들의 지배 방식에서 그 흔적을 찾아볼 수 있다. 또한 중국의 천하질서, 인도와 주변국 간의 관계, 그리고 미국의 먼로 독트린(Monroe Doctrin) 등에서도 세력권 개념의 원형을 발견할 수 있다.

'세력권 간의 질서'를 규정하는 규칙은 대체로 불간섭을 특징으로 하여 다양한 형태로 구체화될 수 있는데, 가장 대표적인 예는 유럽협조체제에서 등장한 세력균형 체제이다. 세력권 질서와 세력균형은 서로 비슷해 보이지만 사실은 본질적으로 서로 구별되어야 할 개념이다. 먼저 폴 슈뢰더가 말한 바처럼 "세력균형은 정책 분석의 도구나 정책 방향을 정하는 원칙으로 삼기에는 너무나 모호하여 하등 쓸데없는" 개념이라는 비판이 있다는 점을 분명히 할 필요가 있다 (안두환 2014, 211에서 재인용). 그만큼 세력균형은 학자와 정책결정자에 따라, 그리고 사용되는 시기와 맥락에 따라 전혀 다른 의미를 가

....

2   이 정의는 잭슨이 제시한 세력권에 대한 지정학적 현실주의 이론과 맞닿아 있다. 잭슨은 세력권 개념에 대한 이론화 시도를 지정학적 현실주의, 합리적 계약주의, 구성주의, 그리고 관계주의(relationalism)로 나눠서 논의하고 있다(Jackson 2020, 257-260).

진 모호한 개념이다. 이런 맥락에서 마틴 와이트(Martin Wight)는 세력균형에 대한 아홉 가지 서로 다른 이해를 다음과 같이 정리한 바 있다(Wight 2023, 28).

1) 힘의 균등한 배분
2) 힘은 균등하게 배분되어야 한다는 원칙
3) 현재 힘의 배분 상태. 따라서 모든 가능한 힘의 배분 상태
4) 약소국의 희생에 기반한 강대국의 균등한 확장(aggrandizement)
5) 힘의 배분이 불리하게 불균등한 상태로 되는 것을 막기 위해 '우리 측'이 힘의 우위를 가져야 한다는 원칙
6) (to hold와 함께 사용될 경우) 균등한 힘의 배분을 유지하는 역할
7) (to hold와 함께 사용될 경우) 현재 힘의 배분 상태에서의 특별한 우위
8) 우위
9) 균등한 힘의 배분을 만들어내는 국제정치의 고유한 경향

와이트가 제시한 아홉 가지 해석 중에서 4)의 해석을 제외하면, 나머지 모든 해석은 세력균형을 강대국 간의 평화와 안정이라는 관점으로만 설명하고 있다. 따라서 유럽의 역사와 국제관계에 대한 자세한 지식이 없는 독자라면, 세력균형이 평등한 국가들이 국가 간의 문제를 마치 '보이지 않는 손'과 같은 원칙에 따라 관리하는 대단히 효율적인 질서라고 생각할 수 있다. 그러나 유럽협조체제의 평등주권의 원칙은 강대국에 대해서 적용된 것이고 실제 작동 과정에서 강대국들은 비강대국들의 운명을 결정할 수 있는 권한을 가지고 있었다(Krasner 1999; 전재성 2009; 이혜정·이경아 2014).

세력권 질서의 진화

세력권은 국제관계사에서 다양한 형태로 존재해 왔지만, 비강대국에 대한 강대국 간 경쟁을 규율하는 보편적 원리로서의 세력권 질서는 유럽협조체제가 전 세계로 팽창하게 된 19세기 말 제국주의 시대에 본격적으로 등장했다고 볼 수 있다. 남미, 아시아, 오세아니아, 아프리카가 미국과 유럽 국가들의 국제체제로 편입되고 통합되는 과정에서, 미국과 유럽의 강대국들은 비강대국에 대한 통제와 타 강대국의 개입 배제를 기본 원칙으로 삼는 국제질서로서 세력권 질서를 등장시켰다.

1884-1985년 베를린 회담(The Berlin Conference of 1884-1885)은 세력권 질서가 공식화된 형태로 처음 등장한 사건으로 볼 수 있다. 베를린 회담은 당시 유럽 열강들 간의 서아프리카 분할 문제를 다루기 위해 소집되었는데, 19세기 후반 아프리카 대륙에 대한 유럽 열강들의 식민지 쟁탈전이 격화되면서 이들 사이의 갈등을 조정하고 이해관계를 조율할 필요성이 대두되었기 때문이다. 베를린 회담의 주요 목적은 1) 콩고강 유역의 통상 질서를 확립하고 항해 자유를 보장하는 것, 2) 아프리카 내륙으로의 자유로운 진출과 무역 활동을 보장함으로써 열강들 간의 무력 충돌 가능성을 낮추는 것, 3) 노예무역 금지 등 원주민 보호를 명분으로 내세워 아프리카에 대한 유럽의 지배를 정당화하는 것, 그리고 4) 아프리카 영토 점유의 기준(실효적 지배의 원칙)을 마련함으로써 열강들 사이의 세력권 경쟁을 규율하는 것이었다.[3] 베를린 회담에서 유럽 열강들은 아프리카의 분할을 통해

....

3   세력권 질서에 대한 고려는 크게 세 군데에서 등장하는데, 먼저 제1조에서 콩고강 유역과 인접 지역은 특정 국가의 배타적인 세력권이 아니며 해당 지역에서의 무역 활동과 항구에 대한 접근에 대해 모든 강대국은 동등한 기회와 자유를 보장받는다는 점을 명시

서로 간의 세력권 경계를 확정 지을 수 있었고, 이로써 향후 세력권 질서가 강대국과 비강대국의 관계에 대한 국제적 원칙으로 자리 잡는 데 중요한 분기점이 되었다. 즉, 베를린 회담은 서아프리카 분할을 둘러싼 열강들 간의 이해관계를 조정하는 것이 그 목적이었지만 동시에 식민지 쟁탈전의 '규칙'을 공식적으로 확인하고 추인하는 자리였다고 볼 수 있다. 이 과정에서 아프리카인의 의사는 전혀 반영되지 않았고, 부족의 경계, 언어와 문화의 차이와 같은 아프리카의 전통적 질서는 고려 대상이 되지 않았다.

20세기 초에 세력권 질서는 지정학의 등장과 함께 다시 주목받게 되었다.[4] 지정학의 등장에 중요한 영향을 끼친 인물은 앨프리드 머핸(Alfred Thayer Mahan, 1840-1914)과 핼포드 매킨더 경(Sir Halford Mackinder, 1861-1947)이다. 이들은 세력권을 가진 강대국이 되기 위한 조건을 국가의 해양력(sea power)과 육상력(land power)에서 각각 찾았다.

머핸은 1890년 출간된 『해양력이 역사에 미친 영향(*The Influence of Sea Power Upon History, 1660-1783*)』에서 해양 지배가 국가의 번영과 강대국으로의 부상에 결정적이라고 주장했다. 그에 따르면 해양력의 핵심 요소는 상업 무역, 해군력, 전략적 거점(식민지)의

....

했다. 이로써 이 지역에서 격화되고 있는 강대국들의 세력권 다툼을 규율하고자 했다. 제6조에서는 콩고강 유역의 원주민 보호와 문명화를 명분으로 강대국들의 주권 행사와 영향력 확대를 정당화하고 있다. 이는 사실상 해당 지역에 대한 지배와 간섭을 함축하고 있다. 제34조에서는 앞으로 아프리카 해안에 새로운 영토를 점유하거나 보호령을 선포할 경우 다른 강대국에 통보해야 한다고 규정하고 있다.

4   지정학에 대한 관심이 국내 학계에서 증가하고 있다. 몇 가지만 소개하면 다음과 같다: 김상배 편(2020), 이승주 편(2021), 김태환·이재현·인남식(2019), 허재철·연원호·김상배·김연규·김흥규·박성빈·이승주·이준구·이왕휘(2022), 김동기(2020), 김태영(2024). 이 책에서 자세히 언급하고 있지는 않지만 전통적 지정학이 가진 한계를 극복하기 위한 일련의 연구는 비판지정학, 탈지정학, 대항지정학이라는 논의로 이어지고 있다. 자세한 것은 김태환(2019)을 참고하라.

확보였다. 해양 통제권을 장악한 국가는 원활한 상업 활동과 자국에 유리한 국제질서 구축이 가능하다는 것이 그의 지론이었다. 머핸의 해양력에 대한 연구는 미국 시어도어 루스벨트의 세력권 질서 중심의 대외정책과 해군력 증강에 중요한 영향을 주었으며 영국으로부터도 큰 찬사를 받았다. 그의 영향력은 영어권 국가에 한정되지 않았다. 독일과 일본은 머핸의 책을 통해 해군력과 해외 군사기지의 중요성을 확신하게 되었다. 특히 그의 책은 일본어로 번역되어 일본 제국 해군의 교과서로 사용되었다. 머핸은 트라팔가르 해전(1805)과 같은 사례를 들어 단 한 차례의 결정적 승리로 해양 지배권이 확립될 수 있다고 했는데, 러일전쟁에서의 승리를 거친 일본은 이를 칸타이 케센(결전 독트린, Decisive Battle Doctrine, Kantai Kessen)이라는 제국 해군의 해전 교리로 발전시켰다. 이는 자원과 국력이 더 큰 국가와 싸울 때 연합함대의 일거 출동과 압도적 화력에 의해 속전속결 승리함으로써 해전의 승패를 결정짓는다는 개념이다.[5]

반면 매킨더는 1904년 「역사의 지리적 축(The Geographical Pivot of History)」이라는 논문에서 유라시아 대륙, 특히 동유럽에서 중앙아시아에 걸친 '심장지대'(Heartland)가 세계 지배의 열쇠를 쥐고 있다고 주장했다. 그는 "동유럽을 지배하는 자가 심장지대를 지배하고, 심장지대를 지배하는 자가 세계도를 지배하며, 세계도를 지배하는 자가 세계를 지배한다(Who rules East Europe commands the Heartland, Who rules the Heartland commands the World-Island, Who

....

5　머핸의 책으로부터 얻은 교리는 진주만 습격(1941)이나 미드웨이 해전(1942)과 같은 태평양 전쟁 초기 일본군의 공세적인 작전에 반영되었다. 머핸의 교리에 대한 과도한 집착은 일본 해군의 거함거포주의를 가져왔는데, 미드웨이 해전의 참패로 제해권을 상실한 이후에도 일본 해군은 칸타이 케센에 집착한 나머지 레이테만 해전(1944)과 같은 무모한 작전을 감행하여 해군력 상실을 자초했다. 일본 제국 해군의 역사에 대해서는 박영준(2014)과 Genda(1969)를 참고하라.

신세계

심장지대

신세계

주변지대

외부 대륙 및 섬들

그림 2-1 매킨더의 심장지대

(https://en.wikipedia.org/wiki/The_Geographical_Pivot_of_History#/media/File:Ob_cf43ac_copy-of-spykman.jpg)

rules the World-Island commands the World)"는 유명한 문구를 남겼다(Mackinder 1942, 50). 이는 육상에서의 지배력이 결국 해양까지 제어할 수 있는 토대가 된다는 논리였다. 〈그림 2-1〉에 표시된 것처럼, 매킨더는 유럽, 아시아, 아프리카를 연결하는 대륙을 세계도(world island)라고 부르고 이 세계도의 북중앙 부분, 시베리아와 유럽을 잇는 심장지대를 장악하는 국가를 중심 국가(pivot state)라고 보았다.

　제국주의 경쟁이라는 지정학적 팽창주의로 나타난 세력권 질서는 두 번의 세계대전을 거치면서 미국과 소련이라는 초강대국의 세력권으로 정리되었다. 미소 양국으로 나뉜 세력권 질서는 강대국 간 조정과 협상의 결과라기보다는 소련의 팽창에 대한 미국의 봉쇄 속에서 비의도적으로 나타난 것이었다(Ikenberry 2001, 183-185). 제2차 세계대전 후 소련은 동유럽과 중앙아시아로 팽창하면서 매킨더가 예측한 대로 심장지대를 장악한 중심 국가가 되었다. 소련의 팽창을 저지하고 주변 국가에 대한 영향력을 약화시키기 위해 미국은 봉쇄전략을 추구했는데, 이는 20세기 초에 진행된 지정학 논의를 적극 활용한 결과였다. 미국과 소련이 구축한 세력권 질서 안에 있는 국가들의 주권은 공산주의 확산 방지와 사회주의 국제주의라는 두 가지 목표 아래에서 제한되었다. 물론 그 제한의 정도는 제한주권론과 사회주의 국제주의 원칙을 취한 소련 세력권에서 더욱 심각했지만, 미국 세력권에 있는 국가들의 주권도 일정한 제약을 받았다.[6] 세력권 질서가 세계를 지배하는 곳에서 비강대국의 주권은 구멍난 주권(perforated sovereignty, Wendt and Friedheim 1995)이거나 불완전 주권이 될 가능성이 컸다(전재성 2019). 1991년 소련연방의 해체를 통해 소련의 세력권은 붕괴되었고 냉전의 세력권 질서는 미국 중심의 단극체제(unipolarity)로 전환되었다.

....

6   비록 소련에 비해서는 덜했을지라도 미국 역시 세력권 내 국가들의 자율성을 제약하는 패권적 행태를 보였다. 특히 미국은 중남미 국가들에서 공산주의에 우호적인 정권이 등장할 때마다 다양한 방식으로 이를 저지하고자 했다. 예를 들어, 1954년 미국은 과테말라의 하코보 아르벤스(Jacobo Arbenz) 정부가 공산주의에 우호적이라고 판단하고 중앙정보국(CIA)의 지원을 받은 과테말라 군부의 쿠데타를 지원한 바 있으며 1961년에는 쿠바 망명자들로 구성된 부대를 지원하여 피델 카스트로(Fidel Castro) 정권을 전복하려고 했다. 미국의 이러한 반공산주의 공작이 가장 많은 비판을 받은 사례는 칠레다. 1973년 미국은 살바도르 아옌데(Salvador Allende)의 사회주의 정부에 대한 아우구스토 피노체트(Augusto Pinochet) 장군의 쿠데타를 암묵적으로 지지한 것으로 알려져 있는데 이는 칠레의 민주적 절차와 주권을 무시한 행위라는 비판을 받았다: "Actions approved by the U.S. government during this period aggravated political polarization and affected Chile's long tradition of democratic elections and respect for the constitutional order and the rule of law." The White House, Office of the Press Secretary, November 13, 2000(https://web.archive.org/web/20061205231508/http://foia.state.gov/Press/WH11-13-00.asp, 최종 접속 2024년 4월 26일). 이외에도 도미니카공화국에 대한 1965년 군사 지원과 니카라과 콘트라 반군에 대한 1980년대 미국의 지원은 이들 국가의 주권을 심각하게 침해하는 행위로 국제사회의 비판을 받았다.

탈냉전과 세력권 질서

　　그렇다면 미국 중심의 단극체제는 미국의 세력권 질서라고 볼 수 있는가? 단극체제와 다극체제에 대한 논의는 세력권 질서와 어떤 상관성을 갖는가? 국제질서를 강대국 간 힘의 배분에 따라, 단극체제와 다극체제 또는 단극질서와 다극질서로 구분하는 것은 국제정치학의 오랜 전통이지만 이를 하나의 이론으로 정리한 것은 케네스 월츠(Kenneth Waltz)이다. 월츠는 신현실주의 국제정치이론에서 국제관계를 무정부 상태에서 원자화된 국가 행위자들이 생존이라는 목표를 위해 서로 상호작용하는 장으로 가정했다. 월츠의 이론에서 국가들은 주권이라는 평등한 지위를 갖고 기능적으로 동질적이다. 그러나 국가들 사이의 힘의 배분 상태는 다양한데, 이러한 힘의 배분 상태의 차이가 국제관계를 특징짓는 중요한 변수라는 것이 월츠 이론의 핵심을 이룬다.

　　그런데 무정부 상태의 국가 행위자라는 추상적 논의에서 시작한 월츠의 국제정치이론이 힘의 배분 상태라는 구조적 분석으로 이행하는 과정에서 월츠의 논의는 주권국가라는 법적 주체가 아니라 강대국이라는 권력정치 주체로 전환된다. 이러한 전환의 이론적 정당성에 대해 월츠는 다음과 같이 말한다.

　　무정부 체계의 단위[국가]는 기능적으로 차별화되지 않는다. 대신 무정부 체계의 질서는 같은 기능을 수행하는 [국가의] 능력이 더 크거나 작음에 따라 구별된다. 이것은 국제정치를 공부하는 사람들이 오랫동안 인지하고 있던 것을 공식적으로 말하는 것이다. 국제정치의 실무자와 이론가들에 의해 한 시대의 강대국들은 비강대국과 항상 구분되어 왔다(Waltz 1979, 97).

이에 따라 월츠는 국제질서는 "국제정치의 실무자와 이론가들에 의해" 항상 구별되는 강대국의 수에 의해 결정되는 것으로 정의한다. 그에게 국제질서란 하나의 강대국이 압도적 우위를 가진 경우(단극질서)와 두 개의 강대국이 압도적 우위를 가진 경우(양극질서), 그리고 그 이상의 강대국들이 비슷한 힘을 갖는 경우(다극질서) 등으로 구분될 뿐이다. 강대국이 다른 국가를 힘으로 제압한 뒤 위계적인 제국을 건설하는 것도 일극질서이고 강대국이 다른 국가들과 규칙을 공유하는 평등한 국제질서를 건설하는 것도 일극질서이다. 월츠에게 이 두 질서의 차이는 국제질서의 본질적 특징이 되지 않는다.

월츠의 강대국 중심 국제정치이론은 강대국이 비강대국과 형성하는 관계를 국제질서에 대한 논의에서 배제하는 결과로 이어졌다. 국제체계를 구성하는 주체를 법적 주체(*de jure* actor)인 국가 행위자에서 실질적 주체(*de facto* actor)인 강대국으로 치환하는 것은 복잡한 역사적 구체성을 배제하는 설명적 간결성(parsimony)이 있지만 심각한 강대국 편향(great power bias)을 야기한다. 월츠의 신현실주의 국제정치이론이 전후 미국 국제정치학의 주류가 되면서 강대국 편향은 학계와 정책결정가들의 국제정치적 사고에 지대한 영향을 미치게 된다. 그리고 그 결과는 국제관계의 주요 행위자를 강대국으로 제한하고 강대국 간의 문제를 국제관계의 주요 문제로 간주하며 국제관계 문제 해결의 범위를 강대국 간의 조정이나 협력으로 제한하는 것이었다. 이로써 강대국 편향으로부터 자유롭다고 말할 수 있는 국제정치학 논의는 주류 국제정치학 논의에서 거의 주변부로 밀려나게 된다.[7] 마르크스주의이론이나 종속이론, 세계체제론, 그리고 포스

....

7   다만 이에 대한 중요한 예외들이 다수 존재한다는 사실이 여기서 언급될 필요가 있다. 이들의 논의를 여기서 모두 소개하는 것은 어렵지만 가장 대표적인 연구로 데이비드 레이크(David Lake)의 위계에 대한 연구(Lake 2009)가 있다. 레이크는 이 책에서 무정부와

트모더니즘이론과 같이 비강대국이나 주변부를 주된 연구 대상으로 하는 경우에만 강대국과 비강대국의 관계가 논의의 중심으로 등장할 수 있었다.

강대국과 비강대국이 맺는 관계를 국제질서의 정의에 포함하지 않을 때 나타나는 결과는 단순히 비강대국의 주체성이 사상(捨象)된다는 점에 머무르지 않는다. 강대국과 비강대국이 맺는 관계가 국제질서의 정의에서 배제되면, 하나의 국제질서를 구축한 강대국의 힘이 약화될 때 국가들이 기존 질서에 대해 내리는 선택(예: 폐기, 유지, 강화, 수정)을 예측하는 것이 매우 어려워진다. 이런 점에 착목하여 국제정치 이론가인 존 러기(John Gerard Ruggie)는 국제질서란 사회적 목적(social purpose)과 힘(power)의 융합(fusion)으로 정의되어야 한다고 주장했다(Ruggie 1982).[8] 러기에게 국제질서의 변화란 국가들이 추구하는 사회적 목적의 변화를 의미하는데, 그 사회적 목적 안에는 강대국과 비강대국이 맺는 관계에 대한 원칙이 핵심을 이룬다고 볼 수 있다.

러기의 이론 틀을 따르면 1970년대 미국 패권의 쇠퇴는 권력구조의 변화이지만 자본주의 국가들이 추구하는 사회적 목적의 변화는 아니었기 때문에 국제질서의 변화라고 볼 수 없다. 반면 1991년

....

위계라는 두 가지 차원으로 국제관계를 설명하고 위계를 주권 양도에 대한 국가 간 계약으로 설명한다. 레이크의 설명에 따르면 이 책에서 말하는 세력권 국제질서 역시 위계의 한 종류이며 주권의 제약에 대해 진행된 협상의 결과라고 할 수 있다. 이러한 레이크의 관점은 무정부 중심의 국제정치학 이론에 위계라는 엄연한 현실을 도입했다는 점에서 이 책의 문제의식과 일치한다고 할 수 있다. 그러나 그의 계약론적 관점에서는 한미상호방위조약과 같이 자발적 동의에 이루어진 계약과 대한제국의 외교권을 박탈하는 내용으로 1905년 대한제국의 외부대신 박제순과 일본 제국의 주한 공사 하야시 곤스케 사이에 진행된 (따라서 고종의 직인이 찍히지 않은) 을사조약이 구분되지 못한다.

8   또 다른 책에서 러기는 사회적 목적을 일반적 구성 원칙(generalized organizing principle)이라고 부르기도 한다. Ruggie ed.(1993).

그림 2-2 1989년 당시 소련연방의 15공화국
(https://en.wikipedia.org/wiki/File:Soviet_Union_Administrative_Divisions_1989.jpg)

소련의 붕괴는 국제질서의 변화로 정의되는데, 그 이유는 소련연방이 해체된 후 소련이 추구하던 사회주의 국제주의라는 사회적 목적이 소련의 세력권 내에 있었던 국가들에 의해 차례로 부정되었기 때문이다. 사회주의 국제주의는 "모든 공산당은 자신의 인민만이 아니라 다른 모든 사회주의 국가들에 대해 책임"을 지며 "개별 사회주의 국가의 주권은 세계 사회주의와 세계 혁명 운동의 이익에 반할 수 없다"(Dawisha and Valdez 1987, 1)고 명시했다. 브레즈네프 독트린으로 알려진 이러한 원칙은 근대적 주권과는 근본적으로 다른 "제한주권론"(limited sovereignty)이었다(박상섭 1988; 이근욱 2012, 59-60; Jones 2016). 제한주권론에서 제한되지 않은 유일한 주권은 소련연방의 주권이며 그중에서도 가장 큰 영토와 인구를 가진 러시아 소비에트 연방 사회주의 공화국(〈그림 2-2〉)의 주권이므로 사회주의 국가들의 관계는 소련과 제한주권을 가진 위성국가로 조직된 세력권이라고

할 수 있다.

이와 같이 미국 패권의 쇠퇴나 미국 단극질서의 후퇴가 소련연방의 쇠퇴와 다른 양상을 보이는 이유를 이해하기 위해서는 강대국과 비강대국이 맺는 관계적 특성을 국제질서에 대한 정의에 포함해야 한다. 강대국 간의 힘의 배분을 통한 국제질서 정의는 소련 붕괴나 미국 패권/단극 질서 이후의 현상에 대한 설명력에서 중대한 한계를 갖기 때문이다.

이제 다시 "탈냉전 이후 미국 중심의 단극체제는 미국의 세력권 질서인가?"라는 질문으로 돌아와 보자. 냉전 시기 미국이 소련 세력권 외부에 구축했던 것은 미국의 세력권이 분명하다. 그러나 미국의 세력권을 구성했던 원칙은 소련의 사회주의 국제질서와 매우 상이한 자유주의 국제질서였다. 냉전의 종식은 곧 소련 세력권의 소멸이었으며, 이는 외견상으로는 미국의 세력권이 전 세계로 확장된 형태를 띠었다. 따라서 국제정치를 힘의 관점에서 보는 시각에서 탈냉전은 냉전과는 다른 새로운 세력권 질서의 등장이자 미국 중심의 단일 세력권 질서로 간주될 것이다. 그러나 국제질서를 국가들이 공유하는 사회적 목적에 입각해서 보는 시각에서 탈냉전은, 미국이 자본주의 국가들 사이에 구축했던 자유주의 국제질서의 확산으로 간주된다. 소련 세력권을 구성하던 국가들이 그들의 사회적 목적이었던 사회주의 계획경제, 프롤레타리아 독재, 그리고 사회주의 국제주의의 원칙을 버리고 자본주의 시장경제와 자유민주주의, 그리고 자유주의 국제질서를 선택함으로써 자유주의 국제질서 안으로 자발적으로 진입했기 때문이다. 구 사회주의 국가들의 체제 전환과 자유주의 국제질서로의 편입을 이끌어 낸 것은 미국의 "힘"이 아니라 "이념"과 "규칙"이었다는 점이 다시 한 번 강조될 필요가 있다.

자유주의 국제질서

대표적인 국제질서 이론가인 존 아이켄베리(John Ikenberry)는 『승리 이후(*After Victory*)』라는 저서에서 국제질서를 "기본 규칙, 원칙 및 제도 등이 포함된 국가들 사이의 통치 체계(the governing arrangements among a group of states, including its fundamental rules, principles, and institutions)"라고 정의했다(Ikenberry 2001, 23). 아이켄베리는 국제질서를 세력균형(the balance of power), 패권(hegemony), 그리고 헌정주의(constitutionalism)로 유형화한 뒤 〈표 3-1〉과 같이 그 특징을 설명했다.

아이켄베리의 유형화에 따르면 자유주의 국제질서는 헌정주의에 해당되고 세력권 질서는 세력균형 질서에 해당된다. 국제질서를 세력권 질서와 자유주의 국제질서로 양분하는 이 책의 설명 방식은 다음과 같은 점에서 아이켄베리의 국제질서 유형화와 본질적인 차이를 갖는다.

첫째, 아이켄베리는 국제질서에 대한 논의에서 강대국이 비강대

표 3-1 아이켄베리의 국제질서 유형화

	세력균형	패권	헌정주의
작동 원칙	무정부	위계	법에 의한 통치
권력 집중에 대한 제약	균형 잡는 연합	부재	구속력 있는 제도
안정의 원천	힘의 균형 상태 (equilibrium)	힘의 우위	힘의 순익(return)에 대한 한계

국과 맺는 관계적 특성을 국제질서 유형화의 기준으로 간주하지 않았다. 아이켄베리에게서 세력균형 질서와 패권 질서는 마치 단극체제와 다극체제의 차이와 같이 강대국 힘의 배분에 의해서만 구분된다. 이와 같은 유형화를 선택한 배경은 아마도 패권안정론(hegemonic stability theory), 세력전이론(power transition theory), 그리고 세력균형론(balance of power theory)이라는 세 가지 대표적인 국제정치이론을 반영하고자 하는 의도라고 볼 수 있다(Kindleberger 1973; Organski and Kugler 1980; Krasner 2010). 이 세 가지 이론은 국제정치의 안정을 가져오는 것이 무엇인가에 대한 상반된 이론적 예측을 제공한다. 먼저 패권안정론은 힘의 집중이 국제정치의 안정을 가져온다고 예측하는 반면 세력균형론은 반대로 힘의 적절한 균형이 국제정치의 안정을 가져온다고 예측한다. 세력전이론은 패권국이 등장하는 시점에는 안정이, (패권질서에 불만을 가진) 도전국이 패권국 질서를 위협할 때 불안정이 발생한다고 예측한다.

그런데 이렇게 국제질서에 대한 논의를 삼분(三分)할 경우 헌정주의와 다른 두 가지 '이론'의 관계가 애매해지는 문제가 발생한다. 헌정주의는 두 이론과 달리 국제정치의 작동 원칙이 어떠해야 하는가(ought-to)에 대한 하나의 '이념'이라고 볼 수 있는 반면 다른 두 가지 이론은 국제정치 불안정/안정의 원인을 설명하는 '이론'이기 때문이다. 국제정치이념이 목적론적 지향을 갖는 하나의 기획이라면 국제정치이론은 국제정치에서 나타난 현상의 원인/이유에 대한 체계적인 설명이라고 볼 수 있다. 아마도 아이켄베리는 세력균형론을 하나의 외교정책적 이념으로 추구한 헨리 키신저 등을 염두에 두고 이 세 가지 관점을 같은 선상에서 비교하고자 한 것으로 추측할 수 있다. 그러나 헌정 '주의'(constitutionalism)와 패권안정 '론' 그리고 세력전이 '론'을 같은 맥락에서 비교하는 것은 잘못된 범주화라고 볼 수 있다.

둘째, 아이켄베리의 유형화에서 가장 애매한 범주는 패권이다. 먼저 소련의 패권과 미국의 패권을 비교해보면, 소련의 패권은 아이켄베리가 말한 힘의 우위에 기초한 제한 없는 권력에 가까운 반면 냉전 시기 미국의 패권은 (제한적이나마) 헌정주의적 내용을 다수 포함하고 있다는 차이점이 존재한다. 다시 러기의 정의를 사용하면, 아이켄베리의 패권 범주는 단순히 힘의 배분 상태를 의미할 수도 있고 사회적 목적을 의미할 수도 있다. 반면 헌정주의는 힘의 배분 상태에 대한 정보가 부재한 채 사회적 목적에 대한 정보만을 포함하고 있어서 불완전하다. 이와 같은 맥락에서 국제질서 이론가인 존 홀(John Hall) 역시 국제질서는 물질적 역량의 분포에 의해서만 형성되는 것이 아니라, 이념, 가치, 규범에 의해서도 형성되며 이러한 이념적 요소들은 국가들이 자신의 이익을 정의하고 상호작용하는 방식에 중대한 영향을 미친다고 주장한다(Hall 2013).

셋째, 헌정주의가 세력균형론과 갖는 가장 큰 차이점인 강대국과 비강대국의 관계적 특성에 대한 논의를 국제질서에 대한 논의의 핵심에 포함하지 않은 것은 중대한 누락이라고 할 수 있다. 특히 아이켄베리의 책 전체를 관통하는 논리 전개 방식이 국제질서 구축에 관한 국가들의 시도가 세력균형이나 패권에서 시작되어 헌정주의로 귀결된다는 『역사의 종말』과 같은 구조를 띠고 있다는 점에서, 강대국-비강대국 관계에 대해 이들 구상이 갖는 차이를 부각시키지 못한 것은 중대한 실수이다. 이 책에서는 자유주의 국제질서(아이켄베리에게서는 헌정주의)가 국제질서의 구성원칙으로서 가진 가장 중요한 특이점이 규칙의 적용 대상을 강대국 간의 관계만이 아니라 강대국-비강대국의 관계에까지 보편적으로 적용하려고 한다는 점임을 강조할 것이다.

자유주의 국제질서의 전사(antecedent)

자유주의 국제질서를 구축하기 위한 시도는 지금까지 크게 네 시기로 나눠서 설명할 수 있다. 첫 번째 시기는 "국가 간 분쟁이 선한 의지를 지닌 인간들 사이의 합리적인 토의와 동의를 통해 평화적으로 해결될 수 있다는"(하워드 1977[2018], 52) 유럽 계몽사상가들의 믿음으로부터 출발한다. 이 시기는 18-19세기 유럽의 계몽사상가들, 리처드 코브던(Richard Cobden), 파머스톤 경(Lord Palmerston), 윌리엄 글래드스턴과 같은 영국의 휘그 정치인들, 그리고 제러미 벤담(Jeremy Bentham)과 존 스튜어트 밀(John Stuart Mill)과 같은 자유주의 사상가들이 계몽주의적 기획(design)을 토대로 자유주의 국제사상의 토대가 되는 이념을 마련하던 시기이다. 벤담과 밀은 개인의 자유와 권리, 언론의 자유, 법치주의, 자유무역 등 자유주의의 핵심 가치를 발전시켰고 국제관계에서도 이러한 원칙들이 적용되어야 한다고 보았다. 코브던은 자유무역을 통한 경제적 상호의존이 국가 간의 평화와 협력을 증진할 것이라고 믿었다. 또한 파머스톤 경과 글래드스턴은 유럽협조체제 안에서 국제법과 제도를 통해 분쟁을 평화적으로 해결하고자 노력했다.

국가 간 관계를 협상과 조약, 국제법을 통해 규제하고자 하는 자유주의적 사고는 근대국가 체제의 열강들에 의해 부분적으로 수용되어 주권 평등, 영토 보전, 전시국제법,[1] 항해의 자유와 같은 이념으로 구체화되었다. 그러나 세력균형과 제국주의, 민족주의의 확산이라는 국제정치의 "현실" 앞에서 이러한 계몽주의적 기획은 번번이 좌절되었다. 이를 선명하게 보여준 사건이 바로 크림전쟁(1853-1856)과 보어전쟁(제1차: 1880-1881, 제2차: 1899-1902)이었다. 크림전쟁 이전 영국과 러시아는 활발한 교역 관계를 유지하고 있었다. 영국은 러시아로부터 밀과 목재를 수입했고, 러시아는 영국의 주요 공산품 시장이었다. 자유무역이 전쟁 가능성을 낮출 것이라는 코브던의 예측대로라면 양국 간의 사소한 갈등은 전쟁으로 쉽게 발전하지 않아야 했다. 그러나 러시아의 오스만 제국 침공을 둘러싸고 양국은 전쟁에 돌입했다. 크림전쟁이 자유무역의 전쟁 억제 가능성에 대한 현실적 부정이었다면 보어전쟁은 자유주의가 추구하는 반제국주의, 민족자결권, 약소국 주권 존중 등의 원칙이 강대국에 의해 철저히 무시되는 잔인한 현실을 보여주었다. 이 전쟁에서 영국은 보어인들의 독립권을 부정하고 남아프리카 지역에 대한 제국주의적 지배를 관철했다. 크림전쟁과 보어전쟁은 민주주의와 자유무역의 확산만으로는 유럽에서 퍼져나가고 있는 강대국들의 호전적 의지를 극복하는 것이 어렵다는

....

1   전시국제법은 전쟁 선포와 종결, 포로에 대한 대우, 사용 가능한 전쟁 무기의 범위 등에 대한 국가 간 규약을 말한다. 제네바 협약의 제1협약: 육전에서의 군대의 부상자 및 병자의 상태 개선에 관한 협약(1864년), 제2협약: 해상에서의 군대의 부상자, 병자 및 조난자의 상태 개선에 관한 협약(1906년), 제3협약: 포로의 대우에 관한 협약(1929년), 제4협약: 전시에서의 민간인의 보호에 관한 협약(1949년)으로 정리되어 알려져 있다. 법제처 국가법령정보센터, "1949년 8월 12일자 제네바 협약에 대한 추가 및 국제적 무력 충돌의 희생자 보호에 관한 의정서(제1의정서)"(https://www.law.go.kr/LSW/trtyMInfoP.do?trtySeq=324, 최종 접속 2014년 5월 20일).

점을 명확하게 보여주었다.

윌슨주의: 최초의 자유주의 국제질서에 대한 실험

두 번째 시기는 자유주의 국제질서가 윌슨주의로 국제사회에 처음으로 등장하던 시기이다. 앤드루 잭슨(Andrew Jackson, 재임 1829-1837) 이후 최초로 연임을 한 민주당 대통령인 우드로 윌슨 대통령은 당시 유럽국가들의 "얽혀들게 만드는 동맹(entangling alliance)"(Zoellick 2020, 152에서 재인용), 제국주의, 그리고 세력권 질서가 제1차 세계대전과 같은 파괴적인 대전쟁의 원인이라고 보았다. 윌슨은 국제관계의 운영 원칙(modus operandi)으로 받아들여지는 위 원칙을 대신할 새로운 원칙으로 "협상을 통한 평화"(negotiated peace), "승전국 없는 평화"(peace without victory), "질서 있게 짜여진 모두를 위한 평화"(an organized common peace), 그리고 "지속적인 평화(lasting peace)"라는 원대한 구상을 제시했다(Zoellick 2020, 157에서 재인용). 윌슨은 이러한 제안이 반드시 원칙(principles)에 기반해야 한다고 보았고 그 근원을 먼로 독트린에서 찾았다. 윌슨은 자신이 기반하고 있던 미국 진보주의 운동(Progressive Movement)의 정신과 미국의 전통적인 외교정책 노선인 먼로 독트린을 결합한 자유주의 국제질서에 대한 구상을 발전시켰다.[2] 윌슨 이후 미국이 추구해 온 자

....

2   윌슨은 진보주의 시대(Progressive Era)의 대표적인 정치인 중 한 명으로, 그의 사상과
     정책은 진보주의 운동의 이념을 반영하고 있다. 진보주의 운동은 19세기 말에서 20세
     기 초 미국 사회의 모순과 부작용을 해결하고자 등장한 개혁 운동이었다. 진보주의자들
     (Progressives)은 산업화와 도시화로 인한 사회문제, 정치 부패, 경제적 불평등 등의 문
     제를 해결하기 위해 정부의 적극적 개입을 요구했고 사회정의와 공공복리의 증진을 목
     표로 다양한 분야에서 개혁을 추진했다. 윌슨은 진보주의 운동의 지지를 받으며 당선된

유주의 국제질서가 미국식 민주주의의 확산과 먼로 독트린을 "세계의 독트린"으로 만드는 방향으로 발전해온 것은 윌슨으로부터 시작된 자유주의 국제질서의 기원을 반영한 것이자 앞 장에서 설명한 질서 주도국 편향이라고 할 수 있다.

여기서 윌슨이 먼로 독트린을 "세계의 독트린"으로 만드는 것이 미국의 세력권을 세계로 넓히려는 것으로 해석해서는 곤란하다. 뒤에 상술하겠지만 윌슨은 먼로 독트린을 유럽의 제국주의로부터 아메리카 대륙의 민족자결권을 보호하는 미국의 의무를 천명한 것으로 보았다. 윌슨은 먼로 독트린이 적용되는 서반구 안에서 선린정책(Good Neighbor Policy), 공개외교, 군축, 자유무역, 자유항해의 원칙들이 보장되므로 유럽 제국주의 국가들의 제국주의적 세력권과는 다르다고 보았다. 윌슨이 1918년 1월 8일 미국 상하 양원 합동회의에서 발표한 14개조(〈표 3-2〉)의 주요 원칙은 이러한 윌슨의 구상을 잘 보여주고 있다. 그 핵심 내용을 요약하면,

1) 집단안보(Collective Security): 한 국가에 대한 침략을 모든 국가에 대한 침략으로 간주하고, 회원국들이 공동으로 대응하는 체제를 구축

2) 국제분쟁의 평화적 해결: 국가 간 분쟁을 무력이 아닌 중재, 사법적 해결, 협상 등 평화적 방식으로 해결

3) 군비축소: 과도한 군비경쟁이 전쟁의 원인이 되므로 군비축소를 통해 전쟁 가능성을 축소

4) 민족자결주의: 민족의 자결권을 존중하여 제국주의적 지배와 억압에서 벗어나 독립국가를 수립할 권리를 인정

....

뒤 연방준비제도(Federal Reserve System) 도입, 독점규제법 강화, 아동노동 금지, 8시간 노동제 시행 등 다양한 개혁 정책을 추진했다. Hofstadter(1955), pp. 249-253, 276-282, Kennedy(2001).

5) 공개외교: 비밀외교가 전쟁의 원인이라고 보고 외교의 투명성과 공개성을 제고하여 국제관계의 안정을 도모

6) 자유무역: 경제적 차별과 무역장벽이 국가 간 대립을 초래한다고 보고 자유롭고 평등한 무역을 보장하여 상호의존과 협력을 증진

월슨의 자유주의 국제질서에 대한 실험은 집단안보를 관철할 수 있는 구체적인 계획의 부족, 자유주의 국제질서를 지지해줄 수 있는 국제여론의 부재, 동맹 없이 진행된 단독 외교의 한계, 월슨의 구상에 대한 부정적인 미국 내 여론과 미국 공화당의 반대에 의해 좌절되었다. 특히 월슨의 국제연맹 비준 실패의 뒤에는 헨리 로지(Henry Cabot Lodge) 공화당 상원 외교위원회 위원장과의 악연이 자리 잡고 있었다. 월슨의 국제연맹 가입 제안은 조약(treaty) 가입이므로 미국 상원에서 2/3 이상의 표를 받아야 한다. 그럼에도 불구하고 월슨은 1919년 1월 베르사유 평화 회의에 참석하기 위해 미국을 떠날 때에도 상원의원들의 조언을 구하지 않았으며 국제연맹 협상을 끝내고 돌아와서도 상원 외교위원회 의원들의 협조와 조언을 구하지 않았다. 이러한 월슨의 냉랭한 태도는 공화당 상원 외교위원회가 제1차 세계대전 중 월슨에게 보여준 지지를 기억하는 공화당 의원들, 특히 로지에게는 매우 당황스러운 것이었다. 국제연맹에 대한 홍보활동으로 병약해진 월슨은 끝까지 로지와 화해하지 않고 공화당과 적대적인 태도를 유지했고 로지가 월슨의 국제연맹을 반대하여 국제연맹은 끝내 상원의 비준을 받지 못하게 되었다.[3]

....

3   United States Senate, Classic Senate Speeches(https://www.senate.gov/artandhistory/history/common/generic/Speeches_Lodge1919.htm, 최종 접속 2024년 4월 27일)

우드로 윌슨 미국 대통령의 14개조

1. 강화 조약은 공개적으로 진행하고 공표해야 한다. 그 체결 이후에는 어떠한 종류의 비밀회담도 있어서는 안 된다. 외교는 항상 솔직하고 공개적인 방식으로 진행되어야 한다.

2. 평시와 전시를 막론하고 영해 밖에서 항해의 자유는 절대 보장되어야 한다. 다만 국제협약을 이행하기 위해 취해진 국제적 조치로 해양이 전체 혹은 부분적으로 봉쇄되는 경우는 예외로 한다.

3. 평화를 희망하고 유지하기 위해 상호 협력하는 모든 국가 사이에는 가능한 모든 경제적 장벽을 없애고 동등한 무역 조건을 확인해야 한다.

4. 각국의 군비는 상호 보장 아래 자국의 안보에 필요한 최소 수준으로 감축해야 한다.

5. 모든 주권 문제의 결정에 있어 관련 주민의 이해는 권리를 가진 정부의 정당한 요구와 동등한 비중을 가져야만 한다는 엄격한 원칙을 준수하는 기반 위에서 모든 식민지의 요구는 자유롭고 열린 마음으로 절대적으로 공정하게 조정되어야 한다.

6. 외국군은 러시아의 모든 영토에서 철수해야 하며, 러시아는 자국과 관련된 모든 정치적 발전과 국가정책을 자주적으로 결정해야 한다. 또한 러시아는 러시아의 모든 영토에서 외국군의 철수와 러시아와 관련된 모든 사안의 해결을 위해 세계 다른 나라들로부터 최선의 그리고 자유로운 협조를 보장받게 될 것이며, 이것은 정치 발전과 국가정책에 관한 러시아 스스로의 독립적인 결정을 제약하거나 방해하지 않을 것이다. 그리고 러시아가 어떠한 사회체제를 선택하든 관계없이 자유국가 세계의 일원으로서 진심으로 환영받을 것이며, 러시아가 필요로 하거나 희망하는 모든 종류의 원조를 제공받을 것이다. 우방국에 의해 수개월 안에 이루어질 러시아에 대한 원조는 자국의 이해와 상관없이 우방국 러시아에 대한 선의, 이해 및 사려 깊은 호의를 반영하는 시금석이 될 것이다.

7. 벨기에는 세계의 모든 국가와 마찬가지로 주권을 회복하게 될 것이며, 벨기에에 주둔해 있는 외국군은 철수하게 될 것이다. 세계 각국은 이러한 사실에 동의할 것이며, 벨기에의 주권을 제한하려는 어떤 시도도 일어나지 않을 것이

다. 이러한 조치는 다른 어떤 행위보다도 각국이 자발적으로 국가 간 상호 관계를 정립하기 위하여 설정한 법에 대한 신뢰를 회복시키는 계기가 될 것이다. 이러한 치유책이 없이는 국제법의 모든 구조와 효력은 영원히 손상될 것이다.

8. 프랑스의 모든 영토는 해방되어야 하고, 침략당한 지역은 회복되어야 한다. 또한 1871년 알자스-로렌 문제에 관해 프로이센이 프랑스에 가한 부당 행위는 거의 50년 동안 세계 평화를 교란했던 것인 만큼 다시 한 번 모든 나라의 이익을 위해 평화가 확보될 수 있도록 시정해야 한다.

9. 이탈리아 국경을 재조정하는 문제는 확실히 인정될 수 있는 민족적 경계에 따라 정해야 한다.

10. 오스트리아-헝가리 제국 내의 민족들에 대해 우리는 그들의 국제적 지위가 보호되고 보장되기를 바라며, 따라서 그들이 자주적으로 발전시킬 수 있도록 아무런 제약 없이 그들의 기회를 인정해야 한다.

11. 루마니아, 세르비아와 몬테네그로에 주둔한 외국군은 철수해야 하며, 점령 지역은 원상 복구되어야 한다. 세르비아는 자유롭고 안전하게 해상에 접근할 수 있도록 인정받아야 한다. 발칸에 위치한 여러 국가 간의 상호 관계는 역사적으로 형성된 민족 정체성과 충성심에 바탕을 두고 우호적인 협의를 통해 결정해야 한다. 발칸 국가들의 정치적, 경제적 독립과 영토 보전은 국제적으로 보장되어야 한다.

12. 현재의 오스만 제국 중에서 튀르크인이 차지하는 영토의 주권을 확실히 보장해야 한다. 튀르크의 지배를 받는 다른 민족들에게도 생활의 확실한 안전과 절대로 방해받지 않는 자율적인 발전을 보장해야 한다. 그리고 다르다넬스 해협은 국제적 보장 아래에 모든 국가의 선박 및 교역의 자유로운 통로로 영원히 개방해야 한다.

13. 독립된 폴란드인의 국가가 수립되어야 한다. 독립국가 폴란드는 분명하게 폴란드 주민이 거주하는 영토를 소유하며, 해상으로 자유롭고 안전하게 나갈 수 있는 통로를 보장받게 될 것이다. 또한 국제협약에 의해 폴란드의 정치적·경제적 독립과 영토 보전을 보장해야 한다.

14. 강대국과 약소국을 막론하고 정치적 독립과 영토 보전을 상호 보장할 목적으로 특별한 규약 아래에 전체 국가의 연맹체를 결성해야 한다.

루스벨트와 냉전: 자유주의 국제질서의 등장

　　자유주의 국제질서의 세 번째 시기는 제2차 세계대전부터 냉전 시기까지라고 볼 수 있다. 윌슨주의의 실패를 교훈삼아 국내적 지지와 국제적 협력을 신중하게 도모하고 강력한 미국의 국력에 힘입어 UN과 브레튼우즈 체제, 마셜 플랜, 그리고 다자주의 무역체제라는 성과를 남긴 시기이다. 루스벨트는 종전 직전 갑자기 사망했지만 자유주의 국제질서를 구축하기 위한 그의 노력은 전후 자유주의 국제질서에 중요한 유산을 남겼다. 루스벨트 행정부에서 채택된 대서양 헌장(Atlantic Charter)에서는 전후 국제질서의 기본 원칙이 제시되었고, UN의 창설은 강대국 간의 협력과 집단안보의 제도적 기반을 마련했다. 또한 GATT와 브레튼우즈 체제는 자유무역과 국제금융 질서의 안정을 위한 다자적 틀을 제공했다.

　　제2차 세계대전이 종전을 향해 가면서 미국의 루스벨트 대통령은 처칠과 스탈린이 자신과는 매우 다른 전후 세계질서에 대한 구상을 가지고 있다는 사실을 직시하게 된다. 처칠은 영국제국의 세력권을 보호하면서 유럽의 평화를 구상했고 스탈린은 동유럽과 중부유럽에서 과거 제정 러시아의 세력권을 회복하고자 했다. 루스벨트는 세력권 중심의 질서를 구상하는 처칠이나 스탈린에 맞서 자유주의 국제질서에 대한 밑그림을 준비했다. 그는 세력권에 대한 비밀 거래를 반대하고, 미국, 소련, 영국, 중국(당시 중화민국)이 함께하는 강대국 연합(great power alliance)이 관리하는 전후 질서를 구상했다. 이는 윌슨의 이상주의와 강대국 정치라는 현실을 조화시키면서도 세력권이라는 구시대적 원칙은 배제하려는 구상이라고 볼 수 있다. 그러나 세력권 질서의 복원을 추구하던 소련과 영국은 루스벨트의 구상을 끊임없이 방해하고 우회하려고 했다.[4]

그림 3-1 커즌 라인

(https://upload.wikimedia.org/wikipedia/commons/8/8d/Curzon_line_en.svg, 최종 접속 2024년 4월 26일)

제2차 세계대전 직전, 독일과 소련은 구(舊)세력권 질서에 대해 강한 불만을 품고 있었다. 특히 독일의 히틀러는 베르사유 체제로 인해 부과된 국경을 조속히 극복하고, 동쪽으로는 체코슬로바키아와 폴란드를 점령하며 서쪽으로는 알자스-로렌 지역을 회복하고자 했다. 한편, 소련은 커즌 라인(Curzon Line)을 통해 폴란드 동부 지역을 차지하려는 야심을 품고 있었다.[5] 독일과 소련의 팽창주의적 야심은

....

4 이런 점에서 루스벨트의 시도는 사실 19세기 영국 노동당의 글래드스턴의 외교적 노력과 매우 유사하다. 글래드스턴 역시 오토만 제국의 붕괴 이후 유럽 강대국들 간의 세력균형을 유지하는 동시에 강대국들 간의 상호 협력을 통해 유럽공법(public law of Europe)을 만들고 집행해가고자 했다. 하워드(1977[2018]), pp. 77-83.

5 커즌 라인은 제1차 세계대전 이후 폴란드 내 우크라이나인과 벨라루스인 거주지역을 기

협상을 통해 타협되고 조정될 수 있는 것이 아니었다. 세력균형을 통해 유럽에서의 전쟁을 막으려던 체임벌린의 노력이 실패할 수밖에 없었던 이유도 여기에 있었다. 전쟁을 피하면서도 독일과 소련의 팽창주의적 요구를 충족시킬 수 있는 제안을 찾는 것은 거의 불가능했다. 뮌헨협정은 이 사실을 정확하게 확인해주었다.

뮌헨협정은 1938년 9월 29일 독일, 이탈리아, 영국, 프랑스 간에 체결된 협정으로, 당시 수데텐란트 지역을 둘러싼 갈등을 해결하기 위한 것이었다. 협정의 핵심 내용은 체코슬로바키아의 수데텐란트 지역을 독일에 할양하고 체코슬로바키아 정부는 10월 1일까지 해당 지역에서 철수하되 체코슬로바키아의 새로운 국경을 4개국이 보장한다는 것이었다. 이는 강대국 간 세력균형을 위해 비강대국의 주권, 영토적 완전성, 자율성이 완전히 훼손되는 세력권 질서의 특징을 잘 보여주는 사례이다. 문제는 이러한 세력균형 차원의 유화정책이 독일의 팽창주의를 저지하지 못했을 뿐만 아니라, 동유럽 국가들과 안보조약을 체결한 프랑스를 약화시키고 히틀러로 하여금 더욱 대담한 야심을 품게 했다는 점이다. 뮌헨협정 체결 직후 의회에서 처칠은 다음과 같이 체임벌린 수상을 비판했다.

우리는 지금 영국과 프랑스에 닥친 최대 규모의 재앙 앞에 서 있습니다. 이 사실에 우리 자신을 속이지 맙시다. 이제 중부 및 동부 유럽의 모든 국가들이 승리한 나치 세력과 가능한 최선의 조건으로 타협할 수밖에 없다는 점을 인정해야만 합니다. 프랑스가 자국의

준으로 그어진 선으로, 영국에 의해 폴란드와 러시아 간의 국경선으로 제안되었다(《그림 3-1》). 혁명으로 인해 전후 협상에 참여하지 않고 있던 소련은 스탈린을 중심으로 중앙집중화를 이루고 세력 확장을 꾀하기 시작했다. 소련이 가장 먼저 노린 곳은 이 커즌 라인 동쪽의 폴란드 영토와 핀란드였다. 커즌 라인 동쪽의 영토는 1939년 독소 불가침조약의 비밀 의정서에서 독일과 소련 간에 소련의 영토로 합의되었다.

안전을 위해 의존해온 중부 유럽에서의 동맹 체제는 무너졌고, 저는 그것이 어떻게 재건될 수 있을지 아무런 방도도 보이지 않습니다. 도나우 강 유역을 따라 흑해로, 터키까지 이어지는 길이 열렸습니다(Churchill 1938).

루스벨트는 1938년 유럽 문제를 "다자적 유화정책"(multilateral appeasement)의 틀 내에서 해결하려는 자신의 제안이 유럽 국가들에 의해 무시된 이후 유럽 문제에 대한 적극적인 개입을 자제했다. 당시 미국 의회와 여론은 고립주의 정서가 팽배했기 때문에, 루스벨트로서는 윌슨의 실수를 되풀이할 수 없는 상황이었다. 1937년 10월 5일 시카고에서 행한 "격리 연설"(Quarantine Speech)에서 루스벨트는 세계 평화에 대한 위협이 전염병처럼 확산되어 결국 미국에도 영향을 미칠 것이라고 경고했지만, 여론의 반응은 부정적이었다.[6] 국

....

6   "불행하게도 세계적인 무법 상태라는 감염병(the epidemic of world lawlessness)이 확산되고 있는 것으로 보입니다. 이것을 잘 기억하십시오: 신체적 질병의 전염병이 확산되기 시작할 때, 공동체는 질병의 확산으로부터 공동체의 건강을 보호하기 위해 환자들을 격리하는 것을 승인하고 동참합니다. 저는 평화 정책을 추구하고 전쟁에 개입하는 것을 피하기 위해 모든 실행 가능한 조치를 취하겠다는 결심입니다. 이 현대 시대에, 그리고 경험에 비추어볼 때, 어떤 국가도 그들에게 실질적인 해를 끼치지 않았고 스스로를 적절히 보호하기에는 너무 약한 다른 국가들의 영토를 엄숙한 조약을 위반하고 침략하며 침해함으로써 전 세계를 전쟁에 빠뜨릴 위험을 감수할 만큼 어리석고 무자비할 수 있다는 것은 상상할 수 없는 일이어야 합니다. 그러나 오늘날 세계의 평화와 모든 국가의 복지와 안보는 바로 그러한 일에 의해 위협받고 있습니다. 인내를 발휘하고 다른 이들의 자유와 권리를 존중하는 것을 거부하는 어떤 국가도 오랫동안 강대국으로 남거나 다른 국가들의 신뢰와 존경을 유지할 수 없습니다. 어떤 국가도 차이를 조정하고, 다른 국가의 권리에 대해 큰 인내심과 배려를 발휘함으로써 존엄성이나 좋은 입지를 잃지 않습니다. 전쟁은 선포되었든 선포되지 않았든 전염병입니다. 전쟁은 현장에서 멀리 떨어진 국가와 국민까지 집어삼킬 수 있습니다. 미국은 전쟁에 말려들지 않겠다고 결심했지만, 전쟁의 재앙적인 영향과 개입의 위험으로부터 미국의 안전을 보장할 수는 없습니다. 미국은 개입의 위험을 최소화하는 조치를 취하고 있지만, 신뢰와 안보가 무너진 무질서한 세계에서 완전한 보호를 받을 수는 없습니다. 문명이 살아남으려면 평강의 왕 (the Prince of Peace) 원칙이 회복되어야 합니다. 국가 간에 산산조각 난 신뢰가 되살아

내의 고립주의 정서와 미국의 개입을 반기지 않는 유럽 국가들의 태도로 인해, 루스벨트는 유럽 문제에 직접 관여할 수 없었다. 이런 이유로 그는 뮌헨협정을 체결하기 위한 체임벌린의 노력에 "훌륭한 사람"(Good Man)이라는 찬사를 보낼 수밖에 없었다.[7]

그러나 1939년 히틀러가 체코슬로바키아를 침공하면서 체임벌린의 유화정책은 실패로 드러났다. 세력균형을 통한 조정으로 전쟁을 막고자 했던 영국의 시도는 독일, 소련, 미국, 그리고 다른 유럽 국가들을 만족시킬 만한 해법을 찾지 못했다. 영국의 비밀외교는 소련과 미국의 불신을 증가시켰다. 스탈린은 히틀러와의 양자 비밀회담을 통해 영국의 기존 세력권을 유지하려는 체임벌린을 불신했고, 미국의 외교정책 엘리트들 또한 영국 비밀외교의 의도에 대해 불신이 높았다. 스탈린은 독일이 영국과 함께 소련을 고립시키는 분리된 평화(separate peace)를 추구할 가능성이 있다는 점을 특히 경계했다. 결국 스탈린은 영국 대신 유럽에서 구세력권 질서를 제거하고 새로운 세력권 질서를 구축하려 했던 독일과 손을 잡았고, 이는 독소 불가침 조약(1939년 8월 23일)으로 이어졌다. 독소협력은 1939년 9월 1일 독일이 폴란드 서부를 침공하고, 9월 17일 소련이 폴란드 동부를 침공함으로써 폴란드 분할이라는 첫 번째 '성과'를 만들어냈다(〈그림 3-2〉). 독일과 소련의 폴란드 침공은 독일과 소련이 구상했던 새로운 세력권 질서가 유럽에서 처음으로 모습을 드러낸 순간이었다. 이에 루스벨트는 유럽에서의 새로운 균형이 뮌헨협정에서처럼 약소국의 안보를 침해하는 방식으로 이루어져서는 안 되며 약소국에 대한

....

나야 합니다." Franklin D. Roosevelt's "Quarantine" Speech(https://sites.temple.edu/immerman/franklin-d-roosevelts-quarantine-speech/), Dorothy Borg, "Notes on Roosevelt's 'Quarantine' Speech." *Political Science Quarterly*, Vol. 72, No. 3, 1957, pp. 405-433.

7   Hull to Kennedy, September 17, 1038, NC7/2/4,5,7. Gardner(1993), p. 42에서 재인용.

그림 3-2 1939년 독일과 소련의 폴란드 침공

(https://encyclopedia.ushmm.org/content/ko/map/german-invasion-of-poland-september-1939, 최종 접속 2024년 4월 26일)

보호는 국제법에 의해 준수되어야 한다는 입장을 확고히 하게 된다 (Gardner 1993, 78-79).

1941년 6월 22일 독일의 소련 침공 작전인 바르바로사 작전(Barbarossa operation)이 개시되기 전, 루스벨트는 처칠에게 영국과 소련 간의 전후 세력권 분할 약속이 있어서는 안 된다고 경고했다. 그는 영국과 접촉하는 모든 보좌관에게 "경제적 또는 영토적 거래-불가"(Economic or territorial deals-NO)라는 분명하고 간결한 메시지를 전달했다(Gardner 1993, 95). 루스벨트가 영국의 전후 협상 전략에 대해 극도로 경계한 이유는 미국의 시각에서 볼 때 영국의 목표가 전쟁 이전의 구질서로 회귀하는 것으로 비쳤기 때문이다. 그가 보기에 영국은 유화정책(appeasement),[8] 제국주의, 그리고 경제블록을 포기할

....

8   유화정책이란 "긍정적 제재의 한 방편으로서 대상 국가에 영토나 지정학적 영향권을

의사가 없었다. 반면 처칠 입장에서는 루스벨트의 미국이 윌슨의 미국처럼 비현실적인 전후 처리 구상으로 유럽 질서를 더욱 불안정하게 만들 수 있다는 점, 그리고 미국에 비해 상대적으로 쇠퇴한 영국이 2등 국가로 전락할 수 있다는 점 때문에 미국의 요구를 수용하기 어려웠다. 그러나 루스벨트는 처칠에게 전후 영토 협상에 대한 어떠한 약속도 하지 않을 것을 공식적으로 천명할 것을 지속적으로 요구했고, 그 결과는 대서양헌장이라는, 구속력 없는 공동선언으로 귀결되었다.

대서양헌장은 1941년 8월 14일 루스벨트와 처칠이 서명한 공동선언으로, 구속력 있는 조약은 아니었지만, 제2차 세계대전 이후 국제질서의 기본 원칙을 미국과 영국이 함께 제시했다는 점에서 중요한 의의가 있었다. 이 선언을 통해 미국과 영국은 양국 영토 확장 금지, 무력에 의한 영토 변경 반대, 민족자결, 국제협력, 자유무역, 항해의 자유 등과 같은 전후 자유주의 국제질서의 핵심내용을 공유했다. 특히 자유무역 원칙과 민족자결주의 원칙을 명시함으로써 제국주의 타파와 경제블록 해체라는 미국의 입장이 적극 반영되었고 향후 UN 창설과 국제법 발전의 토대가 되었다는 점에서 대서양헌장의 정신과 원칙은 중요한 의의가 있다.[9]

....

양도하여 대상국의 행동의 변화를 유도하는 정책"이다. 전재성(2003), p. 235.

9   대서양헌장의 주요 내용은 영토 확장을 추구하지 않음, 국민의 의사에 반하는 영토 변경 반대, 모든 국민의 자치권 존중, 무역장벽 철폐와 경제적 협력 추구, 경제적 발전과 사회 보장 증진을 위한 국제협력, 나치즘 패망 후 모든 국가의 평화로운 삶 보장, 항해의 자유, 그리고 군비축소로 요약될 수 있다. 대서양헌장의 원문은 https://avalon.law.yale.edu/wwii/atlantic.asp(최종 접속 2024년 4월 26일)에서 볼 수 있다. 대서양헌장에 대한 미국 국무부 역사국의 설명은 다음에서 확인할 수 있다: Office of the Historian, "The Atlantic Conference & Charter, 1941", Foreign Service Institute, United States Department of State(https://history.state.gov/milestones/1937-1945/atlantic-conf 최종 접속 2024년 4월 26일).

영국과 미국 사이에 가장 큰 이견을 보인 것은 소련의 지속적인 제2전선(Second Front) 구축 요구[10]에 어떻게 대응할 것인가라는 문제였다. 소련의 요구를 무시하는 영국과 달리 루스벨트는 소련의 요구를 수용하는 대신, 미국, 소련, 영국, 중국(당시 중화민국)을 포함하는 강대국 협의체 중심의 전후 구상에 소련이 참여할 것을 종용했다. 반면 처칠과 스탈린은 미국 주도의 전후 질서에서 자국의 동유럽, 지중해, 중동 및 아프리카 내 세력권이 약화될 것을 우려했다. 이 시기 루스벨트는 스탈린과의 관계 개선에 많은 노력을 기울였는데, 로이드 가드너(Lloyd C. Gardner)는 이를 2단계 접근(two-phased approach)이라 명명했다(Gardner 1993, 149). 먼저 첫 단계는 소련을 3강(Big Three)의 일원으로 대우하고 미국의 자원을 소련에 전폭적으로 지원함으로써 신뢰를 쌓는 것이었다. 루스벨트는 미국의 산업 생산력을 활용해 소련을 지원함으로써 전후에도 미국과의 관계가 중요하다는 점을 소련 측에 각인시키고자 했다. 국내의 반대에도 불구하고 무기대여법(Lend-Lease)의 수혜 대상에 소련을 포함한 것은 이러한 전략적 고려에서였다. 두 번째 단계는 스탈린과 강한 인간적 유대를 형성해 전후 세계질서에 대한 미국의 구상을 소련과 함께 추진하는 것이었다. 루스벨트는 스탈린이 동유럽에 대해 먼로 독트린과 유사한 권한을 갖는 것을 용인할 의사가 있었다. 조지 케넌(George

---

10 1942년부터 1944년까지 연합국은 유럽에 제2전선을 구축하는 문제를 두고 논쟁을 벌였다. 소련은 독일의 대규모 침공에 홀로 저항하고 있었는데, 스탈린은 연합국이 북서유럽에서 독일을 공격해 제2전선을 구축할 것을 요구했다. 루스벨트는 북서 유럽에 대한 제2전선 구축을 선호했지만, 처칠은 북아프리카와 이탈리아에서 공격을 시작할 것을 제안했다. 루스벨트는 처칠의 제안이 지중해와 아프리카에서 영국의 세력권을 유지하기 위한 것이라고 의심했고 스탈린은 연합국의 자본주의 국가들이 소련의 패망을 방치하고 있다고 의심했다. 결국 1943년 카사블랑카 회담에서 연합국이 무조건 항복을 종전 조건으로 발표하여 스탈린을 안심시켰고 1944년 노르망디 상륙작전으로 제2전선을 구축하여 독일을 동서로 압박했다.

Kennan)은 이를 두고 루스벨트가 치밀한 정책 대신 개인 외교(per-sonal diplomacy)로 소련 정책을 대체하고 있다고 비판했다(Gardner 1993, 181).

루스벨트의 노력이 좌절된 첫 사례는 1944년 10월 톨스토이 회담이었다. 대통령 선거 일정상 3강 회담에 불참하게 된 루스벨트는 애버럴 해리먼(Averell Harriman) 대사를 옵서버로 파견하여 루스벨트가 빠진 스탈린과 처칠의 회담이 차기 3강 회담의 예비회담으로 간주되어야 한다는 뜻을 처칠과 스탈린에게 전달했다. 그러나 루스벨트의 바람과는 달리 처칠과 스탈린은 해리먼 대사의 회담 배석을 허락하지 않았다. 옵서버가 아니라 미국 대표 자격으로만 참여할 수 있다는 게 스탈린과 처칠의 입장이었다. 그러나 실제로는 세력권 분할에 일관되게 반대해온 루스벨트가 부재한 상황을 놓칠 수 없었던 것이 더 중요한 이유였다. 회담에서 처칠과 스탈린은 발칸반도 문제뿐 아니라 유럽 분할에 관한 중대한 합의를 도출했다. 처칠은 전후 영국의 이익과 영향력 유지를 위해 미국에만 의존할 수 없으며 소련과의 타협이 필요하다고 판단했다. 그는 소련의 동유럽 지배를 인정하는 대신 그리스를 영국 세력권에 확실히 편입하고자 했다. 한편 스탈린은 전후 동유럽에 대한 소련의 지배권 공고화를 목표로 삼았는데, 이를 위해 그리스에 이해관계를 가진 영국과의 양자 협상은 매우 중요한 기회였다. 이러한 양국의 이해관계가 반영된 결과물이 바로 악명 높은 퍼센티지 협정(The percentages agreement)이었다.

이 협정이 퍼센티지 협정으로 불리게 된 이유는 처칠과 스탈린이 전후 처리 과정에서 발칸반도와 지중해 국가들에 대한 영향력 비율을 퍼센티지로 협상했기 때문이다. 〈그림 3-3〉은 실제 메모를 보여주는데, 루마니아는 소련 90%, 서방 10%, 그리스는 서방 90%, 소련 10%, 유고슬라비아는 각 50%, 헝가리는 각 50%, 그리고 불가리아

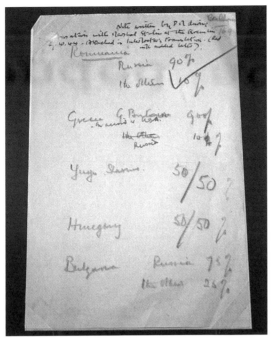

그림 3-3 '나쁜 문서'(Naughty document)로 불리는 처칠과 스탈린의 퍼센티지 협정에 대한 처칠의 필사본. 사진은 런던의 국립문서보관서(National Archive) 전시 모습. 메모 속의 숫자는 소련과 서방 측의 영향력 비율로, 위에서부터 루마니아는 소련 90%, 서방 10%, 그리스는 서방 90%, 소련 10%, 유고슬라비아는 각 50%, 헝가리는 각 50%, 그리고 불가리아는 소련이 75%, 서방이 25%라고 적혀 있다.

(https://www.dailymail.co.uk/news/article-6878273/Winston-Churchills-naughty-document-goes-display.html, 최종 접속 2024년 4월 27일)

는 소련이 75%, 서방이 25%라고 적혀 있다. 회담 내용이 해당 지역에 사는 사람들에게 가지는 끔찍한 의미를 잘 알고 있는 처칠은 스탈린에게 "우리가 수백만 명의 운명을 좌우할 이토록 중대한 문제들을 이렇게 무심코 처리한 것처럼 보인다면, 냉소적이라고 생각되지 않을까요? 그 종이를 불태웁시다"(Might it not be thought rather cynical if it seemed we had disposed of these issues, so fateful to millions of people, in such an offhand manner? Let us burn the paper)라고 제안했다. 그러자 스탈린은 "아니오. 당신이 그걸 가지고 계세요."라고 답

한 것으로 전해진다.[11]

루스벨트는 처칠과 스탈린 간의 회담에서 세력권 논의가 오갔다는 사실에 분개했지만, 그 의미를 발칸반도에서의 내전을 막기 위한 예비적 합의(preliminary agreement)로 축소하려 했다. 그는 스탈린과의 인간적 신뢰를 바탕으로 자신이 구상한 보다 담대한 국제질서 계획(4강 연합이 주도하는 국제연합)을 설득할 수 있을 것이라 믿었다. 그러나 발칸반도와 같이 복잡한 유럽의 문제에 대해 미국 여론과 정치인들은 직접적인 이해관계나 관심이 부족했던 반면, 치열한 이해관계를 가진 스탈린과 처칠은 매우 집요했다. 이들의 세력권 분할 야욕을 꺾기에는 루스벨트가 제안한 자유무역, 국제연합 등의 구상은 너무 막연한 계획으로 보였다.

영국과 소련을 설득하기 위해 루스벨트는 두 번째 3강 회담을 제안했다. 1945년 2월 연합군이 프랑스와 벨기에에서 독일군을 몰아내던 시점에 얄타에서 회담이 개최되었다. 당시 유럽에서의 전쟁 종결이 임박한 상황에서, 루스벨트는 얄타회담을 통해 세력권 질서를 대체할 전후 다자주의 국제질서에 대한 스탈린과 처칠의 확실한 동의를 구하고자 했다. 그는 더 이상 강대국들의 일방적 행동과 배타적 동맹에 의해 세계질서가 좌우되어서는 안 되며 주권 평등과 민족자결 원칙하에, 보편적 국제기구를 통해 분쟁을 조정하는 국제체제가 수립되어야 한다고 생각했다. 이러한 역할을 미국, 영국, 소련, 중국(당시 중화민국)으로 이뤄진 4강 연합이 담당해야 한다는 것이 루스벨트의 핵심구상이었다. 아울러 그는 소련의 대일 참전을 유도함으로써 태평양 전쟁의 조기 종결도 도모하고자 했다. 그에 대한 대가로

....

11   Winston Churchill, *Triumph and Tragedy*, Bloomsbury Publishing, 1981, pp. 227-28. Gardner(1993), p. 198에서 재인용.

루스벨트는 중국 북부에 대한 소련의 세력권을 인정할 수 있다는 점을 시사했다. 스탈린의 동의가 절실히 필요했던 루스벨트는 중국 북부에 대한 세력권을 보장해 주겠으니 세력권이 무의미해지는 국제질서에 동참하라는, 언뜻 모순적으로 보이는 제안으로 스탈린을 설득했다. 얄타회담에서 돌아온 루스벨트는 미국 국민들에게 세력권 질서의 종언을 선언했다.

> 일방주의적 행동 체제, 배타적 동맹, 세력권, 세력균형, 그리고 수세기 동안 시도되었지만 항상 실패로 돌아간 다른 모든 수단의 종언을 고해야 합니다. 우리는 이 모든 것에 대한 대체품, 즉 모든 평화 애호국이 최종적으로 참여할 기회를 갖는 보편적 기구[UN]를 제안합니다. 저는 의회와 미국 국민이 항구적 평화 체제의 출발점으로서 이 회의 결과를 받아들일 것이라고 확신합니다(Dallek 1979, 521. 키신저 1994[2023], 432에서 재인용).

얄타회담에서 귀국한 루스벨트는 열렬한 환영을 받았지만, 실제로 그가 회담에서 설정한 목표인 세력권 질서를 대체할 대안적 국제질서의 수립이라는 목표는 미완에 그쳤다. 비록 소련이 UN에 참여하기로 약속하기는 했지만, 소련군이 독일군을 몰아내고 점령한 동유럽 지역이 전후 소련의 세력권이 될 것이라는 점은 이제 누구에게나 명백해졌다. 얄타회담에서의 합의를 통해 커즌 라인으로 폴란드 동부 국경을 정하고 자유선거를 실시하기로 했지만, 선거 과정에서 소련의 영향력이 얼마나 배제될 수 있는지는 의문이었다.

1945년 4월 12일, 건강이 악화되고 있던 루스벨트는 뇌출혈로 갑작스럽게 사망했고, 그동안 정상외교에서 배제되어왔던 트루먼이 대통령직을 승계했다. 전후 독일 처리 문제, 소련에 대한 경제지원

문제, 프랑스의 인도차이나 식민지 문제 등 루스벨트가 아직 해결하지 못한 숱한 현안들에 대한 그의 구상은 그의 사망과 함께 사라지고 말았다. 더불어 처칠, 스탈린, 루스벨트 사이에 진행되어온 세력권에 대한 양보와 타협, 그리고 전후 국제질서에 대한 미세하고 복잡한 합의 역시 루스벨트의 사망과 함께 상당 부분 증발되고 말았다.

트루먼 대통령은 1945년 7월 17일부터 8월 2일까지 독일 포츠담에서 개최된 3강 회담에서 자신이 루스벨트의 외교적 유산을 계승하지 않을 것임을 명확히 표명했다. 그는 소련의 팽창주의에 대해 경계심을 표하며 동유럽에서의 어떠한 형태의 세력권도 용인하지 않겠다는 입장을 피력했다. 동유럽에 주둔 중인 소련군에 대한 미국과 영국의 우려에 대해, 스탈린은 적절한 시기에 소련군을 철수시키겠다는 약속을 내놓았다. 하지만 실제로는 소련군이 동유럽에 계속 남아 해당 지역을 소련의 세력권으로 편입시키는 것은 기정 사실이 되었고 실제로 그렇게 관철되었다. 다만 스탈린은 소련군을 서쪽으로 더 이상 진출시키지 않음으로써 전쟁 기간 동안 약속된 세력권을 넘어선 팽창 의도는 없음을 시사했다.

정상 간의 신뢰와 유대감은 지정학적 현실이 만들어내는 국가이익의 벽을 넘어서기에는 역부족이었다. 실제로 루스벨트와 처칠은 스탈린의 협상가로서의 신뢰성을 높이 평가했는데, 처칠은 스탈린이 "단 한 번도 자신의 약속을 어긴 적이 없다"고 언급한 바 있다(Gardner 1993, 265). 루스벨트 그리고 처칠과의 돈독한 관계와 신뢰에도 불구하고, 스탈린은 동유럽 국가들에 진주한 소련군을 사회주의 정권이 수립되기 전까지 철수시키지 않았다. 이후 베를린 위기와 한국전쟁을 거치면서 자유주의 국가들은 소련이 더 이상 신뢰할 수 있는 파트너가 아니라 봉쇄정책을 통해 힘으로 억제해야 할 세력이라는 점에 합의하게 되면서, 미국의 외교정책결정에서 정상 간의 신뢰와 유대감이 자리 잡던 공간은 사라졌다.

루스벨트에서 트루먼으로 이어지는 미국의 전시 정상외교가 영국과 소련의 정상외교와 비교해서 갖는 가장 큰 차이점은 무엇인가? 외교사학자 마이클 하워드(Michael Howard)는 영국과 소련은 세력권을, 미국은 "원칙(principle)"을 가장 중요한 것으로 간주했던 것이 가장 큰 차이점이라고 말한다(하워드 1977[2018], 169). 그는 모스크바 주재 미국 대사였던 애버럴 해리먼이 1945년 4월 트루먼 대통령에게 했던 말을 다음과 같이 직접 인용하고 있다.

제 생각에 스탈린은 자유 폴란드에 대한 우리의 높은 관심이 원칙의 문제라는 점을 이해하지도 못할뿐더러 이해할 것 같지 않습니다. 스탈린은 매사에 매우 현실적인 인물입니다. 따라서 추상적인 원칙에 대한 우리의 신념을 스탈린이 분간해내기란 대단히 어려운 일일 것 같습니다(하워드 1977[2018], 169에서 재인용).

냉전의 종식과 두 개의 독트린

자유주의 국제질서의 네 번째 시기는 냉전의 종식부터 지금까지이다. 미국의 단극질서하에서 자유주의 국제질서는 클린턴 행정부의 확장 독트린과 조지 W. 부시 행정부의 부시 독트린으로 구체화되었다. 미국식 시장경제체제와 자유민주주의체제의 전 세계적 확산이 자유주의 국제질서의 완성(또는 역사의 종말)을 가져올 것이라는 믿음 속에서 자유주의 국제질서는 복음주의적이고 공세적인 외교정책으로 진화했다.

클린턴 행정부는 NATO 확대, 민주주의 확산, 시장경제 촉진 등을 주요 대외정책 기조로 삼았으며 이 과정에서 민주주의와 시장경제를 전 세계로 확산하고자 했다. 클린턴 행정부의 국가안보보좌관이었던 앤서니 레이크(Anthony Lake)는 클린턴 행정부의 장기전략을 표현하기 위해, 신윌슨주의적인 이상주의(neo-Wilsonian idealism)를 신모겐소주의적인 현실주의(neo-Morganthauian realism)와 결합한 "확장"이라는 단어를 선택했다(Brinkley 1997, 115-116).

확장 독트린은 네 가지 핵심 내용으로 구성되는데, "1) 시장 민주주의 공동체를 강화하고, 2) 신생 민주주의와 시장경제를 육성하고 공고히 하며, 3) 민주주의에 적대적인 국가의 침략에 대응하고 그 국가의 자유화를 지원하고, 4) 인도주의적 우려가 큰 지역에서 민주주의와 시장경제가 뿌리내릴 수 있도록 돕는 것"이었다(Brinkley 1997, 116). 더글러스 브린스키(Douglas Brinkley)에 따르면 클린턴 대통령은 확장 독트린이 공산주의 확산에 대한 도미노이론을 역으로 적용한 것으로 이해했다고 한다. 그러나 소말리아에서 미군 특수부대원이 사망하는 사태가 발생한 이후 클린턴 행정부의 확장 독트린은 시장경제와 자유무역, 금융자유화에 초점을 맞춘 확장과 개입(Enlargement and Engagement) 독트린으로 변모했다.

부시 행정부는 9.11 테러 이후 부시 독트린이라고 정리된 외교전략을 발표했다. 핵심 내용은 테러주의자를 지원하는 깡패국가(rogue states)에 대해서는 미국이 스스로를 방어하기 위해 군사 개입을 할 권리를 가지고 있다는 것이며 군사 개입은 해당 국가의 체제 전환으로 이어질 것이라는 주장이었다. 확장 독트린이 경제에 초점을 두었다면 부시 독트린은 군사행동에 더 방점을 찍었다. 미국에 대한 위협을 제거한다는 명분으로 미국은 테러리스트를 지원하고 있다고 미국에 의해 판단되는 국가에 대해 일방적인 군사행동을 할 수 있다는 것이 부시 독트린의 가장 중요한 메시지였다. 부통령 딕 체니

(Dick Cheney)는 부시 독트린이 막연한 선언이 아니라 실제 미국의 외교전략을 결정하는 원칙이라는 점을 다음과 같이 분명하게 말했다.

> 9.11 테러 이후 부시 대통령은 테러리스트와 그 후원자를 더 이상 구분해서는 안 된다고 결정했습니다. 부시 독트린은 테러리스트를 지원하거나 테러리스트에게 은신처를 제공하는 국가는 테러리스트와 마찬가지로 범죄를 저지른 것으로 간주한다고 봅니다. 오늘날 전 세계에서 부시 독트린의 심각성을 의심하는 사람이 있다면 아프가니스탄의 탈레반과 이라크의 사담 후세인 정권의 운명을 생각해 보라고 권하고 싶습니다.[12]

자유주의 국제질서를 본질적으로 팽창적인 것으로 보는 공격적 현실주의는 클린턴의 확장 독트린과 부시 독트린을 자유주의 국제질서의 가장 완성된 모습이자 본래 모습으로 간주한다. 공격적 현실주의의 대표 이론가인 미어샤이머는 "자유민주주의 국가들의 궁극적인 목표는 전 세계에 민주주의를 확산하는 동시에 더 많은 경제적 교류를 촉진하고 더욱 강력하고 효과적인 국제기구를 구축하는 것이다"라고 설명한다(Mearsheimer 2019, 14). 몽테스키외, 칸트, 페인에 의해 공히 지적된 전쟁 방지의 효과적 수단으로서의 공화정 제도에 대한 믿음이 복음주의적으로 변신하여 "모든 민족, 모든 국가, 모든 문화가 동질하다는, 아니 적어도 그렇게 될 수 있다는 [제레미 벤덤의] 가정"(하워드 1977[2018], 54-55)을 힘으로 달성할 수 있다고 믿게 된

---

12   Office of the Vice President, "Vice President's Remarks at the U.S. Military Academy Commencement", United States Military Academy, West Point, New York, May 31, 2003(https://georgewbush-whitehouse.archives.gov/news/releases/2003/05/20030531-7.html).

것이다.

클린턴 행정부의 확장 독트린과 부시 행정부의 부시 독트린에 반영된 공세적 외교정책은 자유주의 국제질서와 양립하기 어려운 측면을 다수 가지고 있다. 먼저 특정 국가를 점령하여 강제로 정치체제를 전환하거나 특정 정치세력을 지원하여 민주화를 촉진하겠다는 정책은 자유주의 국제질서의 핵심 원칙이라고 할 수 있는 주권에 대한 존중, 국내 제도의 선택에 대한 국가의 자기결정권, 힘에 의한 현상변경 금지, 다자주의 등의 정신에 위배된다.

둘째, 확장 독트린과 부시 독트린은 시장경제나 민주주의와 같은 제도의 작동 방식에 대한 잘못된 가정에 기반하고 있다. 민주평화론에서 가정하는 바와 같은 민주주의나 자유무역의 평화 증진적 효과(Bremer 1992; Maoz and Russett 1993; Oneal et al. 1996; Russett and Oneal 2001; Dafoe et al. 2013)는 주권국가의 국민이 내생적으로 자유민주주의를 선택하는 상황을 전제한 것이지, 외부세력에 의해 강제로 민주주의가 이식되는 상황을 전제한 것이 아니다.[13] 이라크전쟁과 아프가니스탄전쟁 등에서 확인되듯이 외부로부터 이식된 민주주의 제도가 내생적으로 등장한 민주주의와 같은 방식으로 작동하는 것을 기대하기는 매우 어렵다. 민주주의 또는 시장경제와 같은 제도가 제대로 작동하기 위해서는 그 제도가 기반하고 있는 사회적 토대와 국민의 인식이 함께 변화해야 하기 때문이다. 알렉산더 다운스(Alexan-

....

13   민주평화론에 대한 반박으로는 Downes and Lilley(2010), Reiter(2017), Gowa(2011), Rosato(2003), 그리고 Gartzke(2007)을 참고하라. Downes and Lilley(2010)는 민주국가들이 공개적인 전쟁 대신 은밀한 개입을 통해 분쟁에 관여할 수 있음을 지적했고, Reiter(2017)는 민주주의와 평화 간의 인과관계에 대해 의문을 제기하며 다른 요인들의 중요성을 강조했다. Gowa(2011)은 동맹관계와 같은 안보적 요인들이 민주주의와 평화 간의 인과관계에 영향을 준다고 주장했으며, Rosat(2003)는 민주평화론의 이론적 기반 자체의 문제를 지적했다. 마지막으로 Gartzke(2007)는 민주주의보다 자유시장 경제와 경제적 상호의존성이 평화에 더 큰 영향을 준다고 지적했다.

der B. Downes)와 조너선 몬튼(Jonathan Monten)의 연구에 따르면 외부에 의해 강제된 정권 교체가 민주주의로 이어지는 경우는 매우 드물며 성공한 경우에도 타겟 국가가 높은 경제발전 수준, 동질적인 사회구성, 민주적 정부 구성에 대한 경험 등이 존재하는 경우에 한정된다고 지적한다(Downes and Monten 2013). 실제 확장 독트린과 부시 독트린이 기대했던 기존 권위주의 레짐의 붕괴는 민주주의 확산으로 이어지기보다는 불안정과 내전으로 이어지는 경우가 더 많았다(Coyne 2008). 2011년 오바마 행정부가 이라크에서 미군을 철수시킨 후 이라크는 내전 상태에 빠졌고 2021년 바이든 행정부가 아프가니스탄에서 미군을 철수시킨 후 아프가니스탄 정부는 탈레반에 의해 전복되었다.

확장 독트린과 부시 독트린의 한계를 잘 알고 있는 바이든은 아프가니스탄 철군 결정을 설명하면서 미국이 다시는 이와 같은 실수를 반복하지 않을 것이라는 점을 다음과 같이 분명히 했다.

미국의 군대는 아프간 군대가 그들 스스로 싸우려고 하지 않는 전쟁에 참전하여 죽을 수도 없고 그렇게 해서도 안 됩니다. (…) 우리는 그들[아프가니스탄 국민]에게 스스로 미래를 결정할 수 있는 모든 기회를 주었습니다. 우리가 그들에게 제공하지 못한 것은 그 미래를 위해 싸울 의지였습니다. (…) 6월 백악관에서 가니 대통령과 압둘라 의장을 접견했을 때와 7월에 가니 대통령과 전화 통화를 했을 때 우리는 매우 솔직한 대화를 나눴습니다. 우리는 미군이 철수한 후 아프가니스탄이 어떻게 내전에 대비하고 정부의 부패를 청산하여 정부가 아프간 국민을 위해 기능할 수 있도록 해야 하는지에 대해 이야기했습니다. 우리는 아프간 지도자들이 정치적으로 단결해야 할 필요성에 대해 광범위하게 이야기했습니다. 하지만 그들은 그 어떤 것도 하지 못했습니다. (…) 저는 미국의 국익에 도움이 되지 않는 분쟁에 무기한 머물며 싸우는 실수, 외국의 내전에 개입하는 실수, 끝없는 미군 파병을 통해 한 나라를 재건하려는 시도 등 과거에 우리가 저지른 실수를 반복하지 않겠습니다. 이러한 실수를 계속 반복해서는 안 되는 이유는 지금 미국에는 무시할 수 없는 [러시아와 중국이라는 다른] 중요한 [안보적] 이해가 있기 때문입니다.[14]

확장 독트린과 부시 독트린을 대체할 바이든 독트린이라 부를 만한 위 언급이 자유주의 국제질서에 대해 함의하는 바는 무엇인가? 이제 미국은 미국의 핵심 이익이 걸려 있지 않은 모든 국제분쟁에 일절 개입하지 않을 것인가? 미국의 핵심 이익과 국익은 어떻게 새롭게 정의될 것인가? 아이러니하게도 이에 대한 답을 바이든 정부가 마련하기까지는 그리 오랜 시간이 걸리지 않았다. 미국이 아프가니스탄 철군 결정을 한 지 1년 뒤에 러시아가 우크라이나를 침공함으로써 전 세계는 바이든 독트린의 실체가 무엇인지를 직접 확인할 수 있었기 때문이다.

우크라이나는 미국의 핵심 이익이 걸린 곳이 아니었다. 오히려 세력권 질서의 관점에서 보면 우크라이나는 러시아의 세력권에 해당되는 지역이라고 볼 수 있다. 따라서 바이든 독트린이 자유주의 국제질서로부터의 후퇴이자 세력권 질서로의 회귀에 대한 선언이었다면 미국의 우크라이나에 대한 지원은 없었을 것이다. 그러나 미국이 우크라이나에 대한 고민을 끝내기도 전에, 우크라이나는 "정치적으로

....

14 White House, "Remarks by President Biden on Afghanistan", August 16, 2021(https://www.whitehouse.gov/briefing-room/speeches-remarks/2021/08/16/remarks-by-president-biden-on-afghanistan/#:~:text=If%20anything%2C%20the%20developments%20of,spent%20over%20a%20trillion%20dollars, 최종 접속 2024년 4월 23일).

단결"하여 러시아에 맞서 "스스로 싸우려고" 함으로써 미국의 핵심 이익이 걸린 곳이 아니지만 미국의 군사 지원을 받을 자격이 충분하다는 점을 스스로 증명했다. "미국의 국익에 도움이 되지 않는 분쟁"에 개입하는 실수를 반복하지 않겠다고 천명했음에도 불구하고 우크라이나의 영웅적인 조국 방어 노력으로 인해 미국은 대규모 군사적·경제적 지원을 진행했다.

바로 이런 이유로 바이든은 우크라이나를 방어하는 우크라이나인에게 "빚을 졌다"(we owe them)고 말했다.[15] 아마 자유주의 국제질서를 지속적으로 유지하고자 하는 모든 국가와 개인들이 우크라이나에 대해 비슷한 감정을 느낄 것이다. 러시아가 2022년 2월 24일 우크라이나 침략을 개시한 이래 2023년 12월 27일까지 미국은 "러시아의 공격에 맞서 스스로를 방어하고, 국경을 확보하며, NATO와의 상호운용성을 개선하기 위한 우크라이나의 노력을 지원하기 위해" 총 470억 달러 이상의 안보 지원을 약정했다(Arabia, Bowen, and Welt 2024).[16]

지금까지의 논의를 요약해 보자. 〈표 3-3〉은 국제질서에 대한 이념을 세력권 질서와 자유주의 국제질서로 구분하고 각각을 작동 원칙, 규범, 안정의 원천, 그리고 위협이라는 측면에서 비교하여 정리하고 있다.

먼저 작동 원칙(〈표 3-3〉의 둘째 줄)에서 세력권 질서는 힘에 전적

....

15   The White House, "Remarks By President Biden Providing an Update on Russia and Ukraine", April 21, 2022(https://www.whitehouse.gov/briefing-room/speeches-remarks/2022/04/21/remarks-by-president-biden-providing-an-update-on-russia-and-ukraine-3/, 최종 접속 2024년 5월 13일).

16   2024년 4월 미국 하원은 총 608억 달러의 지원 규모를 담은 우크라이나 지원 법안을 통과시켰다.

표 3-3 세력권 국제질서와 자유주의 국제질서의 비교

	세력권 질서	자유주의 국제질서
작동 원칙	힘(균형과 위계)	국가들의 합의에 기초한 규칙
규범	세력권 내 문제에 대한 외부의 불간섭/불개입, 강대국 간 상호주의	평등주권, 상호주의, 다자주의, 인권 등
안정의 원천	세력권 안의 위계와 세력권에 대한 강대국들의 상호 존중	긴 미래의 그늘(long shadow of future)과 자율집행성(self-enforcing)
위협	세력권 내 비강대국의 저항과 세력권 확장을 둘러싼 강대국 간 갈등	비자유주의 국가의 도전, 질서 주도 국가의 일탈

으로 의존하는 반면 자유주의 국제질서는 합의에 기초한 규칙에 의존한다. 세력권 질서에서 힘에 의한 작동은 힘의 차이가 비슷한 경우(예: 냉전 시기 미국과 소련, 19세기 유럽협조체제)에는 균형의 원리로 작동하고 힘의 차이가 큰 경우(예: 제국주의와 식민지, 비대칭적 동맹, 바르샤바조약기구)에는 위계의 원리로 작동한다. 하나의 압도적 우위를 가진 강대국이 등장하는 경우(예: 냉전 후의 미국)에는 위계의 원리가 국제질서 전체를 좌우하게 된다고 보는 것이 세력권 질서의 관점이다.

20세기 이전까지 역사적으로 존재했던 국제질서들은 강대국에 의해 지배되는 질서였고 그 질서는 강대국의 힘이 쉽게 투사될 수 있는 경계 안에서는 위계적이었고 그 밖에 대해서는 배타적이었다. 자유주의 국제질서와 이질적인 국제관계를 설명하기 위해 등장한 다양한 개념들, 예를 들면 제국(empire), 패권(hegemony), 식민지(colony), 보호령(protectorate), 봉신국(vassal state), 신탁통치(trusteeship), 위성국가(satellite state), 종주권(suzerainty), 공동통치(condominium), 그리고 조공관계(tributary system)와 같은 개념들은 모두 세력권 질서가 함의하는 대내적 위계성과 대외적 배타성을 부분적으로 반영한 개념들이다.[17] 이들은 모두 국가 간 관계를 본질적

으로 불평등한 것으로 보고 위계적 질서에 기반한 규칙을 관계 형성의 기본 원칙으로 본다는 공통점이 있다. 반면 자유주의 국제질서는 국제관계를 군사력에 기반한 "힘"에 의해서가 아니라 국가들에 의해 만들어지고 합의된 "규칙"에 의해서 조직하고자 하는 이념이라는 점에서 차별성을 갖는다. 보다 구체적으로 자유주의 국제질서는 국제기구에 대한 위임, 국제법이나 국가 간 협정과 같은 계약, 시장을 통한 거래와 같은 다양한 비위계적 방법을 이용하여 국가들 사이에서 발생하는 사회적 딜레마를 해결하고자 한다. 규칙에 대한 동의의 포괄성, 명시성, 투명성을 추구한다는 점에서 자유주의 국제질서는 기존 세력권 질서의 규칙생성 방식과 중요한 차별성을 갖는다.

규범(〈표 3-3〉의 셋째 줄)의 측면에서 세력권 국제질서는 세력권 내의 문제에 대한 외부세력의 불간섭과 불개입 원칙, 그리고 강대국 간에는 상호주의 원칙을 추구한다. 반면 자유주의 국제질서는 아이켄베리가 헌정주의에서 설명하는 평등주권, 상호주의, 다자주의, 인권 등을 모든 국가가 따라야 할 규범으로 추구한다.

세력권 질서에서 국가 간 안정을 가져오는 원천(〈표 3-3〉의 넷째 줄)으로 생각하는 것은 세력권 안의 위계와 세력권에 대한 강대국들의 상호 존중이다. 세력권 안에서 비강대국들이 강대국이 부과한 위

....

17   최근 김종학(2023, 2024)은 종주권 개념과 관련된 흥미로운 연구를 발표한 바 있다. 그의 연구에 따르면 종주권 개념은 중국의 천하질서 안에서 전통적으로 사용되어온 것이 아니라 18-19세기 오스만제국으로부터 분리된 국가들과 오스만제국의 관계를 정리하기 위해 유럽의 조약체계에서 등장한 개념이다. 19세기 청제국 주변의 국가들과 청제국의 관계를 설명하기 위해 조선이나 대한제국 역시 청제국을 종주국으로 갖는 반(半)주권국가인 봉신국으로 간주되었다는 것이다. 따라서 조선과 대한제국이 맺은 조약 역시 완전한 주권국가가 아닌 반주권국가로서 맺은 조약으로 간주되었다고 설명한다. 이 책의 관점에서 본다면 청제국 주변국에 대한 종주권 개념의 적용은 조공 관계에 기반한 청제국의 전통적 세력권이 19세기 제국주의의 세력권 질서에 의해 재해석되는 과정에서 나타난 것이라고 볼 수 있다.

계적 질서를 수용하고 강대국들이 서로의 세력권을 상호 존중하면 평화가 유지될 수 있다. 그러나 특정 강대국이 자신의 세력권을 힘으로 확장하려 하거나 상대 강대국의 세력권 안에 있는 국가들과 동맹이나 협력관계를 추구하는 경우 평화가 깨질 수 있다. 또한 세력권 안의 비강대국이 강대국에 저항하거나 다른 비강대국과의 문제에 대한 강대국의 조정을 거부하게 될 때 강대국과 비강대국 간 혹은 비강대국 간 무력 충돌이 발생할 수 있다.

자유주의 국제질서는 무정부 상태에서 하나의 원칙이 합의되고 준수되기 위한 유일한 전제조건이 국가들 사이의 합의라고 가정한다. 무정부 상태에서 국가들 사이의 규칙은 자율집행성(self-enforcement)을 가지지 않으면 구속력을 가질 수 없는데, 자율집행성은 합의에 기반해서만 등장할 수 있기 때문이다(Maggi and Morelli 2006).

자유주의 국제질서의 중대한 위협(〈표 3-3〉의 다섯번째 줄)은 두 가지인데, 첫 번째 위협은 비자유주의 국가와의 관계에서 발생한다. 자유주의 국제질서 안에 있는 비자유주의 강대국들(예: 21세기의 중국이나 러시아) 혹은 자유주의 국제질서 외부에 있는 강대국(예: 냉전 시기 소련과 중국)이 강제력을 이용하여 비자유주의적 질서를 확장하는 경우가 이에 해당된다. 다만 자유주의 국제질서의 규칙이 크게 변화하지 않으면서 질서 주도 국가가 교체되는 것은 자유주의 국제질서의 위협으로 간주되지 않는다. 예를 들어 20세기 초·중반 국제무역과 금융의 주도권이 영국에서 미국으로 넘어간 것이 대표적인 예이다(박종희 2016).

자유주의 국제질서에 대한 두 번째 위협은 질서 주도 국가의 일탈이다. 이것이 자유주의 국제질서의 중대한 위협인 이유는 자유주의 국제질서가 가진 공공재적인 성격에서 나온다. 세력권 질서와는 달리 자유주의 국제질서는 나머지 (n-1) 국가들의 동의에 기반하여 규칙을 만들고 집행하기 때문에 질서 주도 국가가 대내적 정당성을 확보하기에 충분한 구조적 특권을 갖기 어렵고 대외적 정당성이 위축될 경우 (n-1) 국가들의 협력을 기대하기 어려워진다. 따라서 자유주의 국제질서를 안정적으로 유지하기 위해서는 대내적 정당성과 대외적 정당성의 조화를 유지하는 것이 매우 중요하다. 그런데 질서 주도 국가가 (n-1) 국가들에게 일방적으로 과도한 구조적 특권을 요구하거나 자유주의 국제질서의 기본 원칙과 충돌하는 새로운 규칙을 도입할 경우 자유주의 국제질서는 위기에 처하게 된다.

오늘날 자유주의 국제질서가 처한 위기는 첫 번째 위기(비자유주의 강대국들의 자유주의 국제질서 약화 시도)와 두 번째 위기(질서 주도 국가의 일탈)가 결합된 방식으로 나타나고 있다는 점에서 특히 우려스럽다.

4

자유주의 국제질서와 세력권 질서의 공생

　자유주의 국제질서가 처음 출현한 20세기 초부터 자유주의 국 제질서를 괴롭혀온 핵심적인 질문이 있다. 그것은 자유주의 국제질 서가 비자유주의 국가들(전체주의, 공산주의, 왕정, 권위주의 등)과 어떤 관계를 맺어야 하는가라는 질문이다. 특히 비자유주의 국가들 중에 서도 핵무기를 보유하고 있거나 막강한 경제력을 가진 경우, 재래식 군사력이 강한 경우, 인구와 영토가 광대한 경우, 이들과 어떤 관계 를 형성하는 것이 바람직한가? 더 나아가 자유주의 국제질서는 세력 권을 구축하고자 하는 국가들과 서로 공생할 수 있는가? 여기서 우 리는 이 질문을 두 개로 나눠서 접근할 것이다. 먼저 자유주의 국제 질서의 "원칙"을 공유할 수 있는 비자유주의 국가에 대한 구분의 문 제를 존 롤스의 『만민법』(*The Law of Peoples*)에 등장한 논의로 접근 할 것이다. 둘째, 공존이 어려운 비자유주의 국가와의 관계 설정 문 제는 질서 간의 관계를 규정하는 "메타규칙"이라는 개념을 통해 접 근할 것이다.

공존 가능한 비자유주의

롤스는 『만민법』에서 자유민주주의 국가들이 비자유민주주의 국가들과 보편적인 도덕적/규범적 원칙을 공유할 수 있는가라는 질문을 던진다. 여기서 롤스는 먼저 비자유민주주의 국가들을 괜찮은 비자유주의(decent non-liberal) 국가와 무법국가(outlaws), 그리고 부담국가(burdened states)로 나눈다. 괜찮은 비자유주의 국가는 비록 자유민주주의 국가와 정체는 다르지만 국제규범과 규칙을 지키려는 의지를 가지고 있고 국가의 평판에 대한 고려가 있는 경우인 반면 무법국가는 그러한 의지가 없는 국가이며, 부담국가는 내전이나 빈곤 등과 같은 국내적인 이유로 국가로서의 제 기능을 수행하기 어려운 국가를 말한다.

롤스는 자신의 주장을 세 단계로 나눠서 전개한다. 먼저 자유민주주의 국가들끼리는 서로 도덕적/규범적 원칙을 공유하고 민주공화정의 특징상 전쟁보다 평화적 방법을 통한 분쟁 해결을 선호하므로 이들 사이에 도덕적/규범적 원칙을 공유하는 것은 상당히 용이하다고 설명한다. 둘째, 롤스는 자유민주주의 국가들은 괜찮은 위계적 국가와 낮은 수준의 다원주의적 공존(reasonable pluralism)이 가능하다고 주장한다. 이들은 국제적인 규칙을 준수하고 상호주의에 충실할 수 있으며 평판에 대한 고려를 하므로 자유주의 국제질서 안에서 공존할 수 있다는 것이다. 반면 무법국가는 다원주의적 공존이 어려우며 따라서 힘의 논리를 동원하는 것이 불가피하다. 마지막으로 부담국가는 자립할 수 있을 때까지 지원해야 할 대상이 된다.

롤스의 논리 전개를 따른다면 자유주의 국제질서와 비자유주의 국가와의 관계 설정에서 가장 중요한 구분은 다원주의적 공존이 가능한 괜찮은 비자유주의 국가와 무법국가의 경계이다. 이와 관련해서 슈(Shue 2002)는 롤스의 무법국가 개념이 지나치게 모호하다고 비판했다. 슈는 롤스가 내부적으로 억압적(repressive)이지만 대외적으로 공격적이지 않은 국가들까지 무법국가로 간주함으로써 힘의 논리가 동원되어야 할 대상을 지나치게 확장했다고 비판한다.

이 책에서는 괜찮은 비자유주의 국가와 무법국가를 구분하는 기준으로 지정학적 팽창주의 또는 세력권 또는 세력권 질서의 추구 여부를 제시한다. 지정학적 팽창주의란 공격적인 군사행동을 통해 영토 또는 전략적 이득을 추구하는 외교정책 전략으로, 종종 외부의 안보적 위협을 해결하거나 제거해야 한다는 집단적 인식에 의해 정당화된다. 지정학적 팽창주의는 전형적으로 영토, 기지, 자원 등을 확득하기 위한 무력의 사용 또는 위협을 수반하며, 한 국가의 영토 또는 세력권을 확장하는 것이 국가안보, 국가의 위신, 또는 전략적 우위를 강화할 것이라는 믿음에 의해 정당화된다. 지정학적 팽창주의는 영토의 합병, 외국 영토의 점령 또는 영향력을 확장하기 위한 후견국가(client state)의 설립으로 나타나며 궁극적으로는 세력권의 구축으로 귀결된다.

지정학적 팽창주의는 경제력이나 국력 수준과 무관하게 민족주의나 이념의 형태로 존재할 수 있으나 경제력이나 국력이 어느 수준에서 확보되어야만 현실화될 수 있다. 이때 중요한 촉매제가 바로 지정학적 야심을 구체화하고자 하는 정치적 행위자(agent)의 존재이다. 나폴레옹(Napoleon Bonaparte, 재위 1804-1814) 치하의 프랑스, 빌헬름 2세(Wilhelm II, 재위 1888-1918)의 독일 제국, 히틀러의 독일 제3공화국, 그리고 스탈린의 소련이 그 대표적인 예이다. 이와 같이 팽창주의적 야심을 가진 비자유주의 강대국 지도자는 국내 의회나 여론의 제약을 거의 받지 않기 때문에 매우 공격적인 형태의 지정학적 팽창주의를 추구할 수 있다. 이런 측면에서 지정학적 팽창주의를 추구하는 비자유주의 강대국은 무법국가로 발전할 가능성이 매우 높다고 볼 수 있다.

지정학적 팽창주의의 등장을 자유주의 국제질서에 대한 중대한 위협으로 파악하여 선제적으로 대응한 두 개의 유명한 역사적 사례가 존재한다. 첫 번째 사례는 크로우 각서(Crowe Memorandum)이다. 크로우 각서는 1907년 1월 1일 영국 외교부의 에어 크로우 경(Sir Eyre Crowe)이 작성한 문서로, 이 문서에서 크로우 경은 왜 영국이 독일과의 협상보다는 프랑스와의 협상을 고려해야 하는지를 설명하고 있다. 당시 빌헬름 2세 치하의 독일 제국은 적극적인 해군 증강과 팽창주의적 외교정책을 추진하고 있었다. 이는 당시 세계 최강의 해군력을 자랑하던 영국에게 직접적인 위협으로 다가왔다. 크로우 경은 각서에서 독일의 야심찬 해군 증강계획이 영국을 겨냥한 것이며, 이는 단순히 방어적인 목적이 아니라 영국의 해양 패권에 도전하기 위한 공격적인 것이라고 파악했다. 그는 독일의 팽창주의적 야욕이 결국 영국의 식민지와 유럽의 세력균형을 무너뜨리고 영국의 패권을 위협할 것이라고 우려했다. 이러한 인식을 바탕으로 크로우 경은 영국이 독일과의 타협이나 양보를 모색하기보다는 오히려 프랑스와의 협력을 강화해야 한다고 주장했다. 독일의 위협에 맞서기 위해서는 강력한 동맹 체제가 필요하며, 이를 위해 프랑스와의 관계 개선이 시급하다고 보았던 것이다. 크로우 각서는 영국 정부가 독일을 봉쇄하고 억지해야 할 잠재적 적대국으로 인식하는 계기가 되었다. 영국은 이후 프랑스, 러시아와의 협력을 강화하는 한편, 독일의 팽창을 억지하기 위한 외교적·군사적 노력을 기울이게 된다(키신저 1994[2023], 183-206).

두 번째 사례는 조지 케넌(George Kennan)의 유명한 장문 전보(Long Telegram)이다. 케넌은 1946년 2월, 당시 미국 대사관 참사관으로 근무하던 모스크바에서 이 전보를 워싱턴으로 발송했다. 이 전보의 목적은 소련의 본질과 대외정책의 방향성에 대한 케넌의 통찰을 미국 외교정책 결정자들과 공유하는 것이었다. 케넌은 장문 전보에서 소련이 단순히 다원주의적 공존이 가능한 비자유주의 국가가 아니라 미국이 구상하는 자유주의 국제질서를 근본적으로 위협하는 세력이라고 진단했다. 그는 소련의 대외정책이 공산주의 이념의 세계적 확장이라는 팽창주의적 목표를 가지고 있으며, 이를 위해 자본주의 진영과의 군사적 대결도 불사할 것이라고 주장했다.

소련은 여전히 적대적인 "자본주의 포위"에 살고 있으며 장기적으로는 영구적인 평화 공존이 불가능합니다. 1927년 스탈린이 미국 노동자 대표단에게 말한 것처럼 말입니다:

"국제 혁명이 더욱 발전하는 과정에서 세계적으로 중요한 두 개의 중심, 즉 사회주의를 지향하는 국가들을 끌어들이는 사회주의 중심과 자본주의를 지향하는 국가들을 끌어들이는 자본주의 중심이 등장할 것입니다. 세계 경제를 장악하기 위한 이 두 중심지 간의 싸움은 전 세계 자본주의와 공산주의의 운명을 결정할 것입니다."(Kennan 1946)

케넌의 장문 전보는 미국 외교정책 서클에 큰 반향을 일으켰다. 이는 이후 트루먼 행정부가 대소 강경정책으로 선회하는 데 결정적인 영향을 미쳤으며, 냉전 초기 미국의 대외전략 수립에 핵심적인 역할을 했다. 장문 전보가 제시한 소련에 대한 인식과 봉쇄 전략은 이후 미국 대외정책의 기조로 자리 잡게 되었다. 케넌의 장문 전보는 크로우 각서와 마찬가지로 비자유주의 강대국 지도자에 의한 지정학적 팽창주의가 왜 봉쇄와 억지의 대상이 되어야 하는지를 잘 보여준다. 크로우와 케넌이 가장 경계한 독일 제국과 소련의 속성은 현 국제질서의 규칙을 거부하고 무력으로 자신의 세력권을 하는 확장하려는 확실한 이념, 의지, 그리고 구체적 계획(time table)이었다(개디스 2021, 2-4장).

질서 간의 규칙: 메타규칙

그렇다면 소련의 적대적 이념과 강력한 의지, 그리고 팽창주의적 목표에도 불구하고 1948년부터 냉전이 해체된 1991년까지 미국과 소련이 전면적인 전쟁 없이 비교적 안정된 질서를 유지할 수 있었던 이유는 무엇인가? 즉, 냉전이 열전으로 변하지 않았던 이유는 무엇인가? 미국과 소련이 전쟁을 피하고 안정과 평화를 유지하기 위해서는 이 두 블록 간의 상호작용을 규제할 규칙이 필요했다. 미국과 소련 양측의 기대와 믿음, 행동을 규제하는 상호 인정되는 일반적 원칙이 필요했다. 이를 블록 간 규칙 혹은 메타규칙이라고 부를 수 있다.

냉전의 메타규칙은 크게 세 가지로 볼 수 있다. 하나는 미국과 소련이 서로의 세력권을 인정하고 불개입의 원칙을 유지한 것이다. 냉전의 세력권 질서는 미국과 소련이 각자의 군사적 영향력이 미치는 특정한 지리적 영역 내에서 비강대국에 대한 통제와 타 강대국의 개입 배제를 기본 원칙으로 삼는 국제질서였다. 수에즈운하 사건에서 드러난 바와 같이, 미국과 소련은 영국의 세력권을 인정하지 않았고 오로지 미국과 소련의 블록만을 세력권으로 인정했다. 기존 세력권 질서와의 중요한 차이점은 소련이 이끄는 블록과는 달리 미국이 이끄는 블록 안에서는 GATT, 브레튼우즈 체제, UN, 마셜 플랜 등 동의의 포괄성, 명시성, 투명성을 추구하는 자유주의 국제질서의 규칙들이 본격적으로 적용되기 시작했다는 것이다.

냉전 시대에 나타난 두 번째 메타규칙은 상호확증파괴(MAD) 혹은 핵억지이론이다. 핵억지이론의 대가인 토머스 셸링(Thomas Schelling)은 미국과 소련이 전략핵무기와 재래식 무기 군비경쟁에도 불구하고 전면전을 피할 수 있었던 가장 중요한 이유를 상호확증파괴에 대한 신뢰성(credibility)으로 들고 있다. 1950년대 말 이후 핵무기에 의한 선제공격을 당한 뒤 공격 국가에 대해 절멸적인 반격을 가할 수 있는 전략적 군사력(invulnerable strategic forces)을 미국과 소련이 각각 갖추게 되면서 대규모 핵무기 선제공격이 더 이상 자국의 안보를 보장해주지 않는다는 점이 명확해졌다. 미국과 소련 두 국가의 정책결정자들은 핵억지이론을 통해 선제핵공격의 무용성을 인식했을 뿐만 아니라 서로가 그러한 인식을 공유하고 있다는 점을 확인할 수 있었다. 상호확증파괴의 핵억지이론은 다시 핵 비확산에 대한 미국과 소련의 공유된 신념으로 이어졌고 국제원자력기구의 창설로 구체화되었다(Holloway 2016). 스탈린은 초기의 의심을 거두고 아이젠하워가 제안한 "평화를 위한 원자력"을 수용함으로써 미국과 소련의 핵무기 경쟁에 대한 메타규칙에 동의했고 핵무기의 비확산에 대한 국제적인 규칙을 소련과 미국의 이익을 해치지 않는 토대 위에서 마련했다. 이 과정을 연구한 데이비드 홀러웨이(David Holloway)는 소련이 아이젠하워의 제안을 수용한 이유를 다음 세 가지로 요약한다.

[소련이 거부한] 바룩 계획(the Baruch Plan)과 [아이젠하워의] 평화를 위한 원자력(Atoms for Peace) 사이에는 중요한 차이점이 있었다. 우선, 국제원자력기구는 바룩에서 제안된 원자력개발국(the Atomic Development Authority)보다 훨씬 덜 야심 찬 기관이었다. 각국의 원자력 산업에 대한 소유권을 주장하지는 않았지만, 원자력

산업의 발전을 장려하고 평화적 목적으로 유도하고자 했다. 둘째, 소련이 지속적으로 지적했듯이 아이젠하워의 제안은 핵무기 경쟁을 종식하는 데 아무런 도움이 되지 않지만, 이미 핵무기를 보유한 국가에는 안전장치가 적용되지 않기 때문에 소련의 활동에 대한 사찰을 논의할 필요가 없다는 것을 의미했다. 셋째, 소련은 국제 평화 및 안보와 관련된 문제에 대해 국제원자력기구가 소련이 거부권을 행사할 수 있는 유엔 안전보장이사회에 보고하도록 하는 데 성공했다. 원자력의 통제와 관련하여 거부권을 포기하자는 제안은 배제되었다(Holloway 2016, 192, 인용자 삽입).

2006년 키어 리버(Keir Lieber)와 대릴 프레스(Daryl Press)는 상호확증파괴의 시대가 종말을 고했으며 미국이 선제공격을 감행할 경우 러시아나 중국의 핵전력을 대부분 무력화할 수 있다는 도발적인 주장을 펼쳤다(Lieber and Press 2006). 이에 대해 미국 국방부 산하 국제안보정책 담당 차관보인 피터 플로리(Peter Flory)는 리버와 프레스의 주장이 근거가 빈약할 뿐더러 지극히 위험한 발상이라고 반박했다(Flory 2006). 억지이론의 관점에서 볼 때, 핵심적인 쟁점은 핵우위론의 군사기술적 타당성 여부가 아니다. 만약 미국의 선제타격으로 러시아나 중국의 핵무기를 상당 부분 제거할 수 있다는 인식이 확산된다면 상호확증파괴에 대한 공통된 신념체계가 붕괴될 수 있기 때문이다. 이 경우 러시아, 중국, 북한 등 핵무장국들은 미국의 공격을 선제적으로 방어해야 한다는 압박감을 느낄 수 있다. 반대로 미국 입장에서는 이들 국가의 우려를 감안할 때 자국이 공격당하기 전에 선제공격의 시점을 더욱 앞당겨야 한다는 유혹에 빠질 수 있다. 결국 이러한 사고실험이 반복되다 보면 양측 모두 즉각적인 선제공격이 최선의 대응책이라는 결론에 이르게 될 것이다.

냉전 시대에 등장한 세 번째 메타규칙은 유엔 안전보장이사회를 통해 행사되는 미국과 소련의 상호 거부권이라 할 수 있다. 5개 상임이사국〔미국, 영국, 프랑스, 러시아(과거 소련), 중국〕은 실질 사안에 대한 거부권을 보유하고 있어서 이들 중 어느 한 국가라도 거부권을 행사하면 해당 결의안은 부결된다. 반면 10개 비상임이사국은 거부권이 없으며 상임이사국과 함께 15개 이사국 중 9개국 이상이 찬성해야 결의안이 통과된다(UN Charter, Article 27). 상임이사국의 거부권으로 인해 안전보장이사회의 기능이 상당 부분 제약을 받았던 것은 사실이다. 그러나 상임이사국의 거부권은 다음과 같은 기능을 통해 더 큰 위기 발생을 방지하는 역할을 했다.

첫째, 상임이사국의 거부권은 강대국 간 이해관계가 충돌하는 민감한 사안에 대해 일방적인 결정을 저지함으로써 강대국 간의 직접적 대결을 방지하는 역할을 한다. 린 밀러(Lynn H. Miller)는 거부권이 강대국들로 하여금 자국의 핵심 이익이 위협받을 때 UN의 결정을 무력화할 수 있게 함으로써 오히려 국제연합에 대한 이들의 참여를 유도하는 요인으로 작용했다고 분석한다(Miller, 1999).

둘째, 상임이사국의 거부권은 강대국들이 민감한 주제에 대한 서로의 선호와 그 강도(intensity)를 확인할 수 있는 중요한 장을 제공한다. 쿠바 미사일 위기 당시에 미국은 안전보장이사회의 결의안 발의를 통해 소련의 미사일 배치를 규탄하고자 했으나 소련의 거부권 행사로 무산되었다. 그러나 이는 역설적으로 양국이 안전보장이사회를 통해 서로의 입장과 선호의 강도를 확인하고 군사 충돌과 같은 최악의 시나리오를 피할 수 있게 해주었다.

셋째, 집단안보 원칙을 발동해야 할 중대한 사안이 발생한 경우, 만약 상임이사국이 모두 동의하거나 혹은 거부권을 행사하지 않는다면 필요한 군사작전이 다국적군의 이름으로 실행에 옮겨질 수 있다.

표 4-1 냉전의 국제질서

	자본주의 블록	블록 간 질서	사회주의 블록
경제조직 원리	시장경제 사회복지제도		계획경제
정치	자유민주주의	세력권 상호확증파괴 UNSC의 상호 비토 권한	사회주의 독재
안보	동맹 및 집단안보 (북대서양조약기구)		비공식적 제국 (바르샤바조약기구)
국제경제	자유무역 기축통화 중심 고정환율		COMECON 소련 중심 관리환율
구성 원칙	주권 평등, 다자주의 (미국 비토 권한)		제한주권, 사회주의 국제 주의

한국전쟁과 제1차 걸프전쟁(1990-1991)이 이에 해당되는 경우라고 할 수 있다.

　이처럼 안전보장이사회의 거부권은 강대국 간 합의에 기초한 집단안보 시스템의 핵심 축으로, 자유주의 국제질서가 소련 사회주의 블록과 안정된 질서를 유지하는 데 중요한 순기능을 했다고 볼 수 있다.

　이상의 내용을 표로 정리하면 〈표 4-1〉과 같다. 냉전 시대 자본주의 블록은 자유주의 국제질서를 원칙으로 작동하는 국제체제를 구축했고 사회주의 블록은 소련을 중심으로 제한주권론에 기반한 사회주의 국제체제를 구축했다. 이 두 블록은 세력권 질서로 유지되면서 상호확증파괴의 균형과 유엔안전보장이사회의 상호 비토 권한으로 열전으로의 전화를 피할 수 있었다.

　냉전의 국제질서에서는 미국과 소련을 중심으로 한 두 개의 세력권이 존재했지만, 이러한 엄격한 양분 구도에서 벗어난 비동맹 국가들 역시 존재했다는 점이 언급될 필요가 있다. 이들은 미국과 소련 사이에서 상대적 자율성을 확보하며 독자적인 세력을 형성하고

자 했다. 비동맹 국가들은 비록 자유주의 국제질서에 완전히 편입되지는 않았지만, UN이나 GATT 체제가 제공하는 다양한 혜택을 누릴 수 있었다. 예를 들어, GATT의 비회원국 지위(non-member status)를 통해 무역 자유화의 이점을 일정 부분 향유할 수 있었고, 일반특혜관세제도(GSP)를 통해 선진국 시장에 대한 접근성을 높일 수 있었다(Goldstein, Rivers, and Tomz 2007). 또한 이들은 냉전 초기부터 제공된 미국과 소련의 경쟁적인 해외원조 프로그램의 수혜국이 되기도 했다. 이러한 사실은 비동맹 국가들이 자유주의 국제질서와 일정한 공존 관계를 유지했음을 시사한다. 비록 이들이 자유주의 질서의 핵심 구성원은 아니었지만 그 질서가 제공하는 규범과 제도의 혜택을 부분적으로나마 누릴 수 있었던 것이다. 다시 말해, 자유주의 진영은 비동맹 국가들을 국제질서에서 완전히 배제하기보다는 제한적이나마 협력 가능한 대상으로 인식했다고 볼 수 있다. 이는 냉전 시대 자유주의 국제질서가 보편적 가치에 기반을 둔 포용적 성격을 지녔음을 보여준다. 물론 이 질서가 미국을 중심으로 한 자본주의 진영의 이해관계를 반영한 것은 사실이지만 동시에 그것은 비동맹 국가들까지도 아우를 수 있는 유연성과 개방성을 지니고 있었던 것이다.

그러나 비동맹 국가들이 자유주의 국제질서를 일정 부분 공유했음은 사실이지만 자유주의 국제질서를 완전히 받아들인 것은 아니다. 그 대표적인 예가 인도이다. 인도는 비동맹 운동의 주도국으로서 냉전 시대 미국과 소련 사이에서 중립적 입장을 표방해왔지만, 실제로는 남아시아 지역에서 자국의 세력권을 구축하기 위해 공세적인 외교정책을 펼쳐왔다. 1971년 방글라데시 독립전쟁에서 인도는 동파키스탄 반군을 지원하며 파키스탄과의 전쟁에 직접 개입했다. 또한 인도는 1980년대 스리랑카 내전에서 타밀 반군을 지원함으로써 스리랑카 정부를 압박하고 자국의 이해관계를 관철하고자 했다. 이는 스리랑카에 대한 인도의 영향력을 과시하는 동시에 스리랑카 내 인도 타밀인의 이익을 보호하려는 시도로 볼 수 있다. 네팔에서도 인도는 1990년대 반왕정 세력을 지원하며 네팔 정치에 개입했다. 2015년 네팔 신헌법 제정 과정에서 네팔에 경제 봉쇄를 가한 사례는 인도가 자국의 이해관계에 반하는 정책을 취하는 주변국을 어떻게 다루는지를 보여주는 대표적 사례라 할 수 있다(Hagerty 1991; Mohan 2007). 인도는 부탄의 외교 및 국방 정책에 있어서도 큰 영향력을 행사하고 있다. 이러한 사례들은 인도가 남아시아에 대한 세력권을 추구해왔으며 중국, 파키스탄, 그리고 미국 등의 "외부" 세력이 역내 문제에 개입하는 것을 극도로 경계해왔다는 점을 나타낸다. 인도의 사례는 비동맹 운동이 표방한 자주성과 중립성이 자유주의 국제질서 외부에서는 그 취지와 매우 다른 위계적 질서의 형태로 나타날 수 있다는 점을 잘 보여준다.

반면 ASEAN은 자유주의 국제질서가 비대칭적 권력을 가진 비자유주의 국가들 사이에서 수용된 중요한 사례라고 할 수 있다. 1967년 설립된 ASEAN은 당시 동남아시아에서 확산되던 공산주의 세력에 대응하여 지역 안정과 회원국 간 협력을 도모하기 위해 출범했다(Acharya 2014). 특히 소련과 중국으로 대표되는 공산주의 진영의 세력 확장과 베트남의 인도차이나 반도 내정 간섭에 공동으로 대처하기 위한 목적이 컸다. ASEAN은 자유주의 국제질서의 핵심 원칙인 주권 평등과 내정 불간섭을 수용하여 이를 '아세안 방식'(ASEAN Way)으로 제도화했다. 만장일치제에 기반한 의사결정, 회원국 간 분쟁의 평화적 해결, 그리고 타국의 국내문제 불간섭 등이 대표적인 원칙이다. 흥미로운 점은 냉전기 ASEAN 회원국들의 국내 정치체제가 민주주의와는 거리가 멀었다는 것이다. 1960-1970년대 인도네시아와 필리핀, 태국에서는 군부 쿠데타가 잇따랐고, 말레이시아와 싱가

포르는 사실상 일당 체제였다. 1990년 이전 ASEAN 회원국들의 폴리티 점수(polity score, 10점은 완전한 민주주의를, -10점은 권위주의를 나타냄) 평균은 -1.35로, 이는 약한 권위주의 정권에 해당하는 점수이다. 이처럼 ASEAN은 자유주의 국제질서의 규범과 제도를 선별적으로 수용하는 동시에 회원국들의 레짐 안정에 방점을 두는 독특한 지역 질서를 만들어냈다고 평가할 수 있다(Stubbs 2008). ASEAN의 사례는 자유주의 국제질서가 지역의 정치적·지정학적·역사적 맥락에 따라 변용되면서도 힘의 논리를 최소화한 규칙 중심의 국제질서(rules-based international order)로 활용될 수 있음을 시사한다.[1]

미국의 구조적 특권과 자유주의 국제질서의 딜레마

세력권 질서와는 달리 공공재의 성격을 강하게 가지고 있는 자유주의 국제질서를 유지하기 위해서는 질서 주도국에게 질서 유지에 대한 충분한 유인(구조적 특권)이 제공되어야 하고 질서 주도국은 이 특권을 자유주의 국제질서에 대한 대내적 정당성과 대외적 정당성의 균형을 유지하는 방향으로 사용해야 한다. 특권이 남용되면 대외적 정당성이 약화되고 특권이 불충분하다고 판단되면 질서 유지에 대한 대내적 정당성을 상실할 수 있다.

구조적 특권이 잘 배분되어 자유주의 국제질서가 잘 작동될 수 있었던 대표적인 예는 브레튼우즈 체제이다. 브레튼우즈 체제는 미국이 중심이 되어 구축된 자본주의 진영의 전후 국제통화제도로, 미국 달러를 기반으로 한 금태환본위제도라는 고정환율제도를 말한

....

1   인도와 ASEAN 사례의 중요성에 대해 논평을 해준 권순욱 님에게 감사드린다.

그림 4-1 브레튼우즈 회담의 각국 대표들, 1944년 7월 2일

(https://www.worldbank.org/content/dam/wbr/Archives/onlineexhibits/Bretton%20Woods%20
Conference/Conf%20delegates1.jpg, 최종 접속 2024년 5월 29일)

다. 미국 달러는 자유도를 가진 유일한 통화지만 그 자유도는 금 1온
스에 35달러라는 고정된 비율에 묶여 있었다. 기축통화국 미국의 특
권은 금태환성 유지라는 공약 수행을 전제로만 발생하는 것이었다.
나머지 국가들이 미국 달러의 특권을 인정했던 것은 단순히 미국의
"힘"이 아니라 구조적 특권과 그에 따르는 책임이라는 계약에 동의
했기 때문이다. 나머지 국가들의 통화정책이 미국의 통화정책에 종
속됨에 따라 나머지 국가들은 통화정책 자율성의 포기라는 상당한
비용을 치러야 했지만―그로 인해 미국의 인플레이션이 나머지 국
가들로 전이되는 현상이 발생하기도 했다―미국 역시 금에 대한 태
환성을 유지하고 세계 금융시장에 유동성을 충분히 공급한다는 공약
을 지켜야 하는 만큼 브레튼우즈 체제의 대내적 정당성과 대외적 정
당성의 조화 문제는 매우 효과적으로 정리되었다고 볼 수 있다.[2]

　이러한 조화는 우연한 산물이 아니라 사실 미국 루스벨트 행정

부에 의해 치밀하게 기획된 것이었다. 브레튼우즈 체제를 기획한 브레튼우즈 회담(International Monetary and Financial Conference of the United and Associated Nations)에서 해리 덱스터 화이트(Harry Dexter White)가 주도한 미국 대표단은 두 가지 목표를 가지고 있었다.[3] 하나는 자본주의 국가들의 자유무역을 뒷받침할 안정된 국제통화제도를 복구하는 것이고, 다른 하나는 이 새로운 전후 금융체제에서 미국이 영국을 대체할 새로운 금융 패권국이 될 수 있도록 하는 것이었다. 첫 번째 목표에서 화이트는 당대 최고의 금융경제학자로 평가되는 존 메이너드 케인스(John Maynard Keynes)와 큰 이견을 가지고 있지 않았다. 금태환본위제도를 통해 금본위제도에 유연성을 가미하고 국가 간 자본의 흐름을 국가 간 협력으로 통제하여 외환시장에 대한 투기적 공격을 막고 환율을 안정적으로 유지해야 한다는 데 케인스와 화이트는 서로 의견이 일치했다.

그러나 화이트의 두 번째 목표(전후 금융체제에서 미국이 영국을 대체할 새로운 금융 패권국이 될 수 있도록 하는 것)와 관련해서는 부상

....

2   물론 달러의 유동성 공급 역할과 기축통화로서의 신뢰성 사이에서 발생하는 근본적인 문제를 해결하지 못하게 되면서 브레튼우즈 체제는 1971년 기능 정지되었고 닉슨에 의해 1973년 최종 폐기되었다. 한 가지 흥미로운 점은 브레튼우즈 체제가 끝난 뒤 등장한 변동환율제도 아래에서도 미국 달러는 여전히 기축통화로 기능하고 있다는 사실이다. 즉, 미국은 금태환성과 유동성 공급이라는 책임이 사라진 상태에서 통화정책의 자율성이라는 자유도를 만끽하고 있는 것이다.

3   뉴햄프셔 브레튼우즈의 마운트 워싱턴 호텔에서 1944년 7월 1일부터 22일(원래는 19일이었다가 3일 더 연장됨)까지 개최되었다. 총 45개국 대표가 참여했으며 이 중에는 유럽의 망명정부와 소련, 중화민국이 포함되었다. 제2차 세계대전 중이었기 때문에 추축국은 모두 배제되었다. 회담 장소로 뉴햄프셔가 선택된 것에는 두 가지 이유가 있었다. 첫째, 당시 건강이 좋지 않던 케인스는 7월 워싱턴의 뜨거운 날씨를 버티기 어렵다고 해서 더 선선한 기후를 가진 곳을 물색한 결과 뉴햄프셔가 후보지로 선택되었다. 둘째, 뉴햄프셔는 공화당의 찰스 토비(Charles Tobey) 상원의원의 지역구이기 때문에 회담에 대한 의회의 협력을 유도하기 매우 좋을 것으로 예측되었다. 토비는 상원금융통화위원회(Senate Banking and Currency Committee)의 부위원장(ranking minority member)을 맡고 있었으며 금융정책에 대한 영향력이 매우 큰 인물이었다.

하는 패권국 미국을 대표하는 화이트와 몰락한 패권국 영국을 대표하는 케인스는 서로 양보할 수 없는 위치에 서 있었다. 케인스는 가상의 통화인 방코(banco)를 기반으로 하는 국제결제은행(international clearing union)을 중앙은행들의 중앙은행으로 만들자고 제안했다. 이 계획은 먼저 미국 달러와 같은 기축통화에 의존하지 않으며 채권국과 채무국 모두에게 수수료를 부과하는 구조를 가지는데, 이는 기축통화의 특권을 미국에게 허락하지 않으면서 당시 세계 제1의 채권국인 미국에게 일정한 비용을 부담하게 하고 채무국인 영국의 부담을 경감하려는 케인스의 의도를 반영한 것이었다.[4] 반면 화이트의 계획은 중앙은행 형식보다는 국제연합안정기금(United Nations Stabilization Fund)을 마련해서 채권국에 부담 없는 구조를 구상하는 것이었다. 그리고 방코와 같은 가상의 통화에 기반한 국제결제은행보다는 국가들이 일정한 기금을 출연하여 운영되는 국제통화기금을 제안했다. 세계 제1의 채권국 미국이 가장 큰 기금을 출연할 것이 분명하기 때문에 이 기금에서 미국이 가장 중요한 영향력을 가지게 되는 것은 자명했다. 마지막으로 국제통화기금(혹은 국제결제은행)의 본부를 미국 뉴욕에 둘 것인지 영국 런던에 둘 것인지에 대해서도 둘은 한 치의 양보가 없었다.

회담 준비 과정과 회담 과정, 그리고 회담 이후의 조정 과정에서 화이트는 치밀한 계획과 논리로 첫 번째 목표에 대한 케인스의 의견을 최대한 수용하되 두 번째 목표에 대한 케인스의 의견을 최대한 배제하는 전략을 사용했다. 1944년 4월 21일 화이트의 의견이 더 많이 반영된 공동성명의 형태로 영국과 미국의 입장이 1차 조율되었고 6월 15일에서 30일까지 아틀란틱시티에 초청된 각국 대표들에 의해

....

4   케인스 역시 자기 조국 영국에 대한 편향으로부터 자유로울 수 없었던 것이다.

승인된 회담 준비 문서와 브레튼우즈에서의 최종 회담 성명 내용 모두 화이트가 구상한 내용으로 채워졌다.[5]

브레튼우즈 체제를 통해 기획된 대내적 정당성과 대외적 정당성에 대한 미국과 (n-1) 국가들 간의 합의는 미국의 닉슨 대통령이 1973년 금태환(convertibility)을 중지함으로써 중단되었다. 그러나 미국이 금태환이라는 질서유지의 책임을 포기했음에도 변동환율제도 아래에서 미국 달러는 여전히 기축통화의 역할을 수행했다. 미국의 책임은 사라졌지만 미국이 가진 특권은 사라지지 않았으며 오히려 더 강화되었다. 브레튼우즈 체제를 통해 국제금융의 중심지가 미국으로 옮겨짐으로써 미국 뉴욕은 런던을 제치고 국제금융의 중심지가 되었으며 금태환의 구속에서 벗어난 달러가 여전히 기축통화의 역할을 함으로써 막대한 주조차익과 외환위기로부터 자유로운 유일한 국가라는 엄청난 특권(*privilège exorbitant*)을 누릴 수 있었다.

IMF에서의 비토 권한은 미국이 자유주의 국제질서의 질서 주도국으로 누리는 특권을 가장 상징적으로 보여준다. 브레튼우즈 체제를 통해 미국은 IMF의 최대 지분국으로서 실질적인 비토권을 보장받았다. IMF의 주요 의사결정은 85%의 특별다수결로 이루어지는데, 미국은 약 16.5%의 의결권을 보유해오고 있다.[6] 이는 미국이 단독으로 IMF의 핵심 정책 결정을 저지할 수 있음을 의미한다. 브레튼우즈 체제는 끝났지만 미국은 이 특권을 포기할 의사가 없다.

이와 같이 미국이 전후에 구축한 자유주의 국제제도의 가장 중

....

5   브레튼우즈 회담에 대한 연구로는 Steil(2013)이 대표적이다. 여기에 소개된 회담 준비 과정과 회담 진행 과정에 대한 내용은 그의 책에서 참고한 것이다. 국제정치학 내에서 브레튼우즈 체제에 대한 관련 연구로는 Ikenberry(1992)와 Helleiner(1994) 등이 있다.

6   IMF, "IMF Members' Quotas and Voting Power, and IMF Board of Governors", May 30, 2024(https://www.imf.org/en/About/executive-board/members-quotas, 최종 접속 2024년 5월 31일).

요한 특징은 바로 미국이 국제제도 곳곳에 마련해 놓은 비토 권한이다. 예를 들어 세계은행(World Bank)에서 미국은 최대 지분국으로서 비토 권한을 갖고 있다. 세계은행의 주요 의사결정 역시 85%의 특별 다수결 방식이 적용되는데, 미국은 약 15.5%의 의결권을 보유하고 있다.[7] 이를 바탕으로 미국은 세계은행의 운영 방향과 개발도상국에 대한 차관정책에 상당한 영향력을 확보하고 있다. 또한 미국은 UN 안전보장이사회의 상임이사국으로서 공식적인 비토 권한을 (다른 상임이사국과 함께) 가지고 있다. 안전보장이사회의 실질 사안에 대한 결의는 상임이사국의 동의가 없으면 채택될 수 없기 때문에, 미국은 국제평화와 안보에 관한 UN의 의사결정에서 강력한 영향력을 행사할 수 있다. WTO에서 미국은 협상력과 시장 규모를 바탕으로 실질적인 영향력을 행사해왔다. WTO의 의사결정은 만장일치제로 이루어지기 때문에 미국이 공식적인 비토권을 갖고 있는 것은 아니지만 미국의 동의 없이 주요 합의를 도출하기는 사실상 불가능하다(Hoekman and Mavroidis, 2007). 현재 미국 정부는 미국에 불리한 WTO 규정의 개정(예: 이심제에서 단심제로의 개혁)을 요구하고 있고 미국을 제외한 (n-1) 국가들은 미국과의 협상을 통해 새로운 균형점을 찾아야 하는 상황이다.

미국은 자국뿐만 아니라 다른 주요 선진국과 강대국들을 위한 특권적 요소를 자유주의 국제질서 안에 배치하여 자유주의 국제질서에 대한 이들의 지속적인 지지를 유도하고자 했다. 예를 들어 GATT 안에 삽입된 국가안보에 대한 예외조항(21조)과 지역통합 차원에 대한 예외조항(24조)이 그 대표적인 예이다. 이로써 미국과 유럽의 강

---

7   World Bank, "Voting Power"(https://www.worldbank.org/en/about/leadership/voting-powers, 최종 접속 2024년 5월 31일).

대국들이 국가안보나 관세동맹을 이유로 최혜국대우조항을 회피할 수 있는 길을 열어두었다. 또한 농업보조금을 관세 협상에서 배제함으로써 미국과 유럽 농민들의 이익을 보호하고자 했다. 물론 경제발전을 위한 예외조항(18조)을 허용하여 개발도상국의 경제발전 및 재정/무역수지 상황 개선을 위한 조치를 허용하기도 했다. 그러나 전체적으로 GATT는 다자주의의 대원칙 안에 미국과 유럽의 이익을 상당 부분 반영함으로써 GATT가 주요 선진국들의 국내 정치에서 지속적인 지지를 받을 수 있도록 설계되었다. 문제는 이러한 예외가 다른 국가들의 잠재적 이익을 침해한다는 것이다. 선진국의 농업보조금은 브라질이나 카리브해 국가들과 같은 농산물 수출국의 이익을 정면으로 침해하는 것이며, 국가안보에 대한 예외도 개발도상국보다는 선진국에 의해서 훨씬 자주 사용되는 조항이다.

미국은 이러한 구조적 특권을 이용하여 국제적 자본이동에 대한 규제나 국가 부채 청산에 대한 국제기구의 건설, 국제무역에서의 영향력을 반영한 IMF 의결권 조정과 같은 논의를 지속적으로 거부해왔다. 그 대표적인 예가 중국 위안화의 국제통화기금 특별인출권(SDR) 통화바스켓 가입을 2016년까지 거부해 온 것이다. 물론 위안화의 국제화에 필요한 각종 금융개혁을 중국이 충분히 진행하지 못했고 IMF 가입을 유로존 위기 해결을 위한 재정 지원과 맞교환하려는 등[8] 중국의 준비되지 않은 모습이 가입지연의 또 다른 이유이기도 했지만 중국이 이미 2009년부터 전 세계 수출비중에서 미국을 추월했으며 세계 무역에서 차지하는 비중이 다른 어떤 국가보다 크다는 점에서 2016년 위안화의 SDR 통화바스켓 가입은 상당히 뒤늦은 감이 있다.

....

8   Lim, Benjamin Kang, and Nick Edwards. "Exclusive: Politics stymie China's EU aid offer: sources." *Reuters*, 12 Nov. 2011, www.reuters.com/article/us-china-europe-idUSTRE7AB0E320111112. 최종접속 2024년 7월 2일.

개방에 대한 사회적 합의

　평야와 항구, 두 지역이 있다고 가정하자. 두 지역은 지리적 여건으로 인해 각기 다른 특화 산업을 보유하고 있다. 평야 지역은 농업에, 항구 지역은 수산업에 비교우위를 지니고 있다. 높은 산맥으로 인해 두 지역 간의 물자 이동이 원활하지 않고 각 지역 내에서 많이 생산되지 않는 재화는 매우 귀하게 거래되었다. 평야 지역에서는 수산물(예: 민물에서 잡히는 어패류)이 귀했고 항구 지역에서는 농산물이 귀했다. 생산자원의 역내 희소성은 그 종사자들에게 항상 높은 수익

을 가져다준다.

이제 두 지역을 잇는 철도가 건설되어 물자 이동 비용이 대폭 감소한 상황을 가정해보자. 철도를 통해 각 지역의 특화 산업 생산물이 다른 지역으로 대량으로 신속하게 유입되기 시작한다. 이에 따라 지역 내에 존재하던 수요-공급 균형이 새로운 균형으로 바뀐다. 평야 지역 거주민들은 이제 평야 지역 농산물을 항구 지역에 팔고 항구 지역의 값싼 수산물을 구입할 수 있게 된다. 마찬가지로 항구 지역 거주민들도 이제 항구 지역 수산물을 평야 지역에 팔아 평야 지역의 값싼 농산물을 구입할 수 있게 된다. 이에 따라 그동안 낮은 가격에 팔리던 평야 지역 농산물과 항구 지역 수산물의 가격이 상승하고 그동안 높은 가격에 거래되던 평야 지역 수산물과 항구 지역 농산물의 가격이 하락한다. 평야 지역과 항구 지역에서 다르게 형성되던 농산물과 수산물 가격이 비슷해지면서 이제 농산물이나 수산물이 한쪽에서 말도 안 되는 가격에 거래되는 일은 더 이상 생기지 않게 된다.

이로 인해 평야 지역에서 수산업에 종사하던 주민들과 항구 지역에서 농업에 종사하던 주민들은 더 이상 생계를 잇기가 어려워진다. 철도 개통을 통한 변화를 피할 수 없다면 이들에게는 두 가지 선택지가 존재한다. 하나는 지금까지 종사해온 분야를 버리는 것이다. 평야 지역 수산업 종사자는 농업 분야로 가서 일자리를 찾고 항구 지역 농민들은 수산업 분야에 가서 일자리를 찾는 것이다. 문제는 사업을 시작할 만큼 자산이 없다면 이들은 생산 현장으로 가야 하는데, 그 경우 자신이 평생 쌓아온 노하우, 기술, 네트워크 등을 모두 포기해야 한다는 것이다. 새로운 일자리를 구하기 위해 쏟아져나온 사람들이 많아지면서 노동자들의 임금은 빠르게 하락한다. 또 다른 선택지는 이사를 가는 것이다. 평야 지역 수산업 종사자는 항구 지역으로 가서 수산업을 새로 시작하고 항구 지역 농업 종사자는 평야 지역으로 이사해서 농업을 새로 시작하는 것이다. 이는 업종을 유지할 수 있다는 장점이 있지만, 문제는 삶의 터전을 버려야 한다는 것이다. 또 새로운 지역에서 차별받거나 배척당해서 사업을 할 수 없을지 모른다는 불안감도 크다.

이와 같이 무역은 분업으로 인한 이익을 보다 넓은 범위(평야와 항구 전체)로 확대하여 사회적 후생을 증가시키지만 동시에 승자와 패자를 만들어내는 분배적 효과를 가지고 있다. 사회적 후생의 증가가 있기 때문에 어떤 사회나 무역을 통해 더 많은 효용을 구성원들에게 분배하고자 하는 유인이 존재한다. 그러나 문제는 무역으로 인한 이익이 특정 부문에 집중되고 그 반대급부로 발생하는 비용은 전혀 다른 부문에 집중된다는 것이다. 이러한 현상을 최초로 이론화한 사람은 볼프강 스톨퍼(Wolfgang Stolper)와 폴 사무엘슨(Paul Samuelson)이다. 이들은 "보호무역과 실질임금"(Protection and Real Wages)이라는 1941년 논문에서 다음과 같이 말한다:

[따라서] 보호무역론자들의 '가난한 노동력' 주장에는 일부 진실이 담겨 있음을 보였다. 예를 들어 호주의 경우, 토지가 노동에 비해 상대적으로 풍부하다고 볼 수 있으므로 보호무역정책이 노동의 실질소득을 높일 수 있을 것이다. 식민지 시절 미국에서도 이런 현상이 나타났을 수 있다. (…)
두 가지 생산요소만 고려한 우리의 논의가 보호무역론자들에게 정치적 구실을 제공하는 것은 아니라는 점을 강조하고자 한다. 왜냐하면 교역 조건의 변화를 무시한다면, 자유무역이 한 생산요소[예: 노동]에 입히는 피해는 다른 생산요소[예: 자본]가 자유무역을 통해 얻는 이익보다 반드시 작기 때문이다. 따라서 피해를 입는 요소[노

동]에 대한 보조금이나 다른 재분배 정책을 통해 모든 요소가 자유 무역을 통해 이익을 향유할 가능성은 항상 열려 있다(Stolper and Samuelson 1941, 73, 괄호와 강조는 인용자 삽입).

스톨퍼와 사무엘슨에 따르면 이러한 분배적 효과에도 불구하고 자유무역에 대한 사회적 합의를 유지할 수 있는 유일한 방법은 승자에서 패자로의 부의 재분배이다. 항구 지역 농민들이 철도를 통한 교역 확대를 반대하지 않기 위해서는 항구 지역 수산물의 가격 상승으로 얻은 이익의 일부가 항구 지역 농민에게 분배될 수 있어야 한다. 그러려면 국가와 같은 공동체의 역할이 중요하다. 억압적인 공동체는 패자들을 정치적으로 배제하고 패자들의 집단 행동을 제한할 것이다. 반면 민주적인 공동체는 교역으로 발생한 이익의 일부를 패자들에게 안정적으로 재분배하는 사회적 합의를 도모할 것이다. 공동체의 개입이 필요한 이유는 사적인 부의 재분배(기부나 자선행위)가 안정적일 수 없기 때문이다. 사적 재분배는 지속적으로 진행되기 어렵고 제공자의 사정에 의해 언제든지 일방적으로 철회될 수 있다. 이처럼 생업을 포기하게 되는 패자들이 더 큰 사회적 후생을 가져올 무역을 받아들이기 위해서는 이익 재분배에 대한 공동체의 "신뢰할 만한 이행약속"(credible commitment)이 존재해야 한다. 결국 억압적인 방식이든 민주적인 방식이든 무역의 분배적 효과는 국가와 같은 공동체의 개입을 필요로 한다.

Part II에서는 1990년대 이후 급속하게 확산된 자유무역과 생산의 세계화, 그리고 금융 자유화가 미국 국내 정치에서 개방에 대한 사회적 합의를 약화시키게 된 과정을 설명할 것이다. 이미 많은 독자들에게 익숙하게 들릴 수 있는 이 내용을 다시 정리하는 이유는 자유주의 국제질서에 대한 대내적 도전을 극복하기 위해서 필요한 개혁이 무엇인지를 명확하게 확인하기 위해서이다. 개방의 위험으로부터 개인들을 보호하면서도 개방에 대한 사회적 합의를 유지하는 것, 이것이 자유주의 국제질서가 대내적 도전을 극복하기 위해 풀어야 할 숙제이다.

5

무역의 사회적 효과

역내 희소성과 자산 이동성

무역이 사회에 가하는 충격을 이해하기 위해서 개인들의 경제적 지위를 개인이 가진 자산의 두 가지 성격을 통해 분석하는 것이 매우 유용하다. 이 책에서 자산(asset)이란 아주 넓은 의미로 정의되는데, 개인이 소득을 올리기 위해 처분하거나 가용할 수 있는 자원을 모두 포괄한다. 부동산이나 주식, 채권과 금융자산이 대표적인 예이지만 체력, 교육 수준, 자격증, 숙련, 사회성, 가족 배경, 리더십, 인적 네트워크 등도 모두 포괄한다.

개인의 자산은 두 가지 특성을 갖는다. 하나는 역내 희소성이다. 희소한 자산일수록 수요가 공급을 초과하여 시장에서 높은 수익을 올릴 수 있다. 희소성은 경제활동이 이루어지는 특정한 경계(국경이나 지리적 경계)를 기점으로 정의된다. 그 경계를 기준으로 조세나 이민제한과 같은 인위적 거래비용이나 이주비용과 같은 자연적 거래

비용이 발생하기 때문이다. 역내에서 희소성을 갖는 자산을 보유할수록 해당 경제행위자는 역내에서 높은 수익을 올릴 수 있다. 앞에서 소개한 예를 통해 설명하면, 평야 지역에서 수산물을 팔던 사람과 항구 지역에서 농산물을 팔던 사람은 철도가 개통되기 전 역내 희소성으로 큰 초과이익을 누리고 있었다고 볼 수 있다.[1] 반면 자신의 자산이 역내에서 풍요로운 경우 자산에 대한 수요보다 공급이 더 많기 때문에 자산의 가격이 상대적으로 낮게 형성된다. 철도가 개통되기 전 평야 지역의 농산물 생산자와 항구 지역의 수산물 생산자가 여기에 해당된다.

둘째, 개인의 자산은 이동성(mobility)에서 큰 차이를 갖는다. 자산 이동성이란 해당 자산의 가치가 하락하거나 보유 위험이 증가할 때 큰 손해를 보지 않고 자산을 처분하고 다른 자산으로 이동할 수 있는 정도를 의미한다. 매몰 비용(sunk cost)이 높은 경우 이동성이 낮은 자산이라고 할 수 있다. 자격증이 대표적인 예이다. 의사 자격증은 의사 직업이 고소득과 안정성을 보장하는 경우 가치가 높은 자산이지만 미래에 의사 소득이 하락할 것으로 예상되는 경우에는 의사 자격증의 획득에 투입된 자본을 회수하는 것이 어렵기 때문에 이동성이 낮은 자산이다. 해외에 직접 기업을 세우거나 현지 기업을 인수하는 해외직접투자도 주식시장에서 해외 기업의 주식을 매수하는 간접투자에 비해 자산 이동성에서 큰 위험을 감수하는 행위이다. 기업가치가 급락할 때 주식은 쉽게 매도할 수 있지만 현지 기업을 매도하는 것은 쉽지 않다.[2]

....

1 　여기서 초과이익은 같은 생산물을 생산하는 역외 지역과 비교한 것이다. 역내 희소성에 대한 논의는 헥셔-올린(Heckscher-Ohlin) 무역이론에 기반했으며, 이를 바탕으로 개발된 스톨퍼-사무엘슨 모형에도 기반하고 있다. Feenstra(2004), Stolper and Samelson(1941). 역내 희소성이 가져오는 사회적 균열에 대한 연구는 로널드 로고프스키(Ronald Rogowski)의 연구가 대표적이다. Rogowski(1989).

앞서 설명했던 예에 자산 이동성을 추가하면 왜 자산 이동성이 중요한지를 쉽게 이해할 수 있다. 평야 지역의 수산업 종사자가 항구 지역의 농업 종사자보다 더 낮은 수준의 자산 이동성을 가지고 있다고 가정해보자. 항구 지역에서는 농업의 기술발전 수준이 미미하여 처분해야 할 농기계의 규모가 적고 토지의 매매가 용이하기 때문에, 항구 지역의 농업종사자들은 농업을 포기하거나 평야 지역으로 이주하려고 할 때, 자신의 자산(예: 농기구, 땅)을 비교적 쉽게 처분할 수 있다. 반면 평야 지역의 수산업 종사자는 자신이 보유한 수산업 장비를 제값에 구입하려는 구매자가 거의 없고 해당 장비를 항구 지역으로 이전해서 사용하기가 어렵기 때문에 자신이 가진 현재의 자산을 제값에 처분하는 것이 매우 어렵다. 더 나아가 자신의 소득 원천이었던 강이나 하천은 공유자원으로 매매가 불가능하고 강이나 하천에서의 어획에 특화된 자신의 숙련기술이 항구 지역의 바다에서 재현되기 어렵다면 강이나 하천에 특화된 본인의 숙련기술도 현재의 생업과 함께 폐기될 가능성이 높다. 따라서 철도 개통으로 인한 역내 희소성의 소멸은 자산 이동성의 차이로 인해 항구 지역의 농업 종사자에 비해 평야 지역의 수산업 종사자에게 더 큰 피해로 다가올 가능성이 크다.

무역정치를 구성하는 네 가지 사회집단

이러한 논의를 일반화하면, 개인들이 무역으로 인해 받게 되는

....

2   자산 이동성에 대한 논의는 요소 이동성에 대한 마이클 히스콕스(Michael Hiscox), 카를레스 보이시(Carles Boix), 그리고 토번 아이버슨(Torben Iversen)의 연구에서 영감을 받았음을 밝힌다. Hiscox(2002), Boix(2003), Iversen(2005).

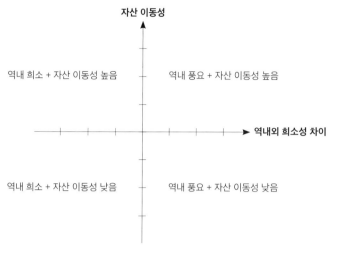

그림 5-1 무역으로부터 오는 충격: 역내외 희소성 차이와 자산 이동성

충격의 크기는 자산의 역내외 희소성 차이와 자산 이동성을 기준으로 〈그림 5-1〉과 같이 나누어볼 수 있다. 역외와 역내의 구분은 자산의 이동이 자유롭지 않은 국경으로 쉽게 이해할 수 있다. 역내외 희소성 차이란 개인이 보유하고 있는 자산이 역내와 역외의 부존 상태에서 가지는 차이를 말한다. 여기서 대표적인 자산은 숙련인데, 이는 노동자가 특정 산업이나 기업에서 체화한 특수숙련(specific skill)과 대학 학력이나 기술 자격증과 같이 공인된 절차를 통해 습득하여 다양한 직무에서 활용되는 일반숙련(general skill)으로 구분된다. 특수숙련은 현재의 사용처에서 분리될 경우 노동시장에서 온전히 그 가치가 보전되기 어렵다는 특징을 지니고, 일반숙련은 상대적으로 노동시장에서 그 가치가 잘 보전된다는 특징을 갖는다.[3]

....

3   이러한 구분은 개리 베커(Gary Becker)가 『인적 자본(*Human Capital*)』이라는 책에서 처음 제시한 이후 많은 사회과학자들에 의해 노동의 질적 구분 방법으로 사용되어왔다 (Becker 1964). 대표적으로 아이버슨은 특수숙련과 일반숙련의 구분을 통해 자본주의와 복지제도의 본질적 특징이 구분될 수 있다고 주장했다(Iversen 2005).

먼저 〈그림 5-1〉의 제1사분면에는 역내 풍요성과 높은 자산 이동성을 가진 집단이 위치하고 있다. 논의를 단순화하기 위해 생산의 3요소 중에서 토지를 제외하고 노동과 자본으로 요소부존성(factor endownment)을 단순화하고 노동은 숙련 노동과 미숙련 노동으로 단순화해 보자. 무역에 참여하는 국가들의 평균 자본/노동 비율을 고려할 때, 미국은 노동에 비해 자본이 풍요로운 국가이고 중국은 자본에 비해 노동이 풍요로운 국가이다. 따라서 미국의 자본 소유자와 중국의 노동자가 역내 풍요성을 가진 행위자들이다. 이들 중에서 자산 이동성이 높은 집단은 미국의 경우 금융자산과 같이 유동성이 높은 자산을 보유한 자본가들이 대표적인 예라고 볼 수 있다. 이들은 무역의 증가와 투자시장의 개방으로 자산에 대한 수요와 수익이 증가하며 높은 자산 이동성으로 개방에서 오는 충격에 쉽게 대응할 수 있어서 다른 집단에 비해 개방에 대한 선호가 가장 강하다고 할 수 있다. 미국의 벤처자본가가 아시아나 유럽의 벤처기업에 투자해서 큰 수익을 올리거나 자신이 투자한 미국기업이 해외 시장점유율을 높이면서 큰 수익을 얻게 되는 경우가 대표적인 예이다.

제2사분면에는 역내 희소성과 높은 자산 이동성을 가진 집단이 위치하고 있다. 미국 IT 산업의 숙련 노동자나 엔지니어가 대표적인 예이다. 미국으로의 고숙련 노동자의 이민이 엄격히 제한된 상황에서 이들은 다른 국가의 고숙련 노동자보다 높은 수준의 소득을 유지할 수 있다. 무역이 시작되고 해외투자가 가능해지면 미국 IT 산업이 저렴한 해외 고숙련 노동을 찾아 해외로 이전할 수 있고 해외기업이 현지의 저렴한 고숙련 노동을 이용한 제품을 미국 시장으로 수출할 수 있다. 따라서 무역과 개방으로 인해 역내 희소성을 통해 얻은 초과이익이 위협당할 수 있다. 그러나 IT 산업의 숙련 노동자나 엔지니어의 기술은 특정 기업이나 업무에 한정되어서만 인정되는 것이 아니라 다른 기업이나 업무로 쉽게 전환될 수 있는 일반숙련이다. 따라서 역내 희소성에서 오는 위험을 자산 이동성을 통해 보완할 수 있다. IT 산업의 숙련노동자나 엔지니어가 금융업으로 진출하거나 서비스업 또는 제조업으로 진출할 수 있으며 그동안의 고소득으로 상당한 금융자산을 축적하고 있는 것이 대표적인 예이다.

제3사분면은 개방으로 인해 가장 큰 피해를 입는 집단이다. 이들의 자산은 역내 희소성과 낮은 이동성으로 특징지어진다. 미국의 저임금 미숙련 혹은 반숙련 노동자들이 대표적인 예이다. 노동이 희소한 미국에서 이들은 교역이 확대되기 이전에는 역내 희소성으로 인해 일정한 소득을 올릴 수 있다. 그러나 이들이 생산하는 제품과 경쟁하는 수입품이 멕시코나 중국, 동아시아와 같이 노동이 풍요로운 국가로부터 증가하면 이들의 임금은 하락하고 일자리는 줄어들게 된다. 문제는 이들의 자산이 대부분 부동산이나 미숙련/반숙련 기술, 낮은 학력으로 구성되어 있어서 자산의 이동성이 매우 낮다는 것이다. 결국 일자리를 잃어도 새로운 지역이나 산업으로 옮겨가기가 어렵고 그 과정에서 직면하게 될 거래비용과 불확실성이 매우 크다.

더 큰 문제는 미숙련/반숙련 노동이 서로 쉽게 대체될 수 있기 때문에 미숙련/반숙련 노동의 공급증가는 이들의 임금을 사회 전체적으로 하락시킨다는 것이다. 그 과정을 설명한 것이 앞서 소개한 스톨퍼-사무엘슨 모형이다. 예를 들어 중국으로부터 유입되는 값싼 노동집약적 상품들은 미국 내의 노동집약적 상품들의 가격을 떨어뜨리고 기업들의 이윤을 하락시킨다. 저임금 미숙련/반숙련 노동자들이 대거 고용된 노동집약적 산업이 위축되면서 자산 이동성이 높은 자본가들은 노동집약적 산업에서 철수하여 국내외의 다른 산업으로 빠르게 이동하지만, 노동집약적 산업에 고용되어 있던 저임금 미숙련/반숙련 노동자들은 지역을 쉽게 떠나지 못한다. 임금 차이가 크지 않기 때문에 다른 지역으로 이주하기가 쉽지 않고 해당 지역에서도 다른 부문으로부터 유출된 저임금 미숙련/반숙련 노동과 경쟁해야 하기 때문에 일자리를 구하는 것이 쉽지 않다. 건설업이나 서비스업으로 취업하려면 차라리 살던 지역을 떠나지 않는 게 낫다고 생각해서 살던 곳에 그대로 머무는 경우가 많다. 문제는 노동집약적 산업이 몰락하면서 일자리를 구하는 미숙련/반숙련 노동자들이 갑자기 많아져 서비스업이나 건설업의 임금까지 함께 하락한다는 것이다.

마지막으로 제4사분면은 역내 풍요성과 낮은 자산 이동성을 가진 집단이다. 미국의 농업 생산자들(기업형 자영농, 소규모 자영농, 농장 소유주 등)이 제4사분면의 경제적 행위자에 해당된다. 역내 풍요성으로 인해 낮은 수준의 가격이 개방 이후 크게 상승해서 큰 이익을 기대할 수 있다. 대표적으로 미국에서 대량 생산되는 농산품은 경작지가 희소한 다른 국가에 비해 턱없이 저렴하다. 그러나 이들은 자산 이동성이 낮아서 개방으로부터 오는 충격에 취약하다. 농산물의 공급량이 급변하거나 해외에서 수요가 급변할 경우 소득에 직접적인 타격을 입는다. 이러한 취약성으로 인해 이들은 정부에 소득보조정책을 오랫동안 요구해왔고 선거나 정치인 후원, 로비, 행정요청 등을 통해 상당한 지원을 받는 경우가 많다.

앞에서의 논의를 요약하면 〈표 5-1〉과 같다.

여기까지 우리는 무역이 사회에 미치는 피해를 역내 희소성 차이와 자산 이동성이라는 두 가지 관점에서 살펴보았다. 그렇다면 이들 중에서 어떤 집단이 이러한 변화에 더 격렬하게 저항할까? 일반적으로 경제적 피해의 크기와 정치적 혹은 사회적 저항의 크기가 반드시 비례하지는 않는다. 그 가장 중요한 이유는 집단행위의 딜레마(collective action dilemma)로 설명할 수 있다. 집단행위의 딜레마란 집단의 공동이익을 실현하기 위한 집단행동이 공공재의 성격을 가진

표 5-1 자산의 특징과 무역 개방의 영향

	자산의 특징	영향
제1사분면	역내 풍요성과 높은 자산 이동성	승자: 소득 증가와 높은 자산 이동성으로 가장 유리한 위치에 놓이는 집단
제2사분면	역내 희소성과 높은 자산 이동성	생존자: 소득 감소를 경험하지만 높은 자산 이동성으로 위험을 회피할 수 있는 집단
제3사분면	역내 희소성과 낮은 자산 이동성	패자: 소득 감소와 이동성 부족으로 가장 어려운 처지에 놓이는 집단
제4사분면	역내 풍요성과 낮은 자산 이동성	수혜자: 낮은 자산 이동성에도 소득 증가로 혜택을 받는 집단

다는 이유로 개인이 자신의 참여로부터 오는 편익과 비용만 고려한 다면 집단행위에 참여하지 않고 편익을 누리려는 유인이 더 크다는 이론이다(Olson 1974).

이를 간단한 수식으로 설명해보면 다음과 같다. N명의 사람들이 집단에 존재하고 c > 0이 집단행위 참여비용이며 B가 집단 전체가 집단행위로부터 얻게 될 편익이라고 가정해보자. 이 편익은 얻게 되면 집단 모두가 누리게 되는 비배제성(non-excludability)을 특징으로 갖는다. n명의 참여자가 있을 것으로 생각되는 상황에서 집단 내 개인이 참여와 비참여로부터 오는 편익을 기대비용으로 고려한다면 다음 식과 같다.

$$(n + 1)/N * B - c > n/N * B.$$

이 식의 좌우항을 정리하면, B/N > c가 되어야만 개인은 집단행위에 참여할 유인이 생기게 된다. 따라서 집단행위가 합리적으로 발생하기 위해서는, 1) 집단행위로부터 오는 편익(B)이 매우 크거나, 2) 집단행위의 대상이 되는 집단의 크기(N)가 매우 작거나, 3) 집단행위에 참여하는 비용(c)이 매우 작아야 한다. 만약 집단행위를 위한 조직(예: 노동조합, 농민단체 등)이 존재한다면 이 문제를 비교적 쉽게 해결할 수 있다. 가장 간단한 방법은 비배제성을 제거해서 불참에 따른 벌금을 오른쪽 항에 넣는 것이다. 예를 들어 불참 벌금이 K이고 이 K=c이라면 B/N > 0이 되어 B가 아무리 작거나 N이 아무리 커도 집단행위에 참여하는 것이 합리적인 선택이 된다.

경제적 피해와 집단행위에 대한 예측으로부터 정치적 변화에 대한 예측으로 나아가기 위해서는 정치체제(예: 민주주의 또는 권위주의), 선거제도(예: 다수주의 또는 비례주의), 헌정체제(예: 대통령제 또는 내각제), 그리고 유권자 선호(예: 중간투표자의 선호) 등을 고려해야 한다.

6

무역정책에 대한 정당 선호

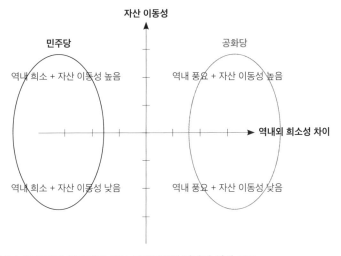

그림 6-1 1990년대 이전 전후 미국 무역정치의 당파적 대립 구도

1990년대 이전 미국의 무역정치

〈그림 6-1〉은 세계화가 본격적으로 진행되기 이전인 1990년 이

전 미국 무역정치의 당파적 대립 구도를 자산 이동성(y축)과 역내외 희소성 차이(또는 풍요성)(x축) 위에 도식화한 것이다. 1990년 이전 미국 무역정치는 크게 두 개의 블록으로 나뉘어 있었다고 볼 수 있다. 오른쪽에는 금융서비스 산업과 산업자본, 그리고 농업을 대변하는 공화당의 지지연합이 존재하고 왼쪽에는 사무직, 제조업, 서비스업 노동자와 전문직을 대변하는 민주당의 지지연합이 위치해 있었다고 볼 수 있다. 도시 지역의 노동자와 전문직, 그리고 노동조합을 대변하는 민주당과 자본과 농촌 지역의 이익을 대변하는 공화당이 대결하는 것이 1990년대 이전 무역정치의 특징이었다.[1]

그러나 1960년대부터 시작된 두 가지 현상은 〈그림 6-1〉의 전통적 무역정치 구도에 변화를 예고했다. 하나는 1960년대 이후 시작된 민주당의 흑인 민권운동(Civil rights movement)에 대한 지지와 연대이다. 전통적으로 남부와 백인의 이익을 대변해오던 민주당이 그 인구사회학적 지지기반을 흑인과 북동부와 서부 지역으로 옮기게 된 것이다. 두 번째 현상은 노동조합의 쇠퇴이다. 데이비드 맥도널드(David Macdonald)의 연구에 따르면 노동조합원들은 조합의 교육과 조합을 통한 사회화로 민주당 지지 성향을 확산하고 유지하는 핵심 기제였다. 그런데 무역 확대와 그로 인한 탈제조업 중심의 산업구조 개편으로 노조 가입율이 지속적으로 하락했다. 이에 더해, 흑인민권운동을 중심으로 한 인종 문제에 대한 적극적 개입은 백인 유권자들의 민주당 지지율 감소로 이어졌다. 1964년 민주당 대선 후보였던 린든 존슨(Lyndon Johnson, 재임 1963-1968)이 백인 유권자로부터 60%

....

1   2차원 공간 모형을 이용한 미국 정당의 위치 변화에 대한 설명 방식은 Miller and Scho-field(2003)와 Martin, Miller, and Schofield(2003)의 연구를 참고했다. 무역정치를 자산 이동성과 역내외 희소성 차이라는 2차원 공간에서 설명하는 것은 이 책에서 처음 시도된 것이다.

이상을 얻는 압도적 승리를 한 이후에는 대선에서 민주당 후보가 백인 유권자로부터 40% 이상을 얻지 못하는 백인 유권자 이탈 현상이 나타났다(Macdonald 2021).

세계화 시대 미국의 무역정치

1992년 대통령 선거에서 보호무역을 주장한 제3후보인 로스 페로(Henry Ross Perot Sr.)가 보수유권자의 표를 현직 대통령인 조지 H. 부시(George H. Bush)와 나눠 갖게 되면서 민주당의 빌 클린턴(Bill Clinton)은 42대 미국 대통령으로 당선되었다.[2] 클린턴은 자유무역과 금융개방을 선호하는 정책결정자들을 대거 기용하면서 노동조합과 복지에 묶여 있던 민주당 노선에 변화를 주고자 했다. 클린턴 정부의 핵심 각료로 대거 등장한 이들 뉴데모크라트(New Democrat)[3]들은 민주당을 점차 제1사분면에 집중하는 방향으로 회전시켰다. 특히 골드만 삭스에서 26년을 일했던 로버트 루빈(Robert Rubin, 재임 1995-1999) 재무부 장관, 루빈에 이어 재무부 장관을 지낸 로렌스 서머스(Lawrence Summers, 재임 1999-2001), 그리고 앨런 그린스펀(Alan Greenspan, 재임 1987-2006) 연방준비은행 총재는 재정 축소와 금융

....

2   페로는 자유무역과 NAFTA에 대한 반대 입장을 내걸으며 돌풍을 일으켜 선거에서 18.9%라는, 제3후보로는 1912년 이래 가장 높은 득표율을 기록했으나 단 한 표의 선거인단도 확보하지 못했다. 빌 클린턴은 43%의 득표율로 370개의 선거인단 표를 가져갔고, 조지 H. 부시는 37.5%의 득표율로 168개의 선거인단 표에 그쳤다.

3   뉴데모크라트에 대한 언급은 1990년 소위 뉴올리언즈 선언으로부터 시작된 것으로 알려져 있다. 이들은 "경제성장, '정부 확대가 아닌 기회 확대', 범죄자에 대한 단호한 처벌, 그리고 세계 시장에서 미국의 경쟁력 제고"를 민주당이 추구해야 할 새로운 철학이라고 강조했다. Robin Toner, "Eyes to Left, Democrats Edge Toward the Center", *The New York Times*, March 25, 1990.

자유화로 특징지어지는 신자유주의 경제정책의 밑그림을 완성했다.

자유무역과 금융개방을 핵심으로 하는 신자유주의 정책방향으로 움직이는 뉴데모크라트 민주당에 대응하기 위해, 공화당은 연방정부의 힘에 대항하는 주정부의 권리를 옹호하고 농촌 지역과 공업 지역에서 세계화의 위협에 내몰린 백인들의 목소리에 더욱 집중하기 시작했다. 그 첫 출발점은 1994년 의회 선거였다. 로널드 레이건(Ronald Reagan, 재임 1981-1989) 대통령의 미국 의회 연설 내용을 바탕으로 한 "미국과의 계약"(Contract with America)이라는 선거 강령을 내걸고 공화당 하원의장 뉴트 깅그리치(Newt Gingrich)가 전국적 선거 캠페인을 벌인 결과, 공화당은 20세기 후반 처음으로 상·하원 모두에서 다수당 지위를 획득했다.

2000년 대통령 선거에서 공화당은 1954년 이후 처음으로 대통령직과 상하원을 모두 석권하여 공화당 단점정부(unified government)를 구성하였다. 복음주의 기독교인들의 압도적인 지지를 받으며 민주당의 앨 고어(Al Gore)를 물리친 공화당의 조지 W. 부시는 임기 초반 클린턴 행정부의 외교정책으로부터 큰 변화를 보이지 않았다. 그러나 집권 9개월 만인 2001년 9월 11일에 발생한 뉴욕 무역센터에 대한 테러 공격으로 조지 W. 부시 정부의 대외정책은 "테러와의 전쟁"에 집중하게 된다. 전시대통령(wartime president)의 막강한 권한을 가지게 된 조지 W. 부시 정부는 국제법을 무시하고 이라크와 아프가니스탄을 침공하여 후세인과 탈레반 정부를 무너뜨린다. 그러나 조지 W. 부시 정부에 대한 더 큰 도전은 미국 밖에 있는 것이 아니라 미국 안에 있었다. 클린턴 정부 이래 지속되어온 미국 경제의 호황을 떠받쳐주던 금융시장이 2007년 말 주택담보증권의 부실로 인해 붕괴했고, 이는 미국 은행 부문 전체로 확산되었다. 금융시스템이 불안정한 개발도상국에서나 있을 법한 대규모 금융위기가 금융선진

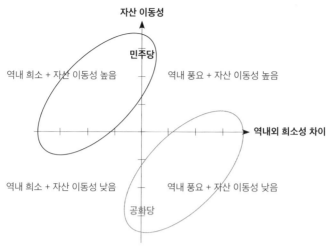

그림 6-2 세계화 시대 미국 무역정치의 당파적 대립 구도

위 그림 내 텍스트:

자산 이동성

민주당

역내 희소 + 자산 이동성 높음

역내 풍요 + 자산 이동성 높음

역내외 희소성 차이

역내 희소 + 자산 이동성 낮음

역내 풍요 + 자산 이동성 낮음

공화당

국을 자부해오던 미국과 유럽의 주요금융기관에서 연쇄적으로 발생하면서 금융부문의 과도한 팽창이 가진 위험성에서 자유로운 국가는 아무도 없다는 점이 명확해졌다.

〈그림 6-2〉에서 제3사분면의 유권자들(역내 희소성과 낮은 이동성의 자산 보유자들)은 멀어지는 민주당과 가까워지는 공화당 사이에서 아직 확실하게 입장을 정하지 못한 모습을 보인다. 테러와의 전쟁은 미국인을 성조기 아래로 단결시켰지만 2007-2008년의 금융위기는 1990년대 이래 20년간 지속된 금융 자유화가 결국 최상류층을 위한 폰지(Ponzi) 사기와 같은 것이라는 불신을 광범위하게 확산시켰다 (〈그림 6-3〉). 금융위기 직후 진행된 2008년 대통령 선거에서 민주당은 최초의 흑인 대통령 후보 버락 오바마(Barack Obama)를 내세웠고 공화당은 베트남전 영웅인 존 매케인(John McCain)을 후보로 내세웠다. 금융위기로 인해 그나마 가지고 있던 부동산 가치가 바닥을 치고 불황의 끝에 내몰린 제3사분면의 유권자들이 민주당과 공화당 중 어느 당이 자신의 진정한 정치적 대변인인지를 확인하는 것은 아

그림 6-3 월스트리트 점거 운동(Occupy Wall Street) 시위대의 모습
출처: 왼쪽 사진(https://i.insider.com/4e93147e6bb3f7d118000004), 오른쪽 사진(https://theweek.com/articles/481295/occupy-wall-street-protesters-what-exactly-want)

직 매우 어려운 과제였다.

미국 최초의 흑인 대통령으로 당선된 버락 오바마는 상하원을 모두 민주당이 장악한 민주당 단점정부로 출발하며 대대적인 개혁을 선포했다. 먼저 임기 초반부에 총 8,000억 달러가 넘는 경기부양책을 내세우며 금융시스템을 정상화하는 데 집중했다. 먼저 금융 소비자들을 금융기관의 위험한 투자로부터 보호하는 내용을 핵심으로 하는 도드–프랭크 금융개혁법(Dodd–Frank Wall Street Reform and Consumer Protection Act)을 통과시켰다. 또한 오바마 정부는 건강보험 개혁을 통해 미국 중산층의 사회적 안전망을 구축하고자 했으며 이민법 개정을 통해 다인종연합을 민주당의 핵심 지지층으로 묶어내고자 했다. 그러나 이러한 오바마 정부의 노력은 오히려 인구 구성에서 점차 유색인종에게 밀려나고 있는 백인 유권자들의 불안을 자극했고 이는 티파티 운동(Tea-party movement)과 같은 극단적인 백인 중심 풀뿌리 사회운동으로 번져나갔다(〈그림 6-4〉).

2012년 비교적 온건 보수파로 분류되는 미트 롬니(Mitt Romney)가 공화당 후보로 선출된 것은 공화당 내에서 티파티 운동으로 대표되는 극단적인 보수주의 세력의 힘이 아직 전통적인 온건 보수주의

그림 6-4 티파티운동 시위대의 모습
출처: 왼쪽 사진(https://reason.com/2018/02/11/the-tea-party-is-dead-long-live-liberty/), 오른쪽 사진
(https://www.businessinsider.com/who-is-really-behind-the-tea-party-movement-2011-8)

세력을 밀어내기에는 역부족이었던 상황을 잘 보여준다. 롬니는 매사추세츠 주지사를 지낸 온건 보수주의자로, 기업가 출신답게 경제 문제에 강점을 보였다. 그는 오바마 행정부의 경기부양책과 건강보험 개혁을 비판하며 시장 중심의 경제정책을 강조했으며 사회적 이슈에 있어서는 낙태 반대와 같은 보수적 입장을 취하면서도 극단적인 주장은 자제하는 모습을 보였다. 이런 이유로 롬니는 티파티 운동으로 상징되는 공화당 내 극우 세력의 지지를 확보하는 데 한계를 보였다. 롬니를 대선 후보로 선출한 것은 당내 극우 세력의 목소리를 부분적으로 대변하면서도 오바마에 맞설 수 있는 온건한 이미지의 후보가 필요했던 공화당의 사정을 반영한 것이었다.

하지만 이러한 타협은 오바마 대통령의 재선을 막기에는 역부족이었다. 결국 롬니는 선거에서 오바마에게 패배했고, 이는 공화당 내 보수 세력 간의 갈등을 더욱 증폭시키는 계기가 되었다. 티파티 운동으로 결집된 극단적 보수주의 세력은 롬니의 패배를 온건 보수주의의 실패로 규정하고 더욱 극단적인 방향으로 나아갈 것을 주장했다. 이는 이후 트럼프라는 극단적인 후보의 등장에 유리한 환경을 조성하는 데 일조하게 된다(손병권 2024).

2016년 선거와 미국 무역정치의 새로운 균열

이런 측면에서 2016년 미국 대통령 선거는 결정적 선거(critical election)였다.[4] 트럼프 후보의 등장과 당선은 〈그림 6-2〉의 애매한 양당 대립 구도를 〈그림 6-5〉에서 확인되는 바와 같이 선명한 대립 구도로 바꿔놓았다. 오바마의 미국 출생기록을 의심하는 운동(Birther movement or Obama citizenship conspiracy)에 앞장섰던 공화당의 트럼프 후보는 티파티 운동으로 집결된 제3사분면과 제4사분면의 백인 유권자들을 주목시킬 수 있는 메시지에 집중했다. 이런 측면에서, 스스로를 민주사회주의자로 칭하는 버니 샌더스(Bernie Sanders)가 아니라 힐러리 클린턴(Hillary Clinton)이 민주당 대통령 후보로 선출된 것은 트럼프에게 최고의 선물이었다. 힐러리 클린턴은 NAFTA를 통해 제3사분면과 제4사분면 백인 유권자들의 삶을 비참하게 망가뜨린 뉴데모크라트 대통령 빌 클린턴의 아내로, 백인들의 비참한 처지를 만들어낸 원흉으로 몰아세우기에 적격이었다.[5]

2016년 민주당의 당내 경선은 1990년대 뉴데모크라트의 출현 이후 민주당이 직면해온 정체성 위기를 정확하게 보여주었다. 2007-

....

4   "Critical election"이라는 개념은 미국의 정치학자 V. O. 키(V. O. Key Jr.)가 1955년 "A Theory of Critical Elections"라는 논문에서 처음 제시했다. 키는 특정 선거를 통해 기존의 정당 지지 구도에 근본적인 변화가 나타나며 이러한 변화가 이후 수십 년간의 정당 체제에 영향을 미치는 경향이 있다고 주장했다. 이후 월터 번햄(Walter Burnham)과 제임스 선키스트(James Sundquist) 등은 이 개념을 발전시켜 미국 정치사에서 1860년, 1896년, 1932년의 선거를 "critical election"으로 규정하고 이 선거들이 정당 체제의 재편성(party realignment)을 가져왔다고 분석했다(Burnham 1970).

5   이런 상황에 설상가상으로 힐러리 후보는 2016년 9월 9일 한 기금모임행사에서 트럼프 지지자들의 절반은 "한심한 자들"(the basket of deplorables)이며 이들 중 일부는 "구제불가능"(irredeemable)이고 "미국적이지 않다"(not America)고 말해, 큰 논란을 일으키게 된다. 이후 클린턴 후보는 이 발언에 대해 유감을 표했지만 트럼프 지지자들의 분노는 쉽게 가라앉지 않았다(Reilly 2016).

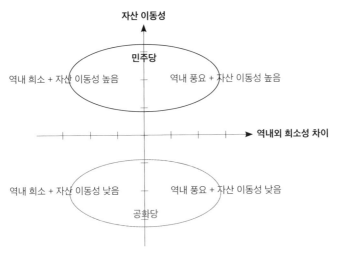

그림 6-5 2016년 이후 미국 무역정치의 당파적 대립 구도

2008년 금융위기를 거치며 소득 불평등과 금융산업의 도덕적 해이에 대한 비판이 민주당 지지자들 사이에서 점차 커져갔지만 민주당은 당의 통일된 입장을 정하지 못했다. 그러는 동안 민주당은 동성애 문제나 인종 문제, 이민 문제에서 포용적인 입장으로 대변되는 '대도시 지역 대학 졸업자의 정당'이라는 이미지가 점차 굳어졌다. 자연스럽게 고졸 이하, 비도시 지역 민주당 지지자들의 목소리와 존재감은 민주당 안에서 약해져갔다. 2016년의 민주당 경선은 제3사분면과 제1사분면에 기반을 둔 민주당 내의 세력이 제2사분면의 민주당 핵심 지지층을 두고 벌인 작은 전쟁이라고 볼 수 있다. 버니 샌더스 후보를 필두로 한 민주사회주의자들은 국가의 적극적인 개입으로 소득 불평등을 개선하고 금융산업에 대한 대대적인 개혁을 통해 부의 집중을 막아야 하며 개입주의 외교정책과 자유무역협정을 중단해야 한다고 주장했다. 버니 샌더스의 선거 공약은 제3사분면의 '이익'과 제2사분면의 '가치'를 결합한 노선이었다.

반면 힐러리 클린턴 후보를 앞세운 민주당 주류 세력은 자유주의 국제질서에 대한 기존 민주당의 노선을 바꿀 생각이 전혀 없었다. 그들은 개입주의 외교정책에서의 일관성, 경제정책에서의 개방성을 그대로 유지하면서 소득 불평등과 자유무역의 폐해를 줄여나가는 노선을 제시했다. 제 3사분면이 체감하는 경제적 고통과 불안에 대한 민주당의 대답은 여전히 '보상'(compensation)이었다. 자유무역협정의 즉각적인 '중단'을 외치는 트럼프와 샌더스는 민주당 주류의 눈에는 자유주의 국제질서를 파괴하려는 극단적인 세력으로 인식되었다. 샌더스의 도전은 거셌지만 흑인들의 집중적인 지지를 받은 힐러리 클린턴은 경선에서 쉽게 승리할 수 있었다.

2016년 선거를 통해 공화당은 지난 40여 년에 걸쳐 진행된 당파적 대립 구도에서의 이동을 마무리 지었다. 2016년 이후의 공화당은 자유무역과 세계화, 그리고 개입주의적 외교정책이 모두 민주당에 의해 주도된 정책이었다고 선전하고 농촌 지역에 사는 백인들(rural White)의 가치를 중심으로 하는 정당으로 새롭게 자리매김했다. 자유무역에 대한 반대로부터 시작된 공화당의 새로운 정체성 찾기 노력으로 농촌 지역 백인들에게 소구력이 있는 모든 가치를 선거에 총동원하기 시작한다. 선거 과정과 대의제에 대한 불신, 음모이론의 수용, 낙태 합법화나 LGBT(lesbian, gay, bisexual, and transgender) 운동에 대한 강한 거부감, 권위주의에 대한 포용성, 총기 소유와 폭력에 대한 관용, 인종주의, 이민에 대한 반대와 같은 입장들이 하나의 패키지가 되어 민주당이 만든 "사회주의적 재난"(socialist disaster)에 대한 대안으로 제시된다(Schaller and Waldman 2024, 4). 2016년 이후 세 번의 선거를 거치면서 트럼프주의(Trumpism)를 따르는 공화당 정치인들은 자유무역에 대한 반대보다 "문화전쟁"으로 민주당과 민주당이 표방하는 자유주의 이념, 그리고 자유주의 외교정책을 공격하는 것이 훨씬 효과적이라고 확신하게 된다. 그들의 메시지는 이제 다음과 같이 변화했다.

저 리버럴들[민주당 정치인과 지지자들]이 당신과 당신의 가족에게 올 것입니다. 당신은 가장 진정한 미국인이지만 그들은 당신과 당신이 표방하는 모든 것을 혐오합니다. 그들은 당신을 인종차별주의자라고, 레드넥(redneck)[6]이라고 부릅니다. 그들은 성(性)과 가족에 대한 변태스러운 이념을 당신에게 강요하고 싶어 합니다. 그들에 대해 가장 잘 싸울 수 있는 방법은 공화당에 투표하는 것입니다. 당신이 학교에서 배운 민주적 원칙 따위는 잊어버리세요. 왜냐하면 지금은 전쟁이니까요. 전쟁에서 공정하게 싸우는 것은 없습니다 (Schaller and Waldman 2024, 106).

2016년 대통령 선거를 통해 공화당은 자산 이동성이 낮고 역내 희소성이 높은 집단(제3사분면)과 농촌 지역의 유권자(제4사분면)를 대변하는 정당이 되었고, 민주당은 자산 이동성이 높은 도시 지역의 고학력 유권자(주로 제2사분면)와 개방을 통해 가장 많은 이익을 향유하는 금융자산 소유층(제1사분면)을 대변하는 정당으로 변모했다. 1960년대 중반부터 시작된 백인 중하층의 민주당 이탈 현상이 50년이 지난 2016년 대통령 선거에서 중요한 마침표를 찍었다고 볼 수 있다.

....

6   야외에서 힘든 육체노동을 하는 사람들의 목 뒤가 햇볕에 그을려 붉게 된 것을 가리키는 표현으로, 농촌 또는 소도시 지역의 백인 육체노동자를 비하하는 표현이다. 주로 교육 수준과 소득 수준이 낮은 남부 지역의 백인들을 지칭한다.

세기의 자리바꿈

남북전쟁이 끝난 후부터 1930년 허버트 후버(Herbert Hoover, 재임 1929-1933) 대통령 시기까지 미국 공화당은 보호무역주의 정당이었다. 당시 보호무역주의 노선을 공화당의 제1정책으로 앞세운 사람은 윌리엄 매킨리 대통령이었다. 매킨리는 하원의원 시절부터 스스로를 관세맨(Tariff Man)이라 부르며 보호무역에 깊은 관심을 보였고 공화당은 관세 강령(tariff platform)을 중심으로 선거를 치러야 한다고 주장했다. 당시 미국 중부와 북동부의 공업 지역에서 생산된 제품들은 유럽이나 남미로부터 수입되는 제품에 비해 경쟁력이 떨어졌다. 따라서 이 지역에서 많은 표를 얻던 공화당 의원들에게 관세 인상은 핵심적인 선거 전략이었다. 그들은 관세인상을 이 지역 상공인들의 지지를 결집할 수 있는 강력한 수단으로 활용했다. 매킨리는 자유무역에 반대하는 자신의 정치적 입장을 다음과 같이 설명했다.

자유무역은 외국 생산자에게 우리[미국인]와 동등한 특권을 부여합니다. 어떤 원칙에 따라 공정한 경쟁을 해야 할까요? 자유무역은 외국 생산자의 값싼 노동력의 산물을 이 시장에 끌어들여 더 높은 임금으로 생산된 국내 제품을 파괴합니다. 우리 공장을 파괴하고 우리 임금을 그들 수준으로 낮춥니다. 해외 생산은 증가하지만 국내 생산은 감소합니다. 자유무역은 항상 이러한 결과를 만들어 냅니다. 민주당 플랫폼은 이러한 결과를 요구하고 있으며 어떤 대가를 치르더라도 그 결과를 만들려고 할 것입니다.[7]

7   William McKinley, "An Address By McKinley: Thousands Listen to Ohio's Governor at Beatrice", *New York Times*, August 3, 1892, p. 2

반면 민주당은 전통적으로 농업 지역의 지지를 받았기 때문에 공화당의 보호무역주의에 반대하고 자유무역을 지지하는 입장을 취했다. 농산물 수출에 의존하는 남부와 중서부 지역의 농민들은 관세 인상으로 인한 물가 상승과 보복 관세로 인한 수출 감소를 우려했기 때문이다. 민주당의 자유무역 노선을 대표하는 정치인으로는 테네시 출신의 코델 헐(Cordell Hull)을 들 수 있다. 헐은 1907년부터 1931년까지 도합 22년 동안 테네시주 민주당 하원의원을 지내면서 하원에서 강력한 권한을 지닌 세입세출위원회 활동을 통해 관세 인하를 위한 의정 활동을 전개했다. 그 후 상원의원을 거쳐 1933년부터 1944년까지는 프랭클린 루스벨트(Franklin Roosevelt, 재임 1933-1945) 대통령 밑에서 국무장관을 역임하면서 대통령에게 상호 관세 인하를 위한 협상 권한을 위임하는 RTAA의 제정을 주도했다. 이와 같이 1932년 이전까지 민주당과 공화당은 자유무역과 보호무역이라는 선명한 당파적 차이로 구분되었다.

공화당의 보호무역 노선은 1930년 스무트-홀리 관세법안(The Smoot-Hawley Tariff Act)의 통과에서 정점을 이루었다.[8] 대공황으로 각 국가의 경제적 기반이 이미 무너진 상태에서 통과된 스무트-홀리 관세법안은 국가들 간의 보복 관세 전쟁을 야기함으로써 이미 꽁꽁 얼어붙은 세계 경제에 찬물을 끼얹었다. 1,028명이 넘는 경제학자들이 대통령의 거부권 행사를 요구하는 청원을 했지만, 2년 뒤 재선을 앞둔 후버 대통령은 이러한 전문가들의 청원을 무시하고 법안에 서명했다. 스무트-홀리 관세법안은 사실 후버 대통령의 선거 공약이자 공화당이 유권자와 한 약속이었기 때문이었다. 국제금융 전문가이자

....

8   하원 법안은 공화당 의원 244명과 민주당 의원 20명이 찬성하여 264 대 147의 표결로 통과되었고, 상원 법안은 공화당 39명과 민주당 5명이 찬성하여 44 대 42의 표결로 통과되었다.

전쟁 부채를 해결하기 위해 후버 대통령을 도왔던 대통령 측근 토머스 러몬트(Thomas Lamont)은 "나는 거의 후버 대통령에게 이 무의미한 스무트-홀리 관세법안에 반대하라고 무릎을 꿇을 뻔했다. (…) 결국 이 법안은 전 세계의 민족주의를 강화시켰다"고 탄식했다(The Economist 2008).

대공황 속에서 치러진 1932년 대통령 선거를 통해 미국의 무역정치는 중대한 전환점을 맞이하게 된다. 민주당의 프랭클린 루스벨트 후보는 재임자인 후버 대통령을 간단히 물리치고 민주당에 80년 만에 가장 큰 승리를 안겨주었다. 1932년 선거는 1980년 레이건의 당선 이전까지 미국 정치에서 민주당의 헤게모니를 가능케 했던 "결정적 선거"로 일컬어진다(Sundquist 1983). 〈그림 6-6〉은 1932년 선거에서 루스벨트와 후버의 득표율을 카운티별로 시각화한 것이다. 루스벨트는 북동부를 제외한 거의 모든 지역에서 높은 지지를 받았는데 특히 남부 지역에서 가장 집중적인 지지를 받았음을 확인할 수 있다.

대통령에 당선된 프랭클린 루스벨트는 자신의 브레인 트러스트(brain trust, 정치적 고문그룹)에게 경제정책을 맡겼으나 관세 전문가인 코델 헐을 국무장관에 기용하면서 관세 문제만큼은 그에게 위임했다. 대표적인 자유무역주의자였던 헐은 의회로부터 외국과의 관세 협상권을 위임받는 것을 핵심으로 하는 RTAA의 통과를 이끌어냈다. 또한 미국이 체결하는 모든 무역협정에 조건 없는 최혜국대우 조항(unconditional most favored nation clause)을 포함하여 미국이 주도한 관세 삭감이 다른 국가들로 퍼져나갈 수 있도록 했다. RTAA의 통과로 미국의 무역정치는 보호무역 균형점에서 자유무역 균형점으로 무게중심이 이동했고, 민주당은 RTAA를 지속적으로 유지하여 자유무역 균형점을 지키는 자유무역주의 정당이 되었다. RTAA는 전후

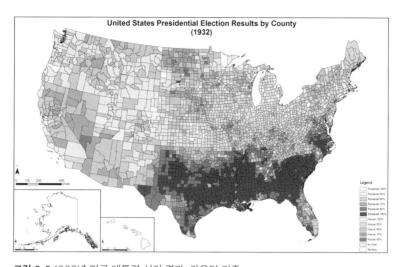

그림 6-6 1932년 미국 대통령 선거 결과: 카운티 기준

(http://www.nhgis.org derivative work: Tilden76-Own work. Original shapefile downloaded from: Minnesota Population Center. National Historical Geographic Information System: Version 2.0. Minneapolis, MN: University of Minnesota 2011. http://www.nhgis.org Presidential election results by county(1932). Colors based on Colorbrewer 2.0.)

미국 무역정치를 이해하는 가장 중요한 제도적 개혁이다. RTAA의 중요성과 약점에 대해서는 다음 장에서 자세하게 언급할 것이다.

    RTAA의 통과 이후, 민주당과 경쟁하는 공화당은 새로운 균형점을 수용하는 방향으로 입장을 바꾸게 되었다. 양당은 절차적인 문제를 제외하면, 1940년대와 1950년대를 거치는 동안 무역정치에서 뚜렷한 대립각을 세우지 않았다. 그 배경에는 RTAA가 가져온 제도적 변화와 함께 두 번의 세계대전을 거치면서 급성장한 미국의 북동부 공업 지역의 경쟁력이 자리 잡고 있었다. 미국 제조업은 20세기 초와는 달리 이제 세계에서 가장 훌륭한 상품을 만들어내는 세계의 공장이었다. 따라서 보호무역주의는 미국 산업계와 노동계의 이익에도, 외교정책 엘리트의 전략에도 맞지 않는 시대착오적인 주장으로 인식되었다. 공화당은 고립주의 외교 노선도, 보호무역주의 노선도 버리고 새로운 정당으로 거듭나고 있었다.

공화당이 보호무역주의에 대한 입장을 포기함으로써 미국 무역정치에서 보호무역을 옹호하는 정치적 목소리는 약화되었다. 물론 1960년대와 1970년대 미국 제조업이 서유럽과 일본의 추격을 받게 되면서 제조업 노동조합을 대변하는 민주당 의원들이 국내 산업에 대한 보호와 불공정 무역 관행에 대한 주장을 제기하는 경향이 강해져 가긴 했지만 보호무역주의가 미국 무역정치의 전면에 부상하는 일은 없었다.

아이러니하게도 보호무역에 대한 가장 적나라한 공격은 시장 주도 개혁을 표방하며 외교적으로는 공산주의 세력과의 전면적인 대결을 꾀한 로널드 레이건에게서 나왔다. 레이건 행정부는 보호무역을 경제에 대한 국가 개입의 한 형태로 간주하며, 이를 소련과의 경쟁에서 미국의 영향력을 저해할 수 있는 해로운 정책으로 평가했다. 이로써 1930년 스무트-홀리 관세법안을 통과시킨 공화당이 1980년대 레이건 행정부에 와서 자유무역을 옹호하고 보호무역을 배척하는 정당으로 완전히 자리 잡게 되었다. 다음 연설은 레이건 대통령의 자유무역에 대한 신념을 잘 보여준다.

정부가 무역에 지나치게 개입하면 경제적 비용이 증가하고 정치적 분쟁이 증가합니다. 평화가 위협받습니다. 1930년대에 전 세계는 보호무역주의와 무역 전쟁이라는 추악한 유령을 경험했고, 결국 실제 전쟁과 전례 없는 고통과 인명 손실이 발생했습니다. 우리 시장을 지키기 위해 성조기를 들어야 한다고 믿는 사람들이 있습니다. 그들은 보호무역주의를 다시 받아들이고 우리 시장을 세계 경쟁으로부터 고립시킬 것입니다. 하지만 지난번[1930년 스무트-홀리 관세]에 미국이 그런 시도를 했을 때 전 세계에 엄청난 경제적 고통이 있었습니다. 세계 무역은 60%나 감소했고, 미국 젊은이들은 곧 성조기를 들고 제2차 세계대전에 참전했습니다. 저는 그 불행한 시절의 교훈을 잊지 않을 만큼 충분히 나이가 들었고 현명하다고 생각합니다. 다시는 세계가 그런 악몽을 겪어서는 안 됩니다. 우리는 무역 파트너들과 같은 배를 타고 있습니다. 한 파트너가 배에 구명을 뚫으면 다른 파트너가 배에 또 다른 구명을 뚫는 것이 합리적일까요? 어떤 사람들은 그렇다고 말하며 이를 강해지는 것(getting tough)이라고 말합니다. 저는 어리석은(stupid) 일이라고 생각합니다. 우리는 구명을 뚫는 것이 아니라 구명을 막기 위해 함께 노력해야 합니다. 우리는 자유 시장과 공정 무역이라는 배를 강화하여 전 세계를 경제 회복과 정치적 안정으로 이끌 수 있도록 해야 합니다.[9]

그런데 같은 기간 미국의 민주당은 정반대의 길을 걸었다. 1930년대 RTAA와 조건 없는 최혜국대우 조항을 옹호하던 자유무역 정당에서 유럽과 일본으로부터의 수입품에 일자리를 잃어가는 미국 노동자를 대변하며 자유무역에 대해 비판적인 정당이 되었다. 단 50년 만에 미국 무역정치에서 공화당과 민주당의 위치가 거의 정반대로 뒤바뀐 것이다.

2016년 선거에 나선 공화당의 트럼프 후보는 레이건이 정한 공화당의 자유무역 노선을 100년 전 공화당 매킨리의 보호주의 노선으로 되돌려놓았다. 트럼프의 자유무역에 대한 공격은 매우 정교하게 제3사분면의 유권자들을 정조준하고 있었다. 이들이 느끼는 불안과 고통, 그리고 이를 종식시킬 수 있는 신뢰할 만한 이행약속(credible commitment)을 제시하는 것이 트럼프의 전략이었다. 트럼프는 샌더

....

9   Ronald Reagan, "Radio Address to the Nation on International Free Trade", November 20, 1982(https://www.reaganlibrary.gov/archives/speech/radio-address-nation-international-free-trade).

스와 마찬가지로 '보조금'이 아니라 일자리를 지켜줌으로써 제3사분면 유권자들이 인간으로서의 존엄(dignity)을 계속 유지할 수 있도록 해주겠다는 약속을 했다. 정부로부터 발행되는 수표를 받아 생활하는 것을 수치스럽게 생각하는 미국의 유권자들에게 민주당 주류가 제시하는 '보상' 중심의 해결책은 근본적인 해결책이 아닐 뿐만 아니라 부끄러운 해결책이었던 반면, 트럼프가 말하는 보호무역을 통한 미국 일자리 지키기는 더 본원적이며 당당한 해결책으로 들렸다.

트럼프의 무역에 대한 입장이 잘 담겨 있는 2016년 6월 28일 펜실베이니아주 모네슨시 캠페인 연설을 길게 인용해보자.

펜실베이니아 제철소 노동자들의 유산은 훌륭한 미국 풍경을 이루는 교량, 철도, 고층빌딩에 살아 있습니다. 그러나 우리 노동자들의 충성심은 완전한 배신으로 보상받았습니다. 정치인들은 우리의 일자리, 부, 공장을 멕시코와 해외로 옮기는 세계화 정책을 적극적으로 추진해왔습니다. 세계화는 정치인들에게 기부하는 금융 엘리트들을 매우 부유하게 만들었습니다.

말하기 싫지만, 저도 과거에는 그들 중 한 사람이었습니다. 하지만 그것은 수백만 명의 노동자들에게 가난과 비탄만 남겼습니다. 보조금이 지원되는 외국 철강이 우리 시장에 덤핑되어 우리 공장을 위협할 때, 정치인들은 아무것도 하지 않았습니다. 수년 동안, 그들은 우리 일자리가 사라지고 우리 지역 사회가 대공황 수준의 실업에 빠지는 것을 구경만 했습니다. 이런 지역들 중 많은 곳이 회복되지 못했고 제가 대통령이 되지 않는다면 영원히 회복되지 못할 것입니다. 정치인들은 국민이 생계를 꾸리고 가족을 부양할 수 있는 수단을 빼앗아갔습니다. 숙련된 기능공과 상인, 공장 노동자들은 자신들이 사랑하는 일자리가 수천 마일 떨어진 곳으로 옮겨가는 것을 지켜봐야 했습니다.

한때 번영하고 활기찼던 많은 펜실베이니아 마을들이 지금은 완전히 방치된 상태입니다. 이 세계화의 물결이 완전히, 완전히 우리의 중산층을 쓸어버렸습니다. 하지만 이렇게 될 필요는 없습니다. 우리는 이것을 되돌릴 수 있고, 빨리 되돌릴 수 있습니다. (…)

매우 유감스럽게도 우리는 우리나라를 믿는 것을 멈추면서 길을 잃었습니다. 미국은 세계 최고의 생산국가가 됨으로써 세계 최고의 경제 대국이 되었습니다. 여러분은 여기서 그것을 알고 있습니다. 이렇게 창출된 부는 널리 퍼져 세계에서 가장 큰 중산층을 만들어 냈습니다. 그러나 그 후 미국은 정책을 바꾸어 미국 내부의 개발 촉진이 아닌 다른 나라의 개발 촉진으로 나아갔습니다. (…)

미국은 1997년 이후 제조업 일자리의 거의 1/3을 잃었습니다. 인구가 5천만 명 증가했음에도 불구하고 말이죠. 이 재앙의 중심에는 빌 클린턴과 힐러리 클린턴이 추진한 두 가지 무역협정이 있습니다. 첫째, 북미자유무역협정, 즉 NAFTA라는 재앙이 그것입니다. 둘째, 중국의 세계무역기구 가입입니다. NAFTA는 미국 역사상 최악의 무역협정이었습니다. 그리고 중국의 세계무역기구 가입은 미국 역사상 가장 큰 일자리 도둑질을 가능하게 했습니다. (…)

전 세계 제조업 무역 적자의 거의 절반이 중국과의 무역에서 비롯된 결과입니다. 지난 5월 경제정책연구소가 보도한 바와 같이 한국과의 일자리 죽이는 협상을 밀어붙인 것도 힐러리 클린턴 국무장관이었습니다. 이 협정으로 미국의 대한국 무역 적자는 두 배로 늘어났고 미국 내 일자리는 10만 개 가까이 사라졌습니다. 버니 샌더스의 말처럼 힐러리 클린턴은 이 나라 노동자들에게 수백만 개의 일자리를 잃게 한 거의 모든 무역협정에 찬성표를 던졌습니다.

무역 개혁과 훌륭한 무역 협상이야말로 일자리를 되찾을 수 있는 가장 빠른 방법입니다. (…) 트럼프 행정부는 또한 미국 인프라에 미국산 철강을 사용하도록 할 것입니다. 그리고 알루미늄도요. (…) 무역, 이민, 외교 정책에서 우리는 다시 미국을 우선시할 것입니다 (The Times 2016).

샌더스와 트럼프의 자유무역협정에 대한 집중적인 공격으로 자유무역협정은 2016년 대통령 선거의 가장 뜨거운 주제로 떠올랐다. 특히 NAFTA와 TPP에 대한 그의 집중적인 공격은 공화당 경선에서 그를 다른 후보들과 차별화한 중요한 주제였다. 1차 TV토론에서 트럼프는 힐러리 클린턴이 국무장관 시절 TPP를 홍보하기 위해 했던 발언을 집중 공격했다.

> **트럼프**: [TPP가] 무역협정의 황금 표준(gold standard)이라고 하셨죠. 지금까지 본 것 중 가장 훌륭한 거래라고 하셨죠.
> **클린턴**: 아니오.
> **트럼프**: 그런데 제가 그것에 대해 말한 것을 듣고 갑자기 반대하셨죠.
> **클린턴**: 도널드, 당신이 당신만의 현실에 살고 있다는 건 알지만 그건 사실이 아닙니다. 사실 저는 좋은 협상이 되길 바란다고 말했지만 협상이 타결됐을 때 반대했습니다(Kessler 2016).

사실 민주당 경선에서 샌더스의 공격을 받기 전부터 클린턴은 무역에 대한 애매모호한 입장 때문에 많은 비판을 받아왔다. 2007년 오바마와 경선을 벌이던 중 NAFTA는 미국이 기대했던 결과를 가져오지 못한 실수(mistake)였다고 말했으며, 오바마 행정부에서 국무장관을 하는 동안에는 TPP 협정을 빠르게 성장하는 아시아·태평양 지역과 미국을 긴밀하게 묶는 중요한 도구로 강조했다(The Associated Press 2007). 2016년 5월에는 "저는 무역을 믿습니다. 우리는 전 세계 인구의 5%에 불과합니다. 우리는 나머지 95%와 무역을 해야 합니다. 무역은 평균적으로 미국 경제에 긍정적인 영향을 미쳤습니다"라는 입장을 취했다가 샌더스와 트럼프의 반자유무역 공격이 거세지면서 TPP와 NAFTA 모두에 대해 점차 모호한 입장으로 변해갔다(Perry 2016; Donnan 2016).

이러한 무역에 대한 클린턴의 일관되지 못한 입장은 2008년에는 오바마에 의해 그리고 2016년에는 샌더스와 트럼프에 의해 집중적인 공격을 받았다. 2008년 오바마는 오하이오주 유세에서 다음과 같이 클린턴을 공격했다.

NAFTA로 인해 100만 개의 일자리가 사라졌으며, 그중 오하이오주에서만 5만 개 가까운 일자리가 사라졌습니다. 그런데도 NAFTA가 통과된 지 10년 후, 클린턴 상원의원은 NAFTA가 미국에 좋다고 말했습니다. 하지만 저는 NAFTA가 미국에 좋지 않다고 생각합니다. 그리고 한 번도 그렇게 생각한 적이 없습니다(CNN 2008).

그러나 무역에 대한 클린턴의 애매모호하고 일관되지 못한 입장은 사실 제3사분면 유권자들에 대한 명확한 입장을 택하지 못한 민주당의 모습에 다름 아니었다. 클린턴이 1993년부터 영부인에서 상

무역정책에 대한 정당 간 선호

6

원의원, 그리고 국무장관이라는 경력을 거쳐오는 동안 민주당이 역내 희소성에서 희소자산 보유자를 대변하는 정당(〈그림 6-1〉)에서 자산 이동성이 높은 집단을 대변하는 정당(〈그림 6-5〉)으로 이동하고 있다는 사실을 민주당 지도부와 클린턴은 정확하게 파악하지 못했다. 정치에 입문한 이래 일관되게 자유무역협정을 반대해온 샌더스와 정치권 밖에서 공화당의 대통령 후보로 갑자기 등장한 트럼프에게 민주당 주류의 자유무역에 대한 오락가락하는 입장만큼 공격하기 쉬운 대상은 없었을 것이다.

무역으로부터의 경제적 충격이 2016년 선거에 미친 영향은 〈그림 6-7〉에 잘 나타나 있다. 〈그림 6-7〉의 x축은 중국으로부터의 수입이 개별 통근 지역(commuting zone) 노동시장에 미친 영향에 대한 데이비드 아우터(David Autor), 데이비드 돈(David Dorn) 고든 핸슨(Gordon Hanson)의 자료를 개별 주 차원으로 재집계한 것이다(Autor, Dorn, and Hanson 2021). x축 오른쪽에 위치할수록 해당 통근 지역이 중국으로부터의 수입품에 의해 더 큰 경제적 충격을 받았음을 의미한다. y축은 공화당의 득표율 변화(Republican vote swing)로, 지난 대통령 선거에 비교해서 해당 대통령 선거에서 공화당 대통령 후보의 득표율 변화를 보여준다. 양의 값은 지난 대통령 선거 대비 공화당 후보의 득표율 증가를, 음의 값은 감소를 나타낸다. 왼쪽 그림은 2012년 대통령 선거 결과이고, 오른쪽 그림은 2016년 선거 결과이다. 그림에 표시된 점은 각 주별 관측치이고, 선은 Lowess(Locally Weighted Scatterplot Smoothing line) 방법을 이용한 비모수회귀선이다.

〈그림 6-7〉에서 확인할 수 있듯이 2012년 선거 결과는 '중국 충격'(China Shock)과 밀접한 상관성을 띠고 있지 않다. 비슷한 중국 충격을 받은 주에서도 공화당의 득표율 변화는 뚜렷한 패턴이 없이 양과 음의 값을 모두 취하고 있다. 반면 오른쪽 2016년 그림은 큰 차이

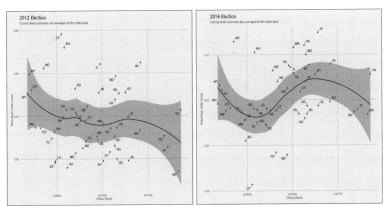

그림 6-7 2012년(왼쪽)과 2016년(오른쪽) 대통령 선거에서 공화당의 득표 변화(Republican Vote Jump)와 '중국 충격'(China Shock)의 주별 상관성: 공화당의 득표 변화 = 해당 대통령 선거의 공화당 득표율 - 지난 대통령 선거의 공화당 후보 득표율. 중국 충격은 Autor, Dorn and Hanson(2021)에서 측정된 중국으로부터의 수입이 개별 통근 지역의 노동시장에 미친 영향의 주별 평균.

를 보여주는데, 먼저 대부분의 주에서 공화당 후보의 득표율이 크게 증가했음을 알 수 있다. 증가 폭이 특히 컸던 주들은 중간 이상 수준의 중국 충격을 받은 주들로 오하이오, 미네소타, 아이오와, 조지아, 버몬트 등이다. 회귀선이 오른쪽 끝부분에서 다소 떨어지는 비선형성을 보이는 이유는 중국 충격을 가장 크게 받은 주가 테네시, 미시시피, 인디애나, 노스캐롤라이나와 같이 이미 높은 수준의 공화당 득표율을 보여주는 주들이기 때문이다.

7

1934 체제와 보호주의 대통령의 등장

앞 장에서 우리는 미국 무역정치에서 민주당과 공화당이 서로의 위치를 바꾸는 과정을 유권자의 경제적 선호 분포에 대한 2차원 공간 모형을 통해서 제시했다. 사분면 안에서 두 정당은 유권자의 지지를 얻기 위해 서로의 공간으로 침투하고 새로운 공간으로 이동했다. 이런 과정을 거치면서 공화당은 19세기 말-20세기 초 보호무역 정당에서 20세기 말 자유무역 정당으로, 그리고 21세기 초에는 다시 보호무역 정당으로 변화한 반면, 민주당은 19세기 말-20세기 초에는 자유무역 정당으로 출발해서 20세기 중·후반에 이르면 노동조합과 제조업의 이익을 대변하다가 1990년대 이후부터는 자유무역주의를 일관되게 지지하는 모습을 보였다.

여기서 우리는 한 가지 퍼즐에 직면하게 된다. 두 정당이 유권자들의 지지를 얻기 위해 무역에서 자기 위치를 끊임없이 재조정했음에도 불구하고 1934년부터 2016년까지 자유무역에 대한 공약을 철회하지 않았다는 점이다. 1934 체제는 왜 이토록 견고했는가? 그리고 그토록 견고하던 1934 체제는 왜 2016년 이후에 갑자기 붕괴되었는가? 이 장에서는 이에 대한 퍼즐을 풀기 위해 미국 무역정치에 대한 제도주의적 설명을 소개하고자 한다. 제도주의적 설명 중에서도 특히 주인-대리인 간 위임이론(theory of delegation)[1]과 마이클 베일리(Michael Bailey), 쥬디스 골드스타인(Judith Goldstein), 그리고 배리 웨인개스트(Barry Weingast)의 제도주의 설명(Bailey, Goldstein, and Weingast 1997)을 주로 활용할 것이다. 앞 장에서 소개한 자산모형이 미국 유권자들의 무역과 개방에 대한 '선호'를 설명하는 모형이라면 이 장에서 소개할 제도주의적 설명은 주어진 선호가 '정책'으로 이어지는 정책과정(policy process)에 대한 것이라고 할 수 있다.[2]

    민주주의 위임이론에서는 민주주의적 절차를 주인과 대리인 간의 연쇄적 계약으로 본다. 가장 중요한 시작점은 선거이다. 유권자는 국회의원이나 대통령을 직접 선출하는 과정을 통해 권력을 위임한다. 이것이 민주적 절차에서 발생하는 첫 번째 위임이다. 국회의원은 유권자로부터 위임받은 권력을 이용하여 유권자들의 뜻을 반영한 법률안을 만들고 시행령(법 시행에 필요한 세부사항) 작성 및 집행을 행정부에 위임한다. 여기서 입법부와 행정부 사이에서 이루어지는 두 번째 위임이 발생한다. 대통령제하에서는 행정부 수반이 직접 선출되기 때문에 행정부는 입법부로부터 오는 입법사항과 대통령이 직접

....
1   위임이론은 주인-대리인 이론과 직결되며 1980년대 이후 미국 정치학에서 가장 많은 연구가 진행된 분야라고 할 수 있다. 대표적인 연구로는 Epstein and O'Halloran(1999), McCubbins, and Schwartz(1984), Lohmann(1998), Bendor, Glazer, and Hammond(2001)가 있다.
2   여기서 정책 과정은 유권자의 선호가 제도적 행위자의 선호로 치환된 후 제도에 의해 정해진 규칙에 따라 정책으로 변환되는 과정을 말한다. 유권자 선호의 변화가 제도적 행위자의 선호로 변화되는 데 지체가 발생할 수 있고 같은 유권자/제도적 행위자 선호라고 해도 규칙이 달라지면 최종적으로 선택되는 정책도 달라질 수 있다(Cox and McCubbins 2001).

유권자로부터 부여받은 사항을 모두 반영하여 집행한다.

민주주의에서 위임은 주권자인 국민이 복잡한 사회, 외교, 경제 문제 등에 대한 결정을 전문가인 입법부와 행정부에 맡김으로써 보다 큰 효용을 얻기 위해 이루어진다. 그러나 모든 위임은 언제나 실패 가능성이 존재한다. 위임 실패가 일어나는 이유는 주인인 국민과 대리인인 입법부와 행정부가 1) 서로 상충되는 이해관계를 가지고 있을 때, 2) 주인과 대리인 사이의 정보가 비대칭적으로 분포되어 있을 때, 그리고 3) 주인이 대리인을 교체하는 비용이 매우 클 때 발생할 수 있다.

무역정치에서 발생하는 위임을 살펴보자. 주권자인 국민은 무역에서 발생하는 다양한 문제들에 대한 전문지식도, 경험도 없는 경우가 많다. 또한 무역과 관련된 국민의 이해관계도 동질적이지 않다. 전문지식을 가진 특정 이익집단에게 무역에 대한 정책 결정을 맡기는 것은 다수 국민의 이익에 반한 결정이 나올 수 있어서 위험하다. 따라서 국민의 대리인인 의회 또는 행정부에 무역에 대한 권한을 위임하여 국민경제 전체를 위한 최선의 선택을 하도록 하는 것이 적절하다.

미국 헌법 제1조 제10절 2항은 "어느 주(州)라도 연방의회의 동의 없이는 수입품 또는 수출품에 대하여 검사법의 시행상 절대 필요한 경우를 제외하고는 공과금 또는 관세를 부과하지 못한다. 어느 주에서나 수입품 또는 수출품에 부과하는 모든 공과금이나 관세의 순수입은 합중국국고의 용도에 제공하여야 한다. 또한 연방의회는 이런 종류의 모든 주법들을 개정하고 통제할 수 있다."고 명시하여 관세에 대한 결정권을 의회에 귀속시켰다. 또한 미국 헌법 제2조 제2절 2항은 대통령이 "출석한 상원의원의 2/3가 동의하는 경우 상원의 조언과 동의를 얻어 조약을 체결할 권한을 가진다"고 규정하여 외국과 진행되는 무역협정을 승인받기 위해서는 상원의원 2/3의 동의가 필요하다고 규정했다. 즉, 국내 관세에 대한 결정이나 외국과의 관세 협상의 승인에 대한 결정에서 미국 의회는 가장 결정적인 권한을 갖는 기관이다.

이것이 왜 결정적인 권한인지는 몇 가지의 예로 간단히 설명할 수 있다. 법안의 준비 과정에서 국회의원들은 자신이 속한 지역구의 이익이 걸린 품목의 관세에 대해 수정 권한(amendment)을 가지고 있으며 법안의 통과에 필요한 최종 투표에서 투표권을 가지고 있다. 또한 자신의 상임위원회가 해당 법안에 대한 관할권(jurisdiction)을 가질 경우 법안 내용에 대해 보다 광범위한 접근권을 갖는다. 만약 자신의 정당이 의회에서 다수당 위치에 있다면 법안 처리에 있어서 유리한 의회 절차를 활용하여 법안을 더 쉽게 통과시킬 수도 있다. 이러한 개별 의원들의 막강한 권한으로 인해 관세 법안은 다수당 의원들의 지역구 이익을 거의 모두 반영하는 로그롤링(log-rolling) 방식으로 마련되었다(Emerson 1916; Schattschneider 1935). 엘머 샤츠슈나이더(Elmer Eric Schattschneider)는 스무트-홀리 관세에 대한 고전적 연구에서 관세법안의 결정 과정에서 이익집단의 압력을 가장 중요한 요인으로 설명하였다(Schattschneider 1935). 샤츠슈나이더는 "상호 불간섭"(reciprocal non-interference) 원칙에 따라 의원들은 서로 이해가 충돌하는 경우에만 조정을 진행했으며 실제 조정이 일어난 관세 품목은 전체에서 매우 소수에 불과했다고 지적했다.[3]

....

3 리처드 컬핏((Richard Culpitt)과 에욀 엘리엇(Euel Elliot)은 샤츠슈나이더의 이익집단 압력정치 가설을 비판하며 상원에서의 투표 결과는 이익집단의 압력보다는 당파적 논리에 의해 더 잘 설명된다고 주장했다. Culpitt and Elliot(1994). 그러나 더글러스 어윈(Douglas Irwin)과 랜덜 크로스너(Randall Kroszner)는 이러한 주장을 재반박하며 상원에서의 투표가 당파적 변수에 의해 설명되는 듯하지만 실제 이는 지역구 이익에 기반한 투표 교환행위(vote trading)를 반영하는 것이라고 주장하며 샤츠슈나이더의 압력정치

외국과의 조약에는 상원의원 2/3의 동의를 얻어야 한다는 헌법 규정은 더 심각한 문제를 야기했다. 외국과의 관세 협상은 조약의 형태로 진행되는 것이 19세기와 20세기 초반 국제적인 관례였기에 대통령이 관세 협상이 포함된 외국과의 조약을 통과시키기 위해서는 상원의원 2/3 이상의 동의가 필요했다. 하지만 지역구 재선에 악재로 작용할 것이 뻔한 관세 삭감에 동의하는 상원의원을 2/3 이상 모으는 것은 매우 어려운 일이었다. 결국 이런 이유로 외국과의 관세 협상에서 대통령은 국내 비준 가능성에 대해 확답하기 어려웠고 미국 의회가 관세 삭감에 인색할 것이라는 점은 외국 정부와의 협상을 어렵게 만드는 요인이 되었다.

이런 이유로 이언 데슬러(Ian Destler)는 1934년 이전의 미국 무역정치를 특징지은 것은 보호무역진영에게 유리한 네 가지 정치적 불균형이라고 주장했다.[4] 네 가지 불균형은 〈표 7-1〉에 자세히 소개되어 있다.

이 네 가지 불균형은 모두 국회의원들이 자유무역 정책보다 보호무역 정책에 더 민감하게 반응하게 되는 유인구조를 만들어냈다. 그 대표적인 사례가 바로 스무트-홀리 관세이다. 보호무역의 혜택을 받는 이익집단들은 적극적으로 의원들을 압박했지만, 자유무역으로 이익을 얻을 수 있는 집단은 자유무역을 통한 이익을 불확실한 것으로 생각해서 적극적인 로비를 진행하지 않았다.

스무트-홀리 관세법안(H.R. 2667)은 1929년 5월 28일에 하원을 통과했다. 공화당 244명과 민주당 20명이 찬성했고, 공화당 12명과 민주당 134명, 그리고 농민노동당(Farmer Labor) 1명이 반대했다.

....

가설을 옹호했다. Irwin and Kroszner(1996).

4   여기에 소개되는 네 가지 불균형에 대한 설명은 데슬러의 책에 나온 내용을 토대로 필자의 주장에 맞게 새롭게 재구성한 것이다. Destler(2005).

표 7-1 1934년 이전 체제에서 나타난 미국 무역정치의 네 가지 불균형

불균형 종류	내용
집단행동 문제 극복에서의 불균형	자유무역의 혜택은 분산되어 있지만 보호무역의 혜택은 집중되어 있다.
이해관계의 강도에서의 불균형	잃을 것이 많은 사람들과 얻을 것이 있는 사람들 사이에는 잃을 것이 많은 사람들이 더 강한 선호를 가진다.
시간 지평의 불균형	보호무역을 선호하는 측은 분명한 현재의 이익을 지키고자 하는 반면, 자유무역을 선호하는 측은 불확실한 미래의 가능한 이익을 얻고자 한다.
소득과 자산에서의 불균형	보호무역을 선호하는 측은 소득이 떨어지고 생계가 막막한 사람들이 많은 반면, 자유무역을 선호하는 측은 소득이 높고 생계가 비교적 여유로운 사람들이 많다.

<그림 7-1>은 투표 결과를 시각화한 것인데, 북동부와 중부, 서부 지역의 공화당 의원들이 압도적인 찬성표를 던진 반면 남부 지역을 대표하는 민주당 의원들은 반대표를 던졌음을 확인할 수 있다. 주로 소속 정당에 의해 크게 표가 갈라졌지만 20명의 민주당 의원들 또한 공화당 의원들과 함께 찬성표를 던졌다. 북동부와 중부, 서부 지역의 민주당 의원들뿐만 아니라 남부 지역의 일부 민주당 의원들도 법안 통과를 도왔다.

한 가지 흥미로운 사실은 스무트-홀리 관세법안이 의회를 통과할 때, 세입세출위원회의 민주당 지도부인 코델 헐은 관세 결정 권한을 (공화당) 대통령에게 위임하려는 공화당의 시도를 맹비난했다는 점이다. 그는 관세에 대한 권한을 의회가 대통령에게 위임하면 의회 내의 자유무역주의자들이 관세 인상을 막기 어려울 것이라고 생각했다. 아이러니한 점은 바로 4년 뒤 대통령에게 관세 협상에 대한 권한을 위임하는 것을 핵심으로 하는 RTAA를 가장 적극적으로 추진한 사람이 바로 코델 헐이라는 사실이다(Snyder 1973; Kottman 1975).

또 하나 흥미로운 점은 하원에서 법안이 통과되는 데 공화당 세

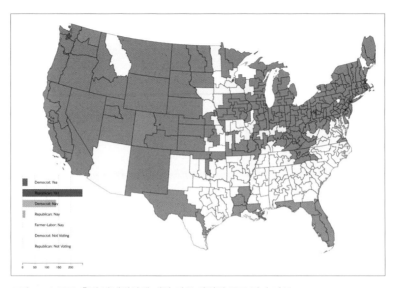

그림 7-1 스무트-홀리 관세법안에 대한 미국 하원의 투표 결과 지도
(https://voteview.com/rollcall/RH0710007). 상원의 투표 결과는 https://voteview.com/rollcall/RS0710295,
May 28, 1929(찬성 264 - 반대 147).

입세출위원회가 막강한 의제 설정 권한을 행사했다는 것이다. 1929
년 5월 9일 스무트-홀리 관세법안이 하원 본회의에 상정된 후 이에
대한 토론이나 수정안 제시는 거의 봉쇄되었고 세입세출위원회의 수
정안만 적용 가능하다는 규칙이 통과되었다. 공화당이 주도하는 세
입세출위원회는 5월 28일까지 법안 검토를 종료하고 모든 수정안과
법안 자체에 대한 투표를 실시하도록 규정한 규칙을 적용했다. 이로
써 세입세출위원회 외부의 의원이나 민주당 의원들은 법안의 수정
에 사실상 거의 영향력을 행사할 수 없었다. 이를 두고 민주당은 하
원 법안이 "채찍과 재갈"(whip and gag)로 통과되었다고 비판했다
(Irwin and Krosner 1996, 178).

BGW 모형

베일리 등이 제시한 모형(Bailey, Goldstein, and Weingast 1997,
이하 BGW 모형)을 기반으로 앞에서 제시한 2개의 퍼즐―왜 1934 체
제는 80여 년 동안 양당의 입장을 자유무역으로 수렴시킬 수 있었는
가? 왜 1934 체제는 2016년 대통령 선거를 기점으로 붕괴했는가?―
에 대한 답을 찾아보도록 하자. BGW 모형의 핵심 주장은 1934년
RTAA가 미국의 무역정치에 가져온 변화가 일시적인 당파적 변화가
아니라 구조적 변화(structural change)였다는 것이다. BGW 모형은
그 근거를 두 가지 제도적 규칙의 변화―대통령에 대한 관세 협상권
위임과 수정 없는 과반수 통과―에서 찾고 있다. 이 두 가지 제도적
규칙의 변화가 무역정치의 균형을 보호무역에서 자유무역으로 옮겼
고, RTAA가 지속적으로 의회의 승인을 받을 수 있는 근거를 마련했
다고 주장한다. 아래에서는 이들의 주장을 검토한 뒤 이들의 제도주
의적 설명이 갖는 의의와 한계에 대해 논할 것이다.[5]

〈그림 7-2〉는 1934년 이전 미국의 무역정치를 규정했던 제도적
행위자와 절차를 2차원 공간 위에 배치한 것이다. 여기서 고려되는
제도적 행위자는 대통령, 의회의 중위 투표자(floor median), 민주당

....

5   마이클 히스콕스(Michael Hiscox)는 RTAA의 효과에 대한 제도주의적 설명을 비판한
     바 있다. 그는 제2차 세계대전이라는 외생적 변수가 1945년 이후 RTAA의 권한을 연장
     하고 무역을 자유화하는 의회 투표에 결정적인 영향을 미쳤다고 주장하며 제도의 효과
     는 이에 비해 거의 확인되지 않는다고 비판했다. 그에 따르면 RTAA의 존속은 자유무역
     으로의 선호 변화라는 거대한 사회적 변화의 "현상일 뿐 원인은 아니"라는 것이다. His-
     cox(1999). 카렌 슈니츠(Karen Schnietz)는 히스콕스의 주장을 검토하기 위해 주가의 움
     직임을 살펴보았다. 그 결과 수출 의존도가 높은 기업들이 RTAA 소식에 유의미한 주가
     상승을 경험한 반면 높은 관세 보호를 받던 기업들은 유의미한 주가 하락을 경험했음을
     확인했다. 이를 통해 슈니츠는 경제 행위자들의 RTAA에 대한 인식이 히스콕스가 생각
     하는 것처럼 일시적·당파적인 것이 아니었다고 주장한다(Schnietz 2003).

과 공화당의 중위 투표자(party median)이다. 의회의 중위 투표자는 법안의 통과 여부를 결정하는 행위자이기 때문에 고려되는 것이고, 민주당과 공화당의 중위 투표자는 해당 정당이 다수당이 되었을 때 발의되는 법안에 대해 행사할 수 있는 다양한 제도적 특권을 반영한 것이다. 미국 의회는 다수주의(majoritarianism) 성격이 강한 조직으로, 다수당이 의사 결정권과 위원회 위원장을 독식한다. 의회가 대통령의 통상 권한에 대해 가하는 사전적 제한은 1934년 RTAA에서부터 가장 최근의 무역 관련 입법까지 일관되게 나타나고 있다. 예를 들어, 1934년 RTAA에서 민주당 의회는 (민주당) 대통령에게 기존 관세율의 최대 50%까지만 미국 관세율을 변경할 수 있는 상한(upper limit)을 부여했다.[6]

〈그림 7-2〉의 가로축은 무역정치에서 정책 결정 권한을 가진 행위자들의 선호를 보여준다. 왼쪽으로 갈수록 자유무역에 대한 선호가 강하고 오른쪽으로 갈수록 보호무역에 대한 선호가 강한 행위자가 위치하고 있다. 그림의 가장 왼쪽에 민주당 대통령이 위치하고 가장 오른쪽에는 공화당의 중위 투표자가 있다. 의회의 중위 투표자는 법안의 가결을 결정하는 행위자로 양당의 중위 투표자 사이에 위

....

6   1962년 통상확장법(Trade Expansion Act of 1962)에서도 RTAA와 마찬가지로 대통령에게 기존 관세율의 최대 50%까지만 미국 관세율을 변경할 수 있는 권한을 부여하되 5% 미만 관세율에 대해서는 인하 폭의 제한을 두지 않았다. 1974년 통상법(Trade Act of 1974)에서는 관세 인하율의 상한을 60%로 높였고, 인상률의 상한도 20%로 정했다. 1988년 종합무역경쟁력법(Omnibus Trade and Competitiveness Act of 1988)은 인하율의 상한을 다시 50%로 낮췄으며 인상률에도 제한을 가했다. 2002년과 2015년 법(Trade Act of 2002, Bipartisan Congressional Trade Priorities and Accountability Act of 2015)에서도 의회는 대통령에게 기존 관세율의 최대 50%까지 미국 관세율을 인하할 수 있는 권한(5% 미만 관세율에는 제한 없음)을 부여하고 새로운 기술적 제한을 도입했다. 이처럼 의회는 통상협정에 대한 대통령의 재량권 행사 범위를 지속적으로 조율해왔는데, 이는 대통령의 협정 체결 권한에 일정한 제약을 사전적으로(a priori) 가하려는 의회의 노력으로 해석할 수 있다(Casey and Murrill 2023).

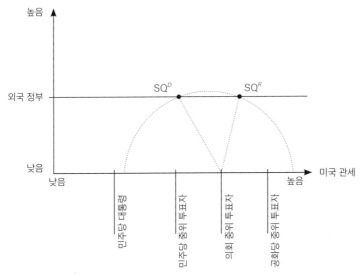

그림 7-2 1934년 이전 미국의 무역정치와 관세 수준

치한다.

〈그림 7-2〉에서 SQ는 법안의 현재 위치를 나타내는 'Status Quo'의 약자이다. 민주당이 집권한 1934년에 법안의 현재 위치는 스무트-홀리 관세로 SQ^{R}이다. 1932년 선거로 다수당이 된 민주당 지도부는 이 법안을 최대한 자신의 선호에 가깝게 옮기고 싶어 한다. 문제는 1934년 이전에는 미국 정부가 외국 정부와의 관세 협상을 통해 외국의 관세를 삭감하는 것이 매우 힘들었다는 것이다. 따라서 외국 정부의 관세선(수평선) 위에서 의회의 중위 투표자가 수용할 수 있는 관세 수준 중에서 민주당 지도부에 가장 가까운 점을 정해야 하는데 그것이 바로 SQ^{D}이다. 의회의 중위 투표자는 SQ^{R}과 SQ^{D}가 모두 같은 거리에 있지만—같은 거리에 있는 경우 제안을 수용한다는 가정을 하면—SQ^{D}를 받아들일 것이다. 결국 1934년 이전 미국의 무역정치는 민주당이 집권하면 SQ^{D}를, 공화당이 집권하면 SQ^{R}을 반복해서 오가는 모습을 보이게 된다. 실제 관세율의 변화표를 보면 이러

표 7-2 1934년 이전까지 등장했던 미국의 주요 관세법안, 의회 다수당, 그리고 법안의 내용

연도	다수당	법안	방향	
1846년	민주당	Walker Tariff	관세 삭감	$(SQ^R \Rightarrow SQ^D)$
1861년	공화당	Morrill Tariff	관세 증가	$(SQ^D \Rightarrow SQ^R)$
1890년	공화당	McKinley Tariff	관세 증가	$(SQ^D \Rightarrow SQ^R)$
1894년	민주당	Wilson-Gorman Tariff	관세 삭감	$(SQ^R \Rightarrow SQ^D)$
1897년	공화당	Dingley Tariff	관세 증가	$(SQ^D \Rightarrow SQ^R)$
1909년	공화당	Payne-Aldrich Tariff	관세 증가	$(SQ^D \Rightarrow SQ^R)$
1913년	민주당	Underwood-Simmons Tariff	관세 삭감	$(SQ^R \Rightarrow SQ^D)$
1922년	공화당	Fordney-McCumber Tariff	관세 증가	$(SQ^D \Rightarrow SQ^R)$
1930년	공화당	Smoot-Hawley Tariff	관세 증가	$(SQ^D \Rightarrow SQ^R)$
1934년	민주당	Reciprocal Trade Agreements Act	관세 삭감	$(SQ^R \Rightarrow SQ^D)$

한 지그재그 변화가 정확히 현실에서 나타났다.

1934년 이전 미국의 무역정치는 결국 다수당이 누가 되느냐에 따라 결정되는 관세 삭감과 관세 증가의 시소게임이라고 정의할 수 있다. 〈표 7-2〉는 이 모형이 사실 실제와 매우 부합한다는 점을 잘 보여주고 있다.

1934 체제의 등장

1932년 선거에서 역사적인 대승리를 거둠으로써 미국 민주당은 하원과 상원, 그리고 백악관을 모두 장악했다. 민주당은 공화당의 후 버 행정부 시절에 도입된 스무트-홀리 관세를 삭감하는 법안을 예전 처럼 제출할 수도 있었지만, 이런 식으로는 더 이상 관세에 대한 양 당의 시소게임(〈표 7-2〉)을 끝낼 수 없다는 것을 잘 알고 있었다. 무역

정책을 의회의 원심력으로부터 벗어나게 할 보다 근본적인 대책이 필요했다. 그래서 이에 대한 다양한 선택지가 검토되었다.

첫 번째로 고려된 선택지는 의회로부터 관세에 대한 권한을 행정부가 완전히 이양받는 것이다. 이는 헌법을 수정하는 문제와 직결되어서 쉽지 않은 선택지였지만 의회의 원심력으로부터 무역정책을 분리하는 가장 근본적인 해법이었다. 이는 미국 국무장관 코델 헐이 가장 선호하는 선택지였다. 그러나 의회가 헌법에 부여된 자신의 권한 중에서 전쟁선포권에 버금가는 중요한 관세에 대한 권한을 대통령에게 양보한다는 것은 쉽게 예상하기 어려웠다. 설사 민주당 정부에서 그러한 양보가 이루어진다 해도 과거에 그랬듯이 공화당이 다음에 집권하면 원상태로 되돌려 놓을 것이 예상되었다.

두 번째로 중앙은행처럼 관세에 대한 독립적인 기관을 설립하여 의회의 감독하에 두는 방안도 고려되었다. 그러나 미국 의회는 이미 1916년에 비슷한 실험을 해본 적이 있었다. 학자나 전문가로 구성된 관세위원회(Tariff Commission)에 관세에 대한 결정을 위임하는 방법이다. 그 결과는 실패였다. 의원들은 자신의 재선과 자기 정당의 다수당 지위가 위태로워지는 중대한 상황에서 관세위원회에 부여한 권한을 다시 가져왔다. 의회가 원하면 언제든지 권한을 다시 가져올 수 있는 위임으로는 의회의 원심력으로부터 무역정책을 보호할 수 없다는 것이 분명해졌다.[7]

1934년 RTAA는 이 두 가지 해법을 뛰어넘는, 매우 혁신적인 제도적 장치를 담고 있었다. RTAA의 제도적 혁신은 세 가지 특징으

---

7   17세기 말 프랑스에서 영란은행(Bank of England)과 같은 독립적인 중앙은행을 설립하고자 했던 존 로(John Law)의 실험이 실패한 것도 같은 맥락이다. "주인"(프랑스 왕)이 언제든지 "대리인"(프랑스은행)으로부터 권한을 회수할 수 있는 위임은 성공할 수 없다. 이와 관련된 자세한 논의는 데이비드 스타새비지(David Stasavage)의 연구(Stasavage 2003)를 참조하라.

로 설명될 수 있다. 첫째, RTAA는 관세 협상에 대한 권한을 외국과의 관세 협상을 책임지는 대통령에게 위임했다. 이렇게 함으로써 미국의 관세 삭감은 외국과의 관세 협상으로 연결되었다. 미국의 관세 삭감은 자유무역주의자들의 일방적 주장에 따라서가 아니라 "상호성"(reciprocity)의 원칙에 따라 진행되었다. 이제 미국 대통령은 미국 관세를 협상 수단으로 삼아 외국 정부의 관세를 최대한 삭감하는 "관세 협상가"가 되었다.

둘째, 의회는 관세 협상 및 관세 설정에 대한 제반 권한(예: 개별 상품에 대한 무역법 등)을 제한된 기간 동안 위임하고 행정부가 외국과 협상해서 제시하는 협정을 수정 없는 과반수 의결로 통과시킨다. 조약 체결에 대한 상원 2/3 규정을 우회하고 법안 수정권을 제한함으로써 의회의 원심력을 근본적으로 차단했다. 이제 법안 수정 권한을 박탈당한 의원들은 자신들에게 쏟아지는 보호무역 이익집단의 로비를 차단할 수 있는 명분을 얻게 되었다. 미국의 국익이 걸려 있는 외국 정부와의 관세협정을 개별 상품 협상 내용에 대한 불만 때문에 거부하는 것은 의원들에게도, 정당에도 부담이 되었다. 바로 이러한 "차단"과 "부담"이 의회의 위임이 가져온 중요한 효과였다.

셋째, 의회는 행정부에 위임된 권한을 오직 제한적으로만 승인했다. 행정부는 3년 뒤에 다시 의회로부터 위임을 연장받아야 했다. 이렇게 해서 의회는 자신들이 가진 헌법적 권한을 포기하지 않았으며 행정부가 위임의 범위를 벗어난 경우 위임을 철회할 수 있다는 제도적 견제 장치를 확보해두었다. 특히 행정부 위임에 대해 반대하는 의회주의파 의원들을 설득할 때 이 조건부 위임 장치는 매우 효과적으로 사용되었다.

〈그림 7-3〉은 RTAA에서의 변화를 설명하고 있다. SQ^R과 SQ^D이 기존 양당의 시소게임 아래에서의 균형점이라고 한다면 A^*는 RTAA

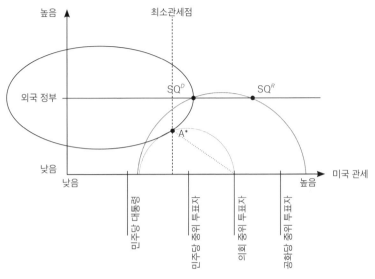

높음

최소관세점

외국 정부

SQ^D

SQ^R

A*

낮음

미국 관세

낮음

높음

민주당 대통령

민주당 중위투표자

의회 중위투표자

공화당 중위투표자

그림 7-3 RTAA하에서 미국과 외국 간의 관세협정 모형

에서의 새로운 균형점을 가리킨다. 먼저 민주당 지도부는 협상에 나
가는 대통령에게 민주당의 재선에 해가 되지 않을 최소관세점(세로
점선)을 정해준다. 대통령이 이 관세점을 더 왼쪽으로 벗어나서 외국
정부와 협상을 하는 것이 본인의 재선에 더 유리하기 때문에 이를 막
기 위해 민주당 지도부가 최소관세점을 정해주는 것이다. 대통령은
이 최소관세점을 넘지 않으면서 의회의 중위 투표자가 SQ^R보다 더
선호할 수 있는 어떤 점도 선택할 수 있다. 〈그림 7-3〉의 오른쪽 두꺼
운 원과 왼쪽 진한 원의 교집합이 이에 해당된다. 민주당 지도부는
이 교집합에서 자신의 이상점에 가장 가까운 곳인 A*를 최소관세점
으로 설정한다. 그림에서 점선은 최단 거리를 나타낸다. 대통령은 이
지점보다 더 왼쪽에 있는 점 중에서 A*보다 중위 투표자를 더 만족시
킬 수 있는 선택지는 없기 때문에 이를 받아들인다. 외국 정부는 이
점이 SQ^R(스무트-홀리 관세)보다 훨씬 낮기 때문에 수용한다. 따라서
A*가 새로운 균형점이 된다.

이 세 가지 제도적 장치는 대단히 혁신적이었음이 드러났다. 첫째, RTAA의 체결 뒤 외국과의 양자 관세협정이 폭발적으로 증가했다. 카렌 슈니츠(Karen Schnietz)의 연구에 따르면 19세기부터 1934년 이전까지 21개의 무역협정 중에서 18개가 의회의 비준을 받는 데 실패한 반면, 1934년부터 1946년 동안에는 27개의 무역협정이 체결되었다(Schnietz 2000). 둘째, 1934년 이전에는 무역이 당파적 이슈였으나 1934년 이후 무역은 점차 양당을 가로지르는 이슈가 되면서 당파성이 약해졌다. 그리고 자유무역을 선호하는 의원들의 수가 눈에 띄게 증가했다. 셋째, 외국 정부와의 관세 협상이 미국의 관세 삭감과 직결되면서 외국의 관세 삭감을 통해 이득을 볼 것으로 예상되는 이익집단이 무역협정을 지지하기 시작했다. 예를 들어 일본과의 관세협정이 미국의 목재와 육류에 대한 일본의 높은 관세를 삭감할 것으로 예상되자 미국의 목재업자와 육류업 종사자들이 일본과의 관세협정과 이에 필요한 미국의 관세 삭감을 지지하는 자유무역 지지 세력으로 등장했다. 위에서 언급한 자유무역과 보호무역에서의 불균형이 균형으로 점차 움직이기 시작한 것이다.

그런데 문제는 공화당이 의회의 다수당이 되거나 공화당 대통령이 당선되어 보호무역 정책을 더 선호하는 경우이다. 베일리 등은 대통령이 보호무역을 선호하는 것은 현실적으로 가능하지 않다고 사실상 논의에서 배제한 뒤, 공화당 대통령이라 하더라도 공화당 지도부보다는 자유무역을 더 선호한다고 가정한다. 이러한 가정은 2016년 전까지는 전혀 문제가 없었다. 이러한 가정이 깨지는 상황을 살펴보기 전에 먼저 베일리 등의 RTAA 지속성(durability)에 대한 설명을 살펴보자.

베일리 등은 RTAA의 진정한 퍼즐은 RTAA의 '등장'이 아니라 RTAA의 '지속성'에 있다고 보았다. 〈표 7-2〉에서 나타난 바와 같이

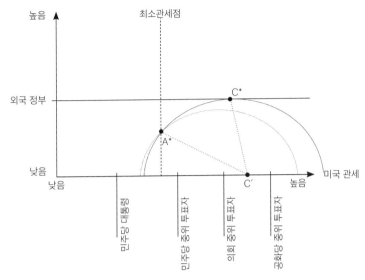

그림 7-4 RTAA하에서 보호무역 다수 정당의 등장이 관세 수준에 미칠 영향

양당의 시소게임이 반복되는 상황에서 민주당 의회와 민주당 행정부가 주도하여 관세 삭감을 핵심으로 하는 법안이 등장한 것은 별로 새롭거나 놀랍지 않다. 또한 민주당 의회가 과감하게 민주당 행정부에 무역 권한을 위임한 것도 사실 그렇게 놀랍지 않다. 스무트-홀리 관세법안 제정 당시 공화당 의회가 공화당 후버 대통령에게 관세설정 권한을 위임하려고 했다는 사실을 다시 한 번 기억할 필요가 있다. 1934년의 무역 입법에서 진정 놀라운 점은 민주당 정부에서 등장한 RTAA가 그 이후에 집권한 공화당 대통령과 공화당 다수 의회에서도 계속 유지되었다는 점이다. 이를 설명하기 위해 베일리 등은 〈그림 7-4〉와 같은 설명을 제시한다.

　RTAA의 등장으로 현재 상태는 이제 〈그림 7-4〉의 A*가 된다. 이제 A*를 대체할 새로운 균형점이 등장하기 위해서는 의회의 중위 투표자가 A*보다 선호하는 지점을 제안해야 한다. 〈그림 7-4〉의 아래쪽 가는 원은 A*를 관통하는 의회 중위 투표자의 무차별 곡선이다. 즉,

이 원 위의 점 또는 그 안의 어떤 점도 새로운 균형점이 될 가능성이 있다. 그러나 현재 의회 중위 투표자의 위치에서 외국 정부의 일방적 관세선을 접하면서 동시에 A*보다 낮거나 비슷한 지점은 존재하지 않는다. 즉, RTAA를 철회하면 고려해야 하는 외국 정부의 일방적 관세선은 어떤 경우이든 의회의 중위 투표자에게 현재 상태보다 더 나쁜 관세점만을 제시하고 있다. 따라서 의회 중위 투표자의 선택은 변하지 않는다.

의회의 중위 투표자가 RTAA의 폐기를 선호하기 위해서는 의회 중위 투표자의 이상점이 오른쪽으로 더 이동해야 한다. 〈그림 7-4〉를 기준으로 하면 의회 중위 투표자의 이상점이 C′까지 이동해야 한다. 이 경우 C*가 외국의 일방 관세선과의 접점이 되어 새로운 균형점이 될 수 있다. 그런데 여기서 중요한 반전은 거부권을 가진 (자유무역주의) 대통령은 이 새로운 관세점보다 A*를 더 선호한다는 사실이다. 예를 들어 공화당 대통령의 이상점이 의회의 중위 투표자보다 조금만 더 왼쪽에 있다면 대통령은 C*보다 A*를 선호할 것이다. 따라서 만약 공화당 다수 의회가 C*를 가결한다면 대통령은 이에 대해 거부권을 행사할 것이고 공화당 다수 의회가 이를 재의결하기 위해서는 2/3 이상의 지지를 확보해야 한다. 그렇다면 사실 C*는 RTAA를 폐기하기 위해 의회의 중위 투표자가 이동해야 할 지점이 아니라 재의결을 위해 필요한 의회 비토투표자(veto player)가 이동해야 할 지점이 된다.

비토투표자란 법안을 재의결하는 데 필요한 2/3 지점에 위치한 투표자를 말한다. 비토투표자는 법안의 위치와 대통령의 선호에 따라 정해지는데, 만약 법안이 보호무역 법안이고 자유무역 선호 대통령이 이를 거부했다면 비토투표자는 보호무역을 가장 선호하는 의원으로부터 2/3 지점에 위치한 의원을 말한다. 〈그림 7-5〉에서와 같이

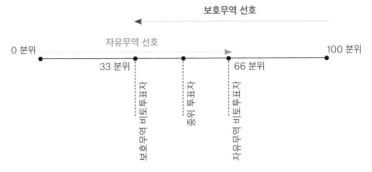

그림 7-5 의회 내의 비토투표자 위치

자유무역을 0분위, 보호무역을 100분위로 정의해보자. 그렇다면 "보호무역 비토투표자"(33분위점)가 C′에 위치해야 균형점을 C*로 바꾸는 제안이 대통령의 거부권을 극복하고 재의결을 성공시킬 수 있다. 이때 33분위점에 위치한 의원은 중위 투표자보다 왼쪽에 위치하기 때문에 이들이 보호무역 법안을 선호하기 위해서는 의회 전체의 선호가 보호무역 쪽으로 크게 이동해야 한다. 〈그림 7-5〉의 33분위점이 〈그림 7-4〉의 C′에 위치하기 위해서는 의회의 중위 투표자가 〈그림 7-4〉의 공화당 중위 투표자보다 더 오른쪽으로 가야 한다. 미국과 같은 선진경제에서 이와 같은 큰 규모의 선호 변화는 대공황이나 전쟁과 같은 외적 충격 없이는 상상하기 어렵다. 이런 이유로 BGW 모형에서는 RTAA가 공화당 대통령의 등장이나 공화당 다수 의회의 등장에도 불구하고 지속적으로 유지될 수 있었다고 본 것이다. 자유무역을 선호하는 대통령이 존재하는 이상 매우 극단적인 상황이 아니라면 대통령 거부권이 자유무역이라는 현상태를 지속시키는 중요한 제도적 안전장치가 된다는 점을 매우 잘 보여주고 있다.

왜 보호무역주의 대통령을 예측하지 못했나?

그런데 BGW 모형이 전제하는 중요한 가정인 "미국 대통령은 의회의 중위 투표자보다 자유무역을 선호한다"는 가정이 무너지면 어떻게 될까? 결론부터 말하면, 이 가정이 무너지면 BGW가 제시한 지속성에 대한 제도주의적 설명 또한 무너지게 된다. 대통령이 의회의 중위 투표자보다 보호무역을 더 선호하게 된다면 〈그림 7-4〉에서 의회의 중위 투표자는 C′만큼만 이동해도 균형점을 C*로 바꿀 수 있다. 이 경우 대통령의 거부권이 없기 때문에 비토투표자는 고려할 필요가 없게 된다.[8]

그렇다면 왜 이러한 가능성이 기존 연구에서는 주목받지 못했는가? 그것은 미국의 대통령이 의회의 중위 투표자보다 보호무역을 더 선호한 적이 없었고 또 그러한 예외적 상황을 가정할 만한 특별한 이유가 없다고 보았기 때문이다. 그 가장 큰 이유는 바로 대통령 선거구의 크기와 재선(reelection)에 대한 고려이다. 대통령은 전국을 선거구로 가지기 때문에 지역구만을 고려하는 하원의원이나 개별 주(州)의 이익만을 고려하는 상원의원과 같이 협소한 이익에 사로잡힐 가능성이 낮다고 본 것이다. 또한 초선 대통령인 경우 재선을 염두에 두거나 재선 대통령인 경우 자기 정당 후보의 집권을 염두에 둘 때, 현직 대통령이 미국 중도 유권자들의 경제적 이익에 큰 타격을 줄 수 있는 보호무역 조치를 선택할 유인은 없을 것이라고 봤기 때문이다.

....

8 만약 대통령이 행정명령으로 보호무역 조치를 취하거나 외국과의 협정을 폐기할 경우 자유무역을 선호하는 의회 다수당은 이를 무효화하는 법률안을 통과시킬 수 있다. 그러나 이 경우 〈그림 7-4〉의 자유무역 비토투표자(66분위점)를 확보하지 않으면 대통령이 법률안을 거부한 후에 재의결하는 것이 불가하다. 그런데 대통령이 보호무역을 선호하고 있다는 것 자체가 국가 전체의 선호가 보호무역 쪽으로 상당히 이동했음을 의미하기 때문에 자유무역 비토투표자를 의회 다수당이 확보하는 것은 매우 힘들 수 있다.

학자들이나 정책결정가들 모두 스무트-홀리 관세법안과 후버 대통령에 대한 기억으로 인해, 현직 대통령이 노골적인 보호무역주의를 선택하는 것은 정치적인 자살행위라고 생각했다.

트럼프의 등장이 아니었어도 자유무역주의 대통령에 대한 가정은 사실 지나치게 순진한 것이었다고 평가할 수 있다. 그 근거를 제시해보면 다음과 같다. 첫째, 경합주(swing state)의 영향력으로 인해 미국의 대통령이 보호주의적인 선호를 가질 가능성은 항상 존재했다. 미국 대통령 선거는 (네브라스카와 메인을 제외하고는 모두) 승자독식 선거인단 제도(winner-take-all electoral college system)를 채택하고 있기 때문에 스윙주의 영향력이 매우 크다. 특히 대통령 선거가 박빙으로 갈수록 단 몇 개 스윙주의 선거 결과가 전체 선거 결과를 결정할 가능성이 커지게 된다. 2000년 선거 이후 미국 대통령 선거 결과는 전국 유권자의 총 투표 결과가 아니라 몇몇 경합주에서의 선거 결과에 의해 결정되는 경향이 점차 강해지고 있었다. 한 연구에 따르면 1명의 유권자가 선거 결과를 뒤바꿀 수 있는 확률은 주에 따라 여섯 배 이상 차이가 난다고 한다(Gelman, Silver, and Edlin 2012).

둘째, 대통령이 항상 재선을 염두에 두고 활동하지 않는다. 두 번째 임기에서는 임기가 종료되기 때문에 대통령의 재선에 대한 고려는 첫 번째 임기에서만 유효하다. 또한 대통령이 정당의 리더 역할을 자임하지 않고 본인의 유산만을 고려하는 아웃사이더일 경우 당의 평판이나 국가의 평판, 의회 선거에서의 성적에 연연하지 않을 가능성도 있다.

셋째, 재선을 철저히 염두에 둔 대통령일수록 역설적으로 오히려 보호무역을 실제로 집행할 가능성이 더 클 수 있다. 선거 기간 동안 보호무역을 약속했지만 집권 후에 국가 전체의 이익을 고려해서 이 약속을 슬그머니 접어두는 맨데이트 실패(mandate failure)는 세계화 이후 민주적으로 선출된 정부가 주로 자유무역을 수호하는 장치로 사용했다(Stokes 2001). 그러나 재선에 임하는 대통령이 보호주의에 대한 선거 약속을 이행하지 않고는 재집권이 어렵다고 판단한다면, 보호무역과 같은 극단적 정책을 선택할 가능성이 높아질 수 있다. 보호무역 조치로 인한 긍정적 효과(예: 수입 감소, 실업 감소)가 단기적인 반면, 부정적 효과(예: 외국의 보복관세로 인한 수출 감소, 국제무역에 미치는 충격, 가격 인상, 비효율적 국내 기업의 존속 등)는 장기적이기 때문에 재선만을 염두에 둔 대통령은 보호무역 조치를 통해 선거에서 자신에 대한 지지를 단기간에 결집하려고 할 수 있다.

마지막으로 무역의 부정적 영향이 지리적으로 집중될 경우를 고려했어야 했다. 무역 자유화에 따른 경제적 피해가 러스트 벨트(Rustbelt)와 같은 경합주에 집중된다면 해당 지역 유권자들의 정치적 선호가 선거에 미치는 영향이 매우 커질 수 있다. 무역 자유화의 부정적 영향이 경합주와 지리적으로 중첩되면 보호무역 성향 후보의 당선 가능성은 매우 높아진다. 사실 이러한 복합적인 상호작용을 미리 예측하기는 매우 어려운 일이었겠지만, 적어도 그 가능성을 염두에 두고 논의를 진행했어야 했다. 그러나 기존 연구들은 이에 대한 고려를 배제한 채 대통령의 자유무역에 대한 선호를 당연한 것으로 전제했다. 이는 기존 연구의 중대한 한계라고 할 수 있다.

결국 BGW 모형은 RTAA의 지속성을 매우 효과적으로 설명했으나 보호무역을 선호하는 대통령의 등장 가능성을 지나치게 낮게 설정하는 오류를 범했다고 볼 수 있다. 경합주의 영향력 증대, 임기 제한으로 인한 재선 동기 약화, 보호주의 공약 이행을 통한 재선 전략, 무역의 부정적 영향과 경합주의 지리적 중첩 가능성 등을 고려할 때, 보호무역주의 대통령의 등장 가능성은 그렇게 낮았다고 볼 수 없었다. 전후 미국의 무역정치에 대한 훌륭한 제도주의적 설명인 BGW

모형은 보호무역주의 대통령의 등장을 간과함으로써 21세기 미국의 무역정치에서 나타날 중요한 변곡점을 시야에서 완전히 놓치고 말았다.

다수주의 선거제도와 유권자 선호 전달의 불연속성

여기서 제도주의적 설명에 대해 한 가지만 더 짚고 넘어가기로 하자. 선거 결과가 정치인들의 선호 변화에 미치는 방식은 크게 다수주의 선거제도와 비례주의 선거제도로 나눠볼 수 있다. 한국과 미국 등에서 채택되고 있는 다수주의 선거제도에서 유권자의 선호 변화가 선거에 반영되는 방식은 비례주의 선거제도(proportional electoral system)에 비해 훨씬 불연속적이다. 선거 결과는 유권자의 선호가 정치적 선호로 전환되는 정치과정의 중요한 투입 요소(input)이다. 선거 결과를 통해 정치인들은 변화하는 유권자들의 선호를 읽고 이에 맞춰 자신들의 정책과 강령을 수정하기 때문이다.

다수주의 선거제도와 비례주의 선거제도의 차이는 〈그림 7-6〉을 통해 간단히 설명된다. 그림의 x축은 선거에서 특정 정당이 받은 득표율(0에서 1 사이)이고 y축은 의석 배정률(0에서 1 사이)을 나타낸다. 득표율이 0이면 의석 배정률은 0이고 득표율이 1이면 의석 배정률도 1이다. 편의상 이상적 비례주의를 기준으로 삼아서 선거의 비례성을 설명하면 완벽한 비례주의 선거제도는 45도 선으로 표시할 수 있다. 0.4만큼 득표한 정당은 0.4만큼의 의석을 배정받으며 0.6만큼 득표한 정당은 딱 그만큼 의석을 배정받는 제도이다.

그러나 모든 선거제도는 완벽한 비례성을 달성하지 못하고 약간의 불비례성을 가지게 된다. 불비례성은 시그모이드(sigmoid) 함수

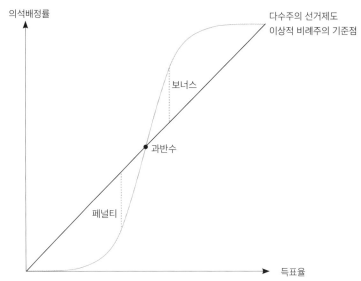

의석배정률

보너스

과반수

페널티

득표율

다수주의 선거제도
이상적 비례주의 기준점

그림 7-6 득표율과 의석 배정률의 관계에 따른 선거제도의 비례성

와 같은 모양을 띠는데, 과반수에 못 미친 득표율 정당은 의석 배정률에서 일정한 패널티를 받고 과반수를 넘긴 득표율 정당은 일정한 보너스를 받게 된다. 패널티와 보너스가 크면 다수주의 선거제도이고 이 값이 매우 작으면 비례주의 선거제도라고 볼 수 있다.

다수주의 선거제도와 비례주의 선거제도에서 유권자 선호의 변화를 전달하는 방식은 〈그림 7-6〉과 매우 유사하다. 비례주의 선거제도에서는 유권자의 의사가 상대적으로 균일하게 의석 배정에 반영되므로, 무역의 부정적 영향이 지리적으로 집중되더라도 다양한 선호가 선거 결과에 보다 고르게 반영될 수 있다. 무역으로 피해를 보는 유권자들이 늘어나고 그들의 불만이 증가함에 따라 정당이 받는 신호의 심각성은 점진적으로 높아진다. 유권자들 중에서 세계화와 자유무역에 대해 불만을 가진 유권자들이 늘어나고 있다는 것이 정당 지도부에 매 선거 결과를 통해 (다수주의 선거제도에 비해) 비교적 정확하게 전달되기 때문이다.

다수주의 선거제도에서는 많은 지역구 유권자들 중에서 20-30%가 무역에 대해 부정적인 견해를 가지기 시작했다고 해도 이것이 의석수의 변화로 반영될 가능성은 비례주의 선거제도에 비해 매우 낮다. 자유무역에 찬성하는 유권자들의 지지만으로 충분히 당선될 수 있기 때문에 자유무역에 반대하는 20-30% 유권자의 목소리는 쉽게 무시될 수 있다. 반면 비례주의 선거제도에서는 소수정당의 진입 장벽이 낮고 소수의 응집된 이해가 잘 반영되기 때문에 10-20%의 지지를 가진 반자유무역주의자들이 극우정당이나 극좌정당을 결성하거나 주요 정당들과 선거연합을 결성할 수 있는 여지가 훨씬 크다.

다수주의 선거제도에서 무역에 대해 부정적 견해를 가진 유권자들이 소수의 지역구에 몰려 있다고 해도 상황은 크게 달라지지 않는다. 의회 역시 다수주의로 운영되기 때문에 이들 소수 보후무역주의 지역구들이 (정당을 가로지르는) 독자적인 투표연합(voting coalition)을 구성하기는 쉽지 않다. 또한 개방적 대외경제정책을 추진하는 대통령을 지지해야 하는 여당(공화당 2001-2008년, 민주당 2009-2016년) 지도부는 보후무역주의 지역구들의 목소리에 귀를 기울여서 대통령의 대외경제정책에 제동을 걸 유인이 매우 약하다고 볼 수 있다.

이와 같이 선거제도의 특성에 따라 무역에 의한 유권자 선호의 변화가 전달되는 방식이 매우 다르다. 미국이나 영국과 같은 다수주의 선거제도에서 무역의 부정적 효과로 인한 유권자 선호 변화는 불연속적으로 나타난다. 소위 결정적 선거의 형태로 유권자 선호의 누적적 변화가 급진적인 정치적 변화로 종종 미국 정치에서 나타나는 이유 중의 하나는 바로 다수주의 선거제도의 특징 때문이라고 볼 수 있다. 이렇게 급진적으로 표출된 변화된 유권자 선호는 〈그림 7-6〉의 "보너스"에서 보이는 것처럼 실제보다 더 과장되어 표현되는 경향이 있다. 정치인들은 갑자기 드러난―그러나 실제로는 물밑에서 도

도히 누적적으로 진행되어온—유권자 선호의 변화에 과잉 대응하기 시작한다. 이러한 정치적 과잉 반응(political overshooting)은 다수주의 선거제도의 중요한 특징이라고 볼 수 있다. 미국에서 트럼프 후보의 당선 이후에 나타난 보호주의·배타주의의 강화 경향이나 영국에서 EU 탈퇴 여부에 대한 국민투표(Brexit) 이후에 나타난 보호주의·배타주의의 강화 경향이 이러한 정치적 과잉 반응의 대표적인 사례라고 할 수 있다.

중국 충격과 트럼프 충격

앞에서 살펴본 바와 같이, 미국의 무역정치는 1934년 이전까지는 지역구의 이익을 고려하는 원심력이 강한, 의회 중심 체제를 통해 유지되다가 1934년 RTAA를 통해 국가 이익을 고려하는 구심력이 강한, 대통령 중심 체제로 이동했다. 미국의 무역정치는 1934 체제를 구축하면서 대통령의 관세 협상권을 보장해주었는데, 전후 미국 대통령은 이러한 권한을 이용하여 GATT 체제의 기초를 이루는 양자 무역협정을 적극적으로 추진했다. 미국이 구축한 GATT 체제 안에서 미국 상품이 서유럽과 동아시아 국가들, 그리고 중국과 같은 후발 주자들의 수입품에 비해 경쟁력을 잃어감에도 불구하고 1934 체제와 미국의 다수주의 선거제도, 그리고 자유무역을 선호하는 대통령은 자유무역의 균형점을 굳건히 유지할 수 있었다.

1978년 중국에서 경제개혁이 시작되었을 당시 중국 도시 노동자의 연간 임금은 미국 평균 임금의 3%에 불과했다(Li, Lei Li, Wu, and Xiong 2012). 2000년 이후 중국과의 무역이 증가하면서 스톨퍼–사무엘슨 모형의 예측대로 미국 노동자의 임금이 내려가고 중국 노

Americans' paychecks are bigger than 40 years ago, but their purchasing power has hardly budged

Average hourly wages in the U.S., seasonally adjusted

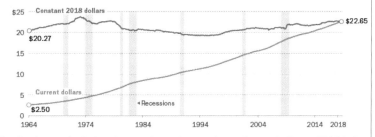

Note: Data for wages of production and non-supervisory employees on private non-farm payrolls. "Constant 2018 dollars" describes wages adjusted for inflation. "Current dollars" describes wages reported in the value of the currency when received. "Purchasing power" refers to the amount of goods or services that can be bought per unit of currency.
Source: U.S. Bureau of Labor Statistics.

PEW RESEARCH CENTER

그림 7-7 미국 노동자 평균 임금의 시대적 변화

출처: 퓨리서치센터(https://www.pewresearch.org/short-reads/2018/08/07/for-most-us-workers-real-wages-have-barely-budged-for-decades/

동자의 임금은 빠르게 상승했다. 2011년 기준 중국 노동자 평균 연봉은 6,120달러로 미국 노동자 평균 수입의 15%에 불과했으나 중국 국가통계국이 데이터를 제공한 마지막 해인 2021년 기준 중국 노동자 평균 수입은 16,153달러로 약 58,120달러인 미국의 28% 수준까지 상승했다(Ezrati 2023).

반면 미국 노동자들의 임금은 심각한 정체를 겪었다(〈그림 7-7〉). 인플레이션을 조정한 후 계산된 미국 노동자들의 평균 시간당 임금은 1978년 이후 거의 동일한 구매력을 가지고 있다는 조사가 발표되어 화제가 된 바 있다(Desilver 2018). 충격적인 사실은 실질 시간당 평균 임금(정확하게는 wages of production and non-supervisory employees on private non-farm payrolls)이 45년 전에 정점을 찍은 뒤 더 이상 상승하지 않았다는 점이다. 1973년 1월에 기록된 시간당 4.03달러는 물가 인상을 고려해서 계산하면 오늘날 23.68달러와 동일한 구매력을 가져서 2018년 기준 22.65달러보다 높다. 미국 노동자의

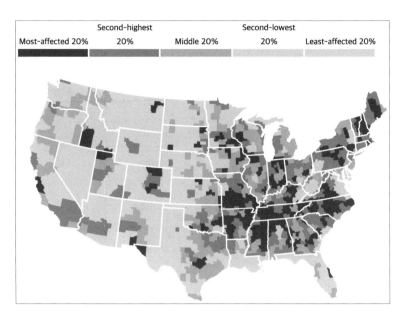

그림 7-8 중국 충격(위, https://chinashock.info/)과 트럼프 후보에 대한 선호(아래, https://www.nytimes.com/elections/2016/results/president): 아래 그림의 화살표 크기는 트럼프 후보가 2012년 공화당 롬니 후보보다 더 많이 받은 지지의 정도를 보여준다. 동쪽을 가리키는 화살표가 길수록 더 강한 트럼프 후보 지지를 의미한다.

평균 임금 정체 현상은 스톨퍼-사무엘슨 모형의 예측이 현실화된 것으로 볼 수 있다.

2016년 미국 대통령 선거는 이렇게 오랫동안 지속되어온 무역의 사회적 효과가 대통령 선거라는 이벤트를 통해 분출된 것으로 이해할 수 있다. 2016년 선거에서 과반수 이상의 유권자들이 트럼프를 선택한 지역은 대부분 중국 충격의 직격탄을 가장 크게 맞은 곳이었으며 공교롭게도 이들 지역은 2016년 대통령 선거의 주요 경합주였다. 〈그림 7-8〉은 "중국 충격"과 "트럼프 충격"(트럼프가 기존 공화당 대선 후보였던 롬니보다 더 많은 표를 받은 정도)의 지리적 유사성이 매우 높다는 점을 잘 보여준다.

8

미국 유권자의 무역 선호 변화

앞 장에서 우리는 유권자의 경제적 선호를 둘러싼 양당의 위치 잡기 경쟁 속에서 2016년 트럼프라는 노골적인 보호무역주의 대통령이 등장했고 그의 등장으로 인해 1934 체제가 약화되었음을 설명했다. 이 장에서는 미국 유권자들이 2016년 선거를 통해 스스로 무역에 대한 입장을 이전과 다르게 인식했는지를 객관적인 자료를 통해 살펴볼 것이다. 만약 보호무역주의 대통령인 트럼프의 등장이 우연한 사건일 뿐 유권자들의 무역 선호 변화와는 무관한 것이라면 트럼프의 퇴장 후에 미국의 무역정치는 1934 체제로 복귀할 수 있을 것이다. 그러나 만약 트럼프의 등장이 미국 유권자의 무역 선호에서의 중대한 변화를 반영하는 것이라면 미국의 무역정치는 1934 체제로부터 이탈하여 새로운 균형을 향해 가고 있는 것으로 보아야 할 것이다.

미국 유권자들의 무역 선호가 어떻게 변화했는지 살펴보기 위해 1988년부터 2020년까지의 전미 선거 연구(American National Election Studies, ANES) 자료를 분석하였다. ANES 자료(https://elec-

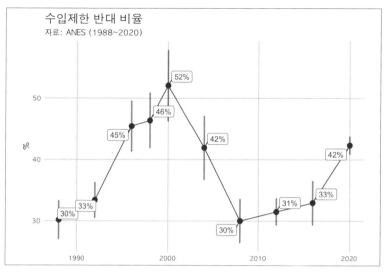

그림 8-1 자유무역에 대한 ANES 응답자들의 선호(%, 수입제한 반대 비율), 1988~2020: y축의 수치가 높을수록 자유무역에 대한 선호가 높음을 의미한다. 자료는 대통령 선거 직후 ANES 여론조사 결과이다.

tionstudies.org)는 대통령 선거 전후에 실시되는 미국 유권자 대상 전국 설문조사로 미국 유권자들의 정치 선호 변화를 파악할 수 있는 매우 귀중한 설문 자료이다.

　무역에 대한 질문은 1988년 ANES 조사에서부터 포함되기 시작했다. 질문 내용은 다음과 같다. "일부에서는 미국의 일자리를 보호하기 위해 외국 수입품에 대한 새로운 제한을 두자고 제안했습니다. 반면 다른 이들은 그러한 제한이 소비자 물가를 상승시키고 미국의 수출을 해칠 것이라고 말합니다. 귀하는 수입품에 대한 새로운 제한을 찬성하십니까, 반대하십니까? 아니면 이에 대해 별로 생각해보지 않으셨습니까?"[1] 〈그림 8-1〉은 찬성 혹은 반대 의사를 표시한 응답자

....

1　"Some people have suggested placing new limits on foreign imports in order to protect American jobs. Others say that such limits would raise consumer prices and hurt American exports. Do you favor or oppose placing new limits on im-

중에서 수입 제한에 반대하는 비율, 즉 자유무역을 선호하는 비율의 시간적 변화를 보여준다. y축의 수치가 높을수록 자유무역에 대한 선호가 높음을 의미한다. 자유무역에 대한 응답자들의 선호는 1988년 30%로 시작해서 2000년에 52%로 최고점을 찍은 뒤 하락하기 시작한다. 세계화로의 변화를 가장 주도적으로 이끌었던 클린턴 민주당 행정부 8년이 끝난 2000년 조사에서 세계화에 대한 가장 낙관적인 관점이 등장했다는 사실이 매우 흥미롭다. 자유무역에 대한 선호는 그 후 점차 하락하여 2008년에 최저점(30%)을 기록한다. 2008년은 금융위기로 인해 세계화에 대한 미국 유권자들의 신뢰가 가장 바닥으로 추락한 시점이라고 할 수 있으며 8년 동안의 공화당 조지 W. 부시 정부가 오바마 민주당 정부로 교체된 시점이기도 하다. 오바마 행정부 동안 자유무역에 대한 선호는 서서히 상승하기 시작한다. 2020년 자유무역에 대한 선호는 2000년 이후 최고점인 42%를 기록한다.

　미국 유권자의 자유무역에 대한 선호가 2000년 이후 하락하다가 2020년에 상승한 이유는 무엇인가? 2020년은 코로나19가 전 세계적으로 확산되던 시점이자 미국과 중국의 무역 전쟁이 정점을 이루던 시점임을 고려하면 특히 이례적인 현상이라고 할 수 있다.

　〈그림 8-1〉의 퍼즐을 이해하기 위해 먼저 응답자들의 당파적 성향에 따른 자유무역 선호 경향을 살펴보도록 하자. 〈그림 8-2〉는 공화당과 민주당 지지자들의 자유무역 선호 비율을 조사 시점별로 시각화한 것이다. 민주당 지지자들 중에서 자유무역을 선호하는 비율은 1988년 23% 수준으로 매우 낮았다. 〈그림 6-1〉에서 살펴보았듯이, 이 당시 민주당은 역내 희소성을 특징으로 갖는 제조업 노동조합의 목소리가 매우 강했고 공화당은 레이건 행정부로부터 시작된 시

....

ports, or haven't you thought much about this?" (VCF9231).

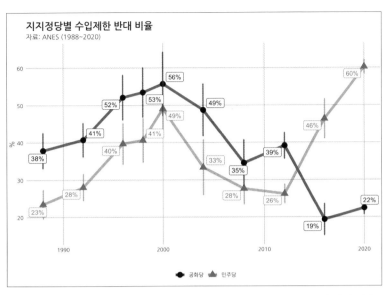

그림 8-2 자유무역에 대한 ANES 응답자들의 당파적 선호(%, 수입제한 반대 비율),
1988~2020: 자료는 대통령 선거 직후 ANES 여론조사 결과

장 중심 자유화 노선을 따랐기 때문에 자연스럽게 자유무역에 대해
부정적인 입장을 가진 민주당 지지자들이 많이 존재했던 것으로 볼
수 있다. 그러나 클린턴 행정부 시절을 거치며 민주당이 세계화를 주
도하는 정당이 되면서 지지자들 역시 2000년 49%의 높은 비율로 자
유무역을 선호하게 된다. 〈그림 6-2〉에서 본 바와 같이 역내 풍요성
과 높은 자산 이동성을 갖는 새로운 지지자들이 유입되고 클린턴 행
정부가 주도한 세계화 정책을 지지하려는 분위기가 강했다고 볼 수
있다. 금융위기 이후 2012년에 민주당 지지자들의 자유무역에 대한
지지는 26%의 최저점을 기록했다.

놀라운 점은 2016년과 2020년을 거치면서 민주당 지지자들의
자유무역 선호가 급상승했다는 점이다. 2020년 민주당 지지자들의
자유무역 선호는 60%에 달하는 사상 최고의 지지율을 보이고 있다.
공화당 지지자들의 자유무역에 대한 선호는 2012년까지 약 10% 내외의 격차를 보이며 자유무역에 대해 더 강한 선호를 보여왔다. 2012년 이전까지 공화당 지지자의 선호 변화와 민주당 지지자의 선호 변화는 동조(synchronization)하는 모습을 보인다. 그러나 2016년 조사에서부터 공화당 지지자들의 자유무역 선호가 민주당 지지자의 선호보다 더 낮아져서 2020년에는 무려 38%의 격차를 보인다. 1988년 이래 가장 큰 당파적 격차이며 1988년 조사 당시와 정반대의 당파적 선호가 나타난 것이다.

왜 민주당과 공화당 지지자들의 무역에 대한 선호는 2016년 이후 급격하게 달라졌는가? 이에 대한 답을 찾기 위해 자료를 분석하는 과정에서 필자는 아주 특이한 패턴을 발견했다. 그것은 자유무역 질문에 대한 응답률이 2016년 이후 크게 상승했다는 점이다. 〈그림 8-3〉은 응답 거부와 모름을 모두 무응답으로 간주했을 때 자유무역 질문에 대해 무응답을 선택한 응답자 비율을 조사 시점별로 보여주고 있다. 무응답과 응답 거부를 모두 합친 무응답 비율은 2016년에 76%로 상승했다가 2020년 조사에서는 12.5%로 하락했음을 알 수 있다. 설문조사 방법이 크게 바뀌지 않았음에도 특정 질문에 대한 무응답 비율이 30-70% 수준에서 10% 수준으로 감소한 것은 대단히 이례적인 현상이라고 할 수 있다.

〈그림 8-4〉는 응답 거부를 제외하고 "모름"을 선택한 비율만을 나타낸 것이다. 즉, 응답을 거부하지는 않았지만 자유무역에 관한 질문에 대해 특별한 지식이나 입장이 없어서 모름을 선택한 비율을 보여준다. 이는 응답자들이 무역에 대해서 얼마나 뚜렷한 선호를 가지고 있는지 보여주는 자료라고 할 수 있다. 2020년 이전 조사의 경우 평균 30-40%의 응답자들이 "모름"을 선택했으나 2020년 조사에서는 단지 0.3%의 응답자만이 모름을 선택했음을 알 수 있다. 이 결과를 미국 유권자 전체에 대한 것으로 해석하면, 2020년의 미국 유권자

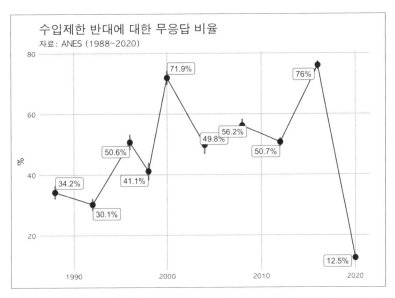

그림 8-3 자유무역 질문에 대한 ANES 설문 응답률, 1988~2020: 응답 거부와 모름을 모두 무응답으로 간주했을 때, 무응답을 선택한 비율

그림 8-4 자유무역 질문에 대한 ANES 설문 응답률, 1988~2020: 응답 거부를 제외하고 모름을 선택한 비율

들 중에서 무역에 대한 본인의 입장을 모른다고 답하는 사람이 거의 없다는 것이다.

위 결과는 유권자들이 무역 이슈에 대해 정치인들의 판단에 의존하기보다는 스스로 뚜렷한 선호를 형성하고 밝히려고 하는 경향이 2020년 조사에서부터 본격적으로 등장했음을 시사한다. 이러한 유권자들의 무역 선호에 대한 자기 확신적 태도는 〈그림 8-2〉에서 확인했던 당파적 태도의 극화와 긴밀하게 연결되어 있다고 볼 수 있다. 무역정책에 대한 결정을 더 이상 워싱턴의 외교정책 엘리트들에게 전적으로 위탁하지 않을 것이고 유권자 스스로 이에 대한 판단을 하겠다는 이와 같은 태도는 '미국 무역정치에서의 위임 철회 현상'이라고 부를 만한 사건이다.

〈그림 8-5〉와 〈그림 8-6〉은 응답자들의 지역별, 그리고 거주지에 따른 선호를 보여주고 있다. 전통적으로 북중부 응답자들이 가장 보호무역적인 응답을 보여주고 있지만 2020년에 들어서며 자유무역에 대한 선호가 점차 강해지고 있음을 확인할 수 있다. 미국의 거대 지역별 구도에서는 당파적 성향에서와 같은 뚜렷한 격차가 확인되지 않는다.

〈그림 8-6〉은 응답자들의 거주지역에 따라 자유무역에 대한 선호를 나눈 것이다. 도시와 변두리/교외, 그리고 시골(rural)로 구분했을 때, 가장 눈에 띄는 점은 2000년 들어 도시와 변두리/교외에 비해 시골에 있는 응답자들이 보호무역을 선택할 가능성이 매우 높아졌다는 것이다. 2000년 이후의 자료가 없어서 더 최근의 경향을 알 수는 없지만 이는 도시와 농촌 간의 격차가 점차 커지고 있을 가능성이 매우 크다는 점을 시사한다.

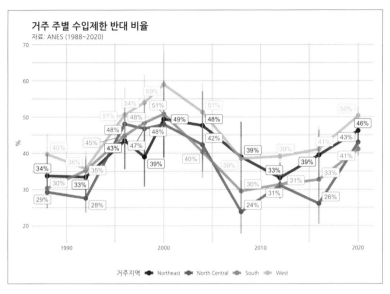

그림 8-5 자유무역에 대한 ANES 지역별 응답자들의 선호(%, 수입제한 반대 비율), 1988~2020: 자료는 대통령 선거 직후 ANES 여론조사 결과

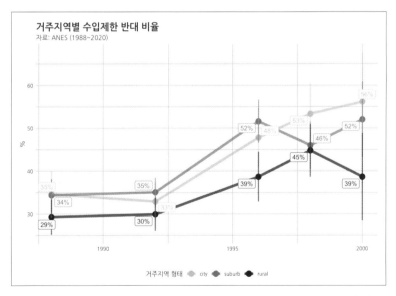

그림 8-6 자유무역에 대한 ANES 거주지별 응답자들의 선호(%, 수입제한 반대 비율), 1988~2020: 자료는 대통령 선거 직후 ANES 여론조사 결과

의원들의 무역 투표에서 당파적 차이의 중요성

2016년 이후 그리고 2020년 들어서 더더욱 미국 유권자들은 지지 정당에 따라 매우 분명한 무역에 대한 선호를 가지고 있음이 드러났으며 많은 유권자들이 무역에 대한 입장을 정치인이나 전문가에게 위임하기보다는 스스로 판단하려는 경향이 강해졌음을 확인했다. 이제 우리는 미국 국회의원들의 무역 관련 법안 투표에서 당파적 선명성이 어떤 패턴을 보이는지 확인해볼 것이다. 이를 위해 1857년부터 2021년까지 미국 상원과 하원에서 이루어진 모든 투표 중에서 법안 제목에 무역이 포함된 법안을 모두 추출하여 이에 대한 의원들의 찬반 투표 선택(기권과 불출석은 포함하지 않음)을 소속 정당에 대해 회귀분석했다. 매 회기마다 별도의 회귀분석을 진행했으며 복잡한 통제를 대신하여 가장 단순하면서도 직관적인 주별 고정효과를 적용하여 주(state)의 특성을 통제했다. 〈그림 8-7〉은 하원(아래)과 상원(위)에서의 회귀분석 계수를 회기별로 나열한 것이다. 점은 점추정치이고 점을 관통하는 세로 선은 신뢰구간을 나타낸다. 점추정치가 0보다 크고 신뢰구간이 0을 포함하지 않는 경우 무역 법안 투표에서 의원들의 소속 정당이 유의미한 영향을 주었다고 볼 수 있다.

〈그림 8-7〉의 하원 그래프(아래)를 보면 20세기 초까지 무역 관련 투표에서 정당의 영향이 매우 컸음을 확인할 수 있다. 냉전이 본격화된 1950년대 이후 하원에서의 무역 관련 법안 투표에서 정당의 영향은 급속하게 줄어들었다가, 냉전이 끝나면서 다시 서서히 증가하는 모습을 보이고 있다. 21세기 들어서 정당의 영향은 더욱 커지고 있으나 2010년대 들어 무역 관련 투표 자체가 줄어들면서 정당의 영향이 과소평가되었을 가능성이 있다. 상원에서의 정당 효과(〈그림 8-7〉의 위)도 비슷한 양상(냉전이 본격화된 1950년대 이후 하원에서의 무

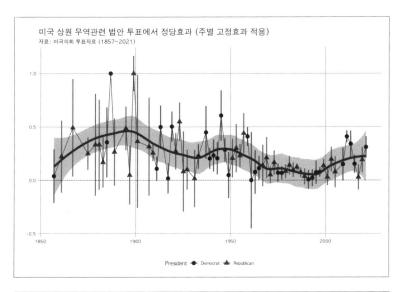

미국 상원 무역관련 법안 투표에서 정당효과 (주별 고정효과 적용)
자료 : 미국의회 투표자료 (1857~2021)

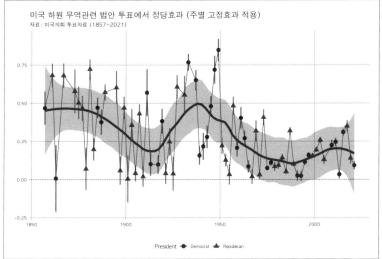

미국 하원 무역관련 법안 투표에서 정당효과 (주별 고정효과 적용)
자료 : 미국의회 투표자료 (1857~2021)

그림 8-7 미국 상원(위)과 하원(아래)에서의 무역 관련 법안 투표 선택에서 소속 정당의 영향: 그림의 점은 점추정치이고 점을 관통하는 세로 선은 신뢰구간을 나타낸다. 점추정치가 0보다 크고 신뢰구간이 0을 포함하지 않는 경우 무역 법안 투표에서 의원들의 소속 정당이 유의미한 영향을 주었다고 볼 수 있다.

역 관련 법안 투표에서 정당의 영향이 급속하게 줄어들었다가 냉전이 끝나면서 다시 서서히 증가)을 띠고 있다. 21세기에 접어들면서 상원에서의 무역 관련 법안 투표에서도 정당의 영향이 급격하게 증가하는 모습을 보이고 있다.

정당 영향의 증가가 의미하는 바는 무엇인가? 만약 미국의 국회의원들이 정당에 관계없이 다양한 지역구의 이익을 대변하고 그 지역구의 지리적 분포가 집중되지 않는다면 2000년대 이후의 정당 영향의 증가와 같은 패턴이 나타나기는 어려울 것이다. 이런 측면에서 볼 때, 〈그림 8-7〉의 2000년대 이후의 변화가 함의하는 바는 앞에서 우리가 확인했던 유권자 선호의 변화와 연관된 현상으로 이해할 필요가 있다. 즉, 유권자들의 당파적 선호에 따라 무역에 대한 입장이 선명히 구분(〈그림 8-2〉)되고, 유권자들 개개인이 무역에 대한 선호에서 (다른 전문가의 의견보다) 자기 자신의 주관에 더 강하게 의지하는 경향(〈그림 8-4〉)이 강해졌으며, 도시와 변두리/교외에 비해 시골에 있는 유권자들이 보다 보호무역적인 선호를 가지게 되는 경향(〈그림 8-6〉)이 상원과 하원 무역 투표의 정당의 영향력 증가와 깊이 관련되어 있다고 볼 수 있다.

2016년 대통령 선거와 반세계화의 흐름

2016년 대통령 선거는 지난 30년 동안 미국 대통령 선거에서 가장 영향력 있는 2명의 반세계화 후보를 배출했다. 민주당 경선에서 돌풍을 일으킨 버니 샌더스 후보와 공화당 경선에서 돌풍을 일으킨 도널드 트럼프 후보이다. 이 두 후보는 정치이념적으로는 진보와 보수 정반대에 위치해 있었지만 대외경제정책에 대한 입장에서는 거의 구별이 가지 않을 만큼 유사한 입장을 취했다.

먼저 버니 샌더스 후보가 언론에 기고한 "환태평양무역협정은 반드시 부결되어야 한다"는 칼럼의 일부를 보자.

2001년 이후 미국에서는 약 6만 개의 제조 공장이 문을 닫았고 470만 개가 넘는 양질의 제조업 일자리가 사라졌습니다. 북미자유무역협정(NAFTA)으로 인해 거의 70만 개의 일자리가 사라졌습니다. 중국과의 항구적 정상무역관계(Permanent Normal Trade Relations, PNTR)는 270만 개의 일자리를 잃게 했습니다. 한국과의 무역협정으로 인해 약 7만 5천 개의 일자리가 사라졌습니다. 나쁜 무역협정이 미국 내 제조업 일자리가 감소한 유일한 이유는 아니지만 중요한 요인입니다.[2]

이러한 버니 샌더스의 주장이 자유무역에 염증을 느끼던 유권자들에게 호소력을 가질 수 있었던 이유는 그가 상원의원으로 재직하면서 자유무역에 대해 일관된 반대 입장을 보여왔다는 점 때문이다. 실제로 버니 샌더스는 NAFTA 및 중국과의 PNTR에 모두 반대표를 던진 바 있으며 콜롬비아와 파나마와의 무역협정을 추진하기 위한 무역촉진권한(Trade Promotion Authority, TPA)에 반대표를 던졌다. 또한 한미 FTA에는 투표하지 않았으며 페루, 오만, 캐나다, 칠레와의 FTA 등에 모두 반대표를 던졌다.

따라서 버니 샌더스 후보에 대한 지지가 무역으로 인해 가장 큰 피해를 본 지역에서 집중적으로 나타난 것은 결코 우연이 아니다. 〈그림 8-8〉은 2020 캠페인의 개인별 기부자(후보에게 기부 시 3,300달러 이하만 가능) 지역별 분포로, 2019년 8월 시점에 집계된 자

....

2   Bernie Sanders, "The TPP Must Be Defeated", *Huffington Post*, May 21, 2015 (https://www.huffpost.com/entry/the-tpp-must-be-defeated_b_7352166).

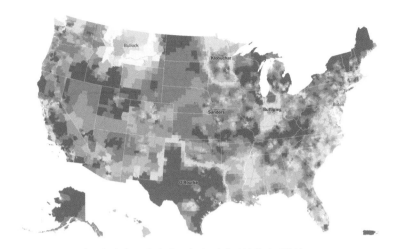

그림 8-8 2020 민주당 경선 중 개인 기부자로부터의 기부액 지역별 분포

출처: Josh Katz, K.K. Rebecca Lai, Rachel Shorey, and Thomas Kaplan, "Detailed Maps of the Donors Powering the 2020 Democratic Campaigns", *New York Times*, August 2, 2019(https://www.nytimes.com/interactive/2019/08/02/us/politics/2020-democratic-fundraising.html)

료이다.[3] 〈그림 7-8〉의 "중국 충격" 그리고 "트럼프 충격"의 지역적 패턴과 대단히 유사한 모습을 보이고 있음을 쉽게 확인할 수 있다.

트럼프 후보의 세계화에 대한 공격 역시 버니 샌더스와 비슷한 방식으로 진행되었다. 클린턴 민주당 행정부의 NAFTA와 중국과의 PNTR로부터 미국 경제의 침체가 시작되었다는 주장이다. 6장에서 인용한 2019년 6월 28일 펜실베이니아주 모네슨시 연설에서 확인했던 바와 같이 트럼프는 자신의 무역정책의 핵심을 반자유무역협정 그리고 중국과의 교역 조건 개선으로 천명했다.

트럼프가 모네슨시를 고른 것은 아주 탁월한 선택이었다. 모네슨시는 20세기 초·중반까지만 해도 미국 철강산업의 중심지 중 하나로 빠르게 성장하던 도시였다. 그러나 1970년대 이후 미국 철강산

....

3   2020년 2월 1일에 업데이트된 그림은 https://www.nytimes.com/interactive/2020/02/01/us/politics/democratic-presidential-campaign-donors.html에서 확인할 수 있다.

표 8-1 2016년 대통령 선거의 펜실베이니아 카운티별 결과: 상위 10개만 선별

카운티	Trump	Clinton
Philadelphia	108,748	584,025
Allegheny	259,480	367,617
Montgomery	162,731	256,082
Bucks	164,361	167,060
Delaware	110,667	177,402
Chester	116,114	141,682
Lancaster	137,914	91,093
York	128,528	68,524
Berks	96,626	78,437
Westmoreland (모네슨시가 속한 카운티)	116,522	59,669

(https://www.nytimes.com/elections/2016/results/pennsylvania-president-clinton-trump)

업이 값싸고 품질 좋은 수입 철강품의 경쟁을 이겨내지 못하면서 점차 쇠락해갔고, 1986년 휠링피츠버그 철강회사(Wheeling-Pittsburgh Steel)가 모네슨시 내의 거의 모든 공장을 철수하면서 도시의 경제활동은 사실상 큰 타격을 받았다. 2016년 대통령 선거에서 트럼프 후보는 펜실베이니아에서 44,292표, 단 0.7%의 차이로 20명의 대통령 선거인단을 확보하여 승리를 굳힐 수 있었다. 특히 〈표 8-1〉에서 볼 수 있는 것처럼 모네슨시가 속한 웨스트모어랜드 카운티는 트럼프 후보에 대한 지지가 힐러리 클린턴 후보의 두 배에 가까웠다.

트럼프 후보가 소수자에 대한 차별, 인종차별, 외국인에 대한 증오, 외교정책에 대한 무지, 여성에 대한 그릇된 관념 등 온갖 부정적 요인에도 불구하고 미국 유권자들의 과반수로부터 흔들림 없는 지지를 받았던 이유 중의 하나는 아래 연설에서 나오는 바와 같이 역내

희소성의 이점이 사라진 뒤에도 자산 이동성이 낮아서 새로운 경제적 기회를 찾아서 자신의 터전을 떠나지 못하는 농촌 지역 백인들의 공감을 얻을 수 있었기 때문이다.

2016년 선거와 관련된 한 가지 흥미로운 주장은 "샌더스–트럼프 지지자"가 선거 결과를 결정지었다는 가설이다. 샌더스–트럼프 지지자란 민주당 경선에서 샌더스를 지지한 뒤에 (샌더스의 대선 후보 확정이 좌절되자 본선에서 힐러리 클린턴 민주당 후보 대신) 도널드 트럼프 공화당 후보를 찍은 유권자를 말한다. 본선에서의 투표 기록을 확인하기 쉽지 않아 아직 가설 수준에 머무는 주장이지만 브라이언 샤프너(Brian Schaffner)의 분석은 꽤 흥미롭다. 그는 5만 명 이상의 응답자를 가진 CCES(https://cces.gov.harvard.edu) 여론조사를 바탕으로 버니 샌더스 예비선거 유권자 중 총선에서 도널드 트럼프에게 투표한 비율을 약 12%로 추정했다.[4] 즉, 버니 샌더스 지지자 중에서 약 12%가 본선에서 트럼프 후보를 찍었다는 것이다. 77%가 넘는 지지자들은 여전히 힐러리 클린턴 후보를 본선에서 지지했고 제3후보를 선택하거나 기권한 지지자들을 약 11% 정도로 추정했다. 12%의 샌더스–트럼프 지지자들이 정말 선거 결과를 바꾸어놓았을까?

NPR은 브라이언 샤프너의 자료와 다른 자료를 결합하여 박빙의 결과로 트럼프로 넘어간 3개의 스윙주에서 얼마나 많은 샌더스–트럼프 지지자가 있었는지를 계산했다. 〈표 8-2〉를 보면 트럼프의 승리를 확정지은 미시간, 펜실베이니아, 위스콘신에서 모두 샌더스–트럼프 지지자 수가 트럼프–클린턴 투표수 차이보다 크다는 사실을 확인할 수 있다.

....

4   Brian Schaffner, "Analyzing how Bernie Sanders supporters voted in the 2016 General Election", 웹 게시물(https://sites.google.com/view/brianfschaffner/public-out-reach-analyses/how-sanders-supporters-behaved-in-the-2016-general-election).

표 8-2 주요 스윙주의 샌더스-트럼프 지지자 수

주	샌더스 경선 지지자	샌더스 경선 지지자 중에서 트럼프 지지율	샌더스-트럼프 지지자 수 (추정치)	트럼프-클린턴 투표수 차이
미시간	598,943	8%	47,915	10,704
펜실베이니아	731,881	16%	117,100	44,292
위스콘신	570,192	9%	51,317	22,748

(https://www.npr.org/2017/08/24/545812242/1-in-10-sanders-primary-voters-ended-up-supporting-trump-survey-finds)

물론 이러한 가설이 타당한 설명이 되려면 다른 조건들을 더 꼼꼼하게 검토해야 하지만, 샌더스에 대한 지지와 트럼프에 대한 지지가 이어질 수 있는 지점이 자유무역 반대와 반세계화 주장 외에는 거의 없다는 점을 고려하면 이 수치는 상당한 의미를 가지고 있다고 볼 수 있다. 〈그림 8-9〉에서 보이는 것처럼 샌더스는 민주당에서도 가장 진보적인 상원의원인 반면 트럼프는 공화당에서도 가장 보수적인 정치인이다. 이민, 인종, 소수자, 양성평등, 장애인 등의 문제에서 트럼프와 샌더스의 공통점은 거의 없다고 볼 수 있다. 따라서 이 두 후보의 지지자들이 서로 연결될 수 있는 거의 유일한 통로는 기존 정치인에 대한 반감과 자유무역 및 세계화에 대한 반대 입장이라고 할 수 있다.[5]

....

5   트럼프와 샌더스가 가장 극명한 차이를 보인 이슈 중의 하나는 이민정책이었다. 트럼프는 국경장벽 건설, 이민세관단속국(ICE) 요원 세 배 증원, 불법 이민자 추방, 출생지 시민권 제도 폐지, 테러 네트워크 지역에서 오는 방문자와 이민자들의 입국 금지를 주장했다. 또한 트럼프는 오바마 정부에서 추진된 '불법체류 청년 추방유예 프로그램'(Deferred Action for Childhood Arrivals, DACA), '미국 시민권자 및 영주권자 부모 추방유예 프로그램'(Deferred Action for Parents of U.S. Citizens and Lawful Permanent Residents, DAPA), 그리고 어린 나이에 미국에 입국한 불법체류 청년들에게 시민권 취득의 기회를 제공하는 DREAM 법안(Development, Relief, and Education for Alien Minors Act)의 단계적 혹은 전면적 폐지를 주장했다. ABC News, "Trump vs. Clinton: Comparing

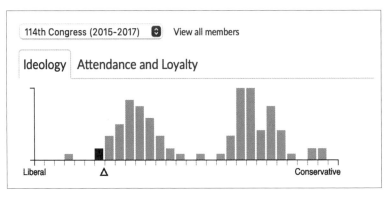

그림 8-9 버니 샌더스의 114대 의회에서의 이념점: 왼쪽으로 갈수록 진보, 오른쪽에 위치할수록 보수. 샌더스의 이념점은 아래 삼각형에 의해 표시
(https://voteview.com/person/29147/bernard-sanders)

실제로 민주당 경선에서 샌더스가 탈락하자 트럼프는 "조작된 슈퍼대의원 제도에 의해 추위에 떨게 될 버니 샌더스 유권자 여러분을 두 팔 벌려 환영합니다. (…) 버니[샌더스]가 그토록 격렬하게 반대했던 끔찍한 무역협정들은 그 누구도 생각했던 것보다 훨씬 더 잘 처리될 것입니다. 그게 바로 제가 하는 일입니다. 우리는 환상적인 무역협정을 맺게 될 것입니다."라고 말하며 무역협정에 대한 입장을 매개로 샌더스 지지자들을 자신의 지지층으로 끌어들이고자 했다.[6]

결국 선거 결과 모두의 예상을 뒤엎고 트럼프 후보가 승리했다.

·········

Their Stances on Immigration Reform", September 2, 2016(https://abcnews.go.com/Politics/trump-clinton-comparing-stances-immigration-reform/story?id=41799971, 최종 접속 2024년 6월 29일). 반면 샌더스는 트럼프의 멕시코 국경장벽 건설을 반대했고 무등록 이민자 추방, DACA, DAPA, 그리고 DREAM 법안 폐지, 무슬림 이민자와 난민 입국 금지에 대해서 반대 입장을 분명히 했다. Nicole Narea, "Bernie Sanders's evolution on immigration, explained", February 26, 2020(https://www.vox.com/policy-and-politics/2020/2/25/21143931/bernie-sanders-immigration-record-explained, 최종 접속2024년 6월 29일).

6   Amber Jamieson, "Trump to Bernie Sanders supporters: 'We welcome you with open arms'", *The Guardian*, June 8, 2016(https://www.theguardian.com/us-news/2016/jun/07/donald-trump-bernie-sanders-supporters-clinton-nomination).

득표율에서는 46.1%로 48.2%를 얻은 클린턴 후보에게 뒤졌으나 전통적 민주당 강성 지역이던 미시간뿐만 아니라 펜실베이니아, 오하이오, 아이오와, 플로리다, 위스콘신과 같은 주요 경합주에서 선거인단 표를 싹쓸이하면서 선거 승리에 필요한 270명의 선거인단을 훌쩍 넘어서는 306명을 확보했다. 클린턴 후보는 232명의 선거인단을 얻는 데 그쳤다.[7]

트럼프의 당선 후 행보는 그의 당선만큼 충격적이었다. 트럼프는 보호무역주의를 전면에 내걸고 당선된 뒤 보호무역주의 조치를 약속대로 집행하기 시작했다. 선거 캠페인에서 본인이 주장한 대로 그는 진정 21세기의 매킨리가 되었다. 재미있는 사실은 매킨리 대통령이 대통령 기자단(president pres corps)을 만들어 자신의 정책을 효과적으로 홍보한 최초의 근대적인 미국 대통령이었다면(Ponder 1994), 트럼프는 기자단과 언론을 무시하고 트위터를 이용하여 직접 자신의 정책과 결정을 홍보했다는 것이다.

트럼프 대통령은 무역, 경제, 외교, 사회, 이민 문제 등 다양한 이슈에 대한 자신의 입장을 트윗으로 쏟아냈고 지지자들은 전례 없는 대통령과의 직접 소통에 환호했다. 〈그림 8-10〉은 트럼프 대통령이 무역과 관련되어 내보낸 트윗 중에서 화제가 되었던 열여섯 가지를 보여준다.[8] 트럼프 대통령은 취임 초기에는 트윗 횟수가 상당히 적었지만 2019년에 활동량이 크게 증가하여 2018년에 약 3,500회, 2019년에 7,700회, 2020년에 12,000회 이상 트윗하거나 리트윗한 것으로 나타났다.[9] 2021년 1월, 트위터가 의회당 습격에 대한 책임을 물어

....

8 이 숫자는 약속된(pledged) 선거인단 표를 의미한다. 실제로는 선거인단들이 약속된 후보를 찍지 않는 10명의 신의 없는 선거인단(faithless electors)이 발생했다.

8 트럼프의 모든 트윗은 트럼프 트윗 저장소에 저장되어 있다(https://web.archive.org/web/20210109031942/https://www.thetrumparchive.com/, 최종 접속 2024년 4월 22일).

9 https://www.statista.com/chart/19561/total-number-of-tweets-from-donald-

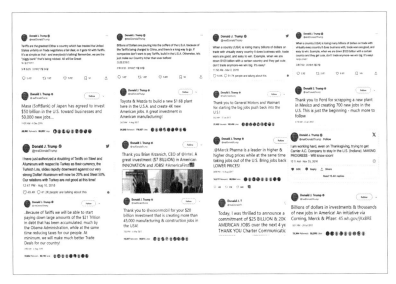

그림 8-10 트럼프의 무역 관련 트윗

트럼프 대통령의 계정을 폐쇄하던 순간 트럼프 대통령의 트위터 계정은 8,870만 명의 팔로워를 가지고 있었다.

여기서 이 책에서 말하는 트럼프 선거운동의 효과성에 대한 설명은 그 주장의 타당성과는 무관한 것임을 강조해둘 필요가 있다. 이 책에서 말하는 트럼프 선거운동의 "효과"는 유권자들의 관심과 표를 끌어모은다는 선거 공학적인 의미에 불과하다. 사실 트럼프의 무역에 대한 주장이 사실과 일치하지 않거나 논리적으로 모순된다는 점은 공화당 경선 과정에서부터 큰 논란이 되어왔다. 예를 들어, 2016년 3월 10일에 개최된 마이애미 공화당 예비선거 토론회에서 테드 크루즈(Ted Cruz)는 트럼프의 중국 수입품 관세에 대한 토론에서 트럼프의 주장이 지닌 문제점을 다음과 같이 비판했다.

....

trump/(최종 접속 2024년 4월 22일).

테드 크루즈: 국제무역의 문제점에 대해서는 도널드가 옳습니다. 하지만 그의 해결책은 효과가 없습니다. 그는 외국 상품에 45%의 관세를 부과할 것을 제안했습니다. 45%의 관세가 부과되면 월마트에 가서 소비자가 지불하는 가격이 45% 올라가는 효과가 있습니다. 관세는 당신에게 부과되는 세금입니다.

도널드 트럼프: 45%의 관세는 위협입니다. 그들이 행동하지 않으면 세금이 될 것입니다. 중국은 그들이 가진 모든 것을 미국에 덤프(dump)합니다. [그런데] 우리는 중국 시장에 들어갈 수 없습니다. 45%는 그들이 행동하지 않으면 세금을 부과하겠다는 위협입니다.

테드 크루즈: 세금을 내는 것은 중국이 아닙니다. 바로 일하는 여러분입니다. 그러니 집에서 스스로에게 물어보세요: 이것이 여러분에게 어떤 도움이 되고 있나요? 임금이 20년 동안 정체되어 있고 청구서를 지불할 수 없는데 대통령이 와서 "기저귀, 자동차, 의류에 45%의 세금을 부과하겠다"고 말하는 것이 여러분에게 어떤 도움이 될까요? 그것은 여러분에게 해를 줍니다. 그렇기 때문에 우리는 "중국은 나쁘다"는 수사를 넘어서서 실제로 "어떻게 문제를 해결할 것인가?"에 도달해야 합니다. 이 해결책은 일자리를 해치고 미국에서 열심히 일하는 납세자에게 피해를 줄 수 있기 때문입니다.[10]

트럼프 대통령은 언론을 무시하고 트위터를 통해 자신의 일방적인 주장을 전달함으로써 국제무역과 같이 복잡한 문제들에 대한 지지자들의 생각을 단순화하고 확신에 가득차게 만들었다. 캐서린 클레이튼(Katherine Clayton) 등의 연구(Clayton et al. 2021)에 따르면

---

10 OnTheIssues, "Ted Cruz on Free Trade"(https://www.ontheissues.org/international/Ted_Cruz_Free_Trade.htm, 최종 접속 2023년 11월 20일).

트럼프의 선거 부정에 대한 트윗에 반복적으로 노출된 트럼프 지지자들에게서 선거에 대한 신뢰와 믿음이 약화되고 선거가 조작되었다는 믿음이 커지는 현상을 확인했다고 한다.[11]

반복되는 역사

19세기 말 부채와 폭락하는 농산물 가격에 신음하던 미국 남부와 중부의 농민들은 1893년의 경제공황(The Panic of 1893)으로 은의 자유 주조와 관세 삭감을 요구했다. 은의 자유 주조를 반대하고 금본위제도를 도입하고자 하는 J. P. 모건(J. P. Morgan)과 같은 동부의 은행가와 독점자본가들은 그들의 적이었다. 이들은 1892년 대통령 선거에서 포퓰리스트 정당(Populist Party)을 창당하여 제임스 위버(James Weaver)를 후보로 선출했다. 포퓰리스트 정당은 플랫폼으로 누진 소득세, 철도, 전신, 전화 시스템의 공공 소유, 정부 발행 화폐, 은의 무제한 주조를 요구했다. 위버는 8.5%의 득표에 그쳤으나 제3당으로서의 존재감을 알릴 수 있었고, 그 다음 선거인 1896년 선거에서 독자 출마 대신 포퓰리스트 정당의 플랫폼을 거의 이어받은 민주당의 윌리엄 제닝스 브라이언(William Jennings Bryan)을 지지하게 된다. 1896년의 선거에서 보호무역을 전면에 내건 공화당의 윌리엄 매킨리는 은의 자유 주조를 전면에 내건 민주당의 브라이언 후보의 도전을 가까스로 물리쳤다. 브라이언의 후보 지명에 비판적이었던 기존 민주당 주류 세력(부르봉파로 불림)은 그를 지명한 후에 당내

---

11 Katherine Clayton, Nicholas T. Davis, Brendan Nyhan, Ethan Porter, Timothy J. Ryan, and Thomas J. Wood, "Elite rhetoric can undermine democratic norms", *Proceedings of the National Academy of Sciences*, 2021. e2024125118, p. 118.

영향력이 줄어들었고 포퓰리스트의 많은 공약들은 민주당 플랫폼으로 상당 부분 흡수되었다.

2016년 미국 대통령 선거는 1896년 미국 대통령 선거와 여러 면에서 매우 유사하다.[12] 보호무역주의를 기치로 내건 공화당 후보가 당선되었다는 점뿐만 아니라 경제적 궁핍에 빠진 절망적인 유권자들이 버니 샌더스와 도널드 트럼프라는 2명의 극단적인 후보를 지지했다는 사실 때문이다. 비록 버니 샌더스는 민주당의 후보 지명을 2016년에도, 2020년에도 받지 못했지만 그의 풀뿌리 선거운동이 민주당에 미친 영향은 결코 무시할 수 없다. 트럼프의 선거운동과 집권이 공화당에 미친 영향은 더욱 크다. 사실상 2016년 이후의 공화당은 트럼프의 정당이 되었다고 해도 과언이 아닐 만큼 트럼프와 공화당 지지자들의 유대는 다른 어떤 공화당 정치인도 넘볼 수 없을 만큼 끈끈하다.

이제 Part II의 첫 부분에서 제시한 퍼즐에 대한 답을 정리해보자. 자산의 희소성과 이동성에 기반한 유권자 무역 선호 모형에 따르면 NAFTA, 중국과의 PNTR, 그리고 자유무역협정은 역내 희소성이 강하고 자산 이동성이 낮은 제조업 노동자, 제조업 지역 거주자, 제조업 지역 소상공인과 서비스 노동자들의 소득과 자산에 직접적인 타격을 주었으며 이 피해는 지리적으로 매우 집중된 방식으로 배분되었다고 정리할 수 있다. 일자리는 줄어들고 실질임금은 하락하거나 정체된 상태에서 2007-2008년의 금융위기는 주택 가격이 가장 중요한 자산을 구성하는 미국 중산층 이하 유권자들의 경제적 근간

....

12   이와 유사한 시각에서 차태서(2024)는 트럼프에 대한 미국 유권자들의 지지가 "잭슨주의적 포퓰리즘 운동의 반기득권 정서에 토대"를 두고 있다고 보고, 트럼프 현상을 잭슨주의의 부활로 설명하고 있다. 차태서(2024), p. 63.

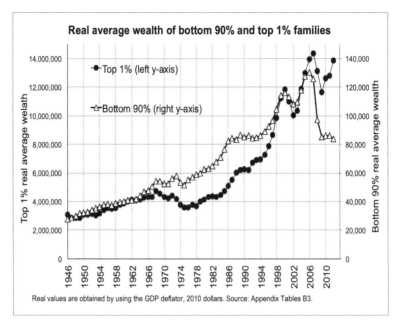

Real average wealth of bottom 90% and top 1% families

Real values are obtained by using the GDP deflator, 2010 dollars. Source: Appendix Tables B3.

그림 8-11 미국 상위 1%와 90%(하위 10%) 가구의 실질 평균 자산(부)의 변화.
Saez and Zucman(2016), p. 556.

을 흔들어놓았다. 〈그림 8-11〉에 제시된 이매뉴얼 사에즈(Emmanuel
Saez)와 가브리엘 주크먼(Gabriel Zucman)의 연구 결과(Saez and
Zucman 2016)에서 확인되는 것처럼, 주식이나 기타 금융화된 증권
이 자산의 큰 부분을 차지하는 상위 1%는 금융위기의 충격으로부터
신속하게 회복한 반면 주택이나 연금과 같이 유동성이 떨어지는 자
산을 보유한 하위 10%는 자산 가치가 정체되는 모습을 보여준다. 소
득과 일자리와 자산 모든 영역에서 불평등이 증가하는 새로운 길드
시대(New Gilded Age)가 미국에서 전개된 것이다.

이러한 경제적 충격이 정치제도를 통해 전달되는 데에는 상당한
시간이 걸렸다. 그것은 미국의 정치제도가 가진 중요한 특징 때문이
다. 미국의 양당제도와 다수주의 의회, 삼권분립에 기초한 엄격한 견
제와 균형 체제는 세계화의 부정적 효과가 지리적으로 집중되고 세

대를 거쳐 누적되는 과정이 30여 년 동안 조용히 진행될 수 있도록 도와주었다. 미국의 강한 달러와 금융의 증권화, 그리고 이에 기반한 부동산 붐은 미국의 중산층과 저소득층이 세계화의 충격을 느끼지 못하도록 해주는 진통제와 같은 것이었다. 2007-2008년의 금융위기는 느슨한 통화정책(easy money)이라는 진통제가 더 이상 제공될 수 없다는 신호였고, 미국의 중산층과 저소득층은 이제 진통제 없이 세계화의 누적된 충격을 체험해야 했다.

2016년 대통령 선거는 진통제 없이 10여 년을 버텨온 미국의 중산층과 저소득층이 한목소리로 "세계화가 너무 많이 나갔다"(Globalization has gone too far)라는 목소리를 낸 정치적 사건이었다. 정치인에게 위임해준 무역과 개방에 대한 정책결정권을 유권자들이 다시 회수하고 스스로 어떤 정책을 선호하는지 뚜렷하게 발언하기 시작했다. 1934 체제는 냉전 이후 최초의 보호무역주의 대통령의 당선이라는 사건으로 간단히 무너지고 말았다. 트럼프 행정부는 자유무역 균형점을 보호무역 균형점으로 옮기는 데에 아무런 어려움도, 제약도 받지 않았다. 자유무역 비토투표자를 확보할 수 없는 의회 내의 민주당 의원들은 속수무책으로 트럼프의 반자유무역 조치들을 관망할 수밖에 없었다. 아니, 보다 정확히 말하면 민주당 역시 2016년 선거에서 중요한 교훈을 깨달았다. 자유무역과 개방, 세계화에 대한 일방적 공약이 유권자들의 암묵적 지지를 받던 시대가 지나갔다는 사실이다. 2016년 7월 민주당은 TPP에 대한 공약을 철회해야 한다는 버니 샌더스의 주장을 받아들이지 않았지만 2016년 11월 이후 민주당의 무역에 대한 입장은 매우 달라졌다. 2020년 대통령 선거를 앞두고 발표된 민주당 플랫폼은 무역협정에 대한 입장을 다음과 같이 선명하게 선언했다.

우리는 미국의 국내 경쟁력에 먼저 투자하기 전에는 어떠한 새로운 무역협정도 하지 않을 것입니다.[13]

206

....

13   2020 Democratic Party Platform, August 17, 2020, Available at the American Presidency Project(https://www.presidency.ucsb.edu/documents/2020-democratic-party-platform#:~:text=Democrats%20will%20protect%20and%20promote,and%20for%20too%20many%20generations, 최종 접속 2024년 4월 24일).

9

결론: 새로운 자유주의 국제질서를 위한 제언

21세기 자유주의 국제질서는 두 가지 중대한 도전에 직면해 있다. 첫 번째 도전은 중국과 러시아라는, 자유주의 국제질서의 현 상태를 대대적으로 수정하여 세력권 질서를 구축하고자 하는 강력한 현상 변경 국가의 등장이며 두 번째 도전은 미국 국내 정치에서 개방에 대한 사회적 합의의 급속한 약화와 자유주의 국제질서를 교란시키는 미국 행정부의 구조적 일탈행위의 등장이다.

이러한 도전을 극복하기 위한 대안은 무엇인가? 자유주의 국제질서를 유지하기 위해서는 밖으로는 세력권 질서의 등장에 대한 시도와 맞서야 하고 안으로는 핵심 국가들 내에서 개방에 대한 사회적 합의를 튼튼하게 유지해야 한다. 이를 위해서는 지금까지 유지되어 온 자유주의 국제질서에 대한 부분적 수정과 보완이 필요하다. 결론에서는 이 수정과 보완에 대해 간단히 언급하고자 한다.

사회적 목표에 뿌리박은 경제적 자유주의

자유주의 국제질서의 대내적 정당성을 유지하기 위해서는 개방에 대한 지속 가능한 국내적 합의를 만들어낼 수 있는 새로운 정치경제 패러다임을 고안해내야 한다. 보상(compensation)이나 소득 이전(income transfer), 기존 사회복지정책에 의존하는 개방경제 모형으로는 이제 더 이상 개방에 대한 지속 가능한 합의를 도출하기 어렵다.

중국이나 멕시코, 인도, 아세안 국가들과 같이 풍부한 노동력을 가진 국가들이 국제무역에 참여하기 시작하면서 기존 산업국가의 노동시장은 전례 없는 심각한 충격을 경험했다. 선진국 노동자들 임금의 1/10 또는 1/20 수준으로 고용될 수 있는 양질의 노동력이 국제무역에 참여하기 시작하면서 선진국 기업들은 노동집약적 업무를 대거 해외로 옮기고 기술집약적 업무에 집중하기 시작했다. 수송 비용의 단축과 정보기술 혁명으로 인한 업무의 파편화와 국제화는 지리적 한계를 넘어 전 세계로 확산되었다. 단순히 외국으로부터의 수입이 증가하면서 임금이 하락하고 노동조건이 악화되며 고용이 불안정해지는 수준의 충격이 아니라 자신이 하던 업무 자체가 해외로 옮겨가거나 기계에 의해 대체되는 구조적 충격이 선진국 노동시장을 강타하기 시작했던 것이다.

이런 상황에서 자산의 역내 희소성이 높고 자산 이동성이 낮은 사람들에게 제시되는 실업급여나 무역으로 인한 피해구제 형식의 소득보조는 결코 신뢰할 만한 이행약속이 될 수 없다. 정부의 정책 우선순위가 바뀌거나 정부의 재정 상황이 변하면 소득보조 정책은 언제든지 중단될 수 있기 때문이다. 또한 중산층의 세금 부담을 공략하는 것이 중요한 선거 전략으로 계속 남아 있는 이상 실업급여나 무역으로 인한 피해구제 형식의 소득보조는 중산층을 위한 감세나 재정

건전을 부르짖는 정치세력의 먹잇감이 되기 쉽다. 소득보조정책이 갖는 시간 비일치성(time inconsistency problem, 정치인들이 선거를 앞두고 제시하는 소득 지원 공약은 미래 재정 상황이 악화될 때 철회될 수 있음)은 이제 대부분의 유권자들이 잘 인지하고 있다고 봐야 한다.[1] 더 나아가 소득보조정책만으로는 생산시설의 해외 이전이나 자동화로 나타나는 지리적 변화(예: 공장 지역의 황폐화, 주택 가격의 하락, 사회기반시설의 노후화, 도시인구의 과밀화, 보건 및 유통 관련 생활편의시설의 지리적 비대칭 등) 문제를 해소하기 어렵다.

결국 자신이 하던 업무 자체가 해외로 옮겨가거나 기계에 의해 대체되는 구조적 충격을 경험하고 있는 집단(특히 자산의 역내 희소성이 높고 이동성이 낮은 집단)이 동의하고 신뢰할 수 있는 사회정책이 개방에 대한 새로운 패러다임의 한 축으로 제시되어야 한다. 자신이 보유한 자산의 시장가치가 점점 사라져가며 고용이 불안정해지고 자신이 거주하는 지역이 황폐화되는 것을 경험하는 세계화의 피해자들에게 경제적 낙관과 기대를 제공할 수 있는 사회정책 패키지가 제시되어야 한다. 문제는 이러한 사회정책 패키지가 국가 간에 조율되지 않고 진행될 경우 성공하기 어렵거나 새로운 보호무역 장벽이 될 수 있다는 점이다.

이런 측면에서 21세기 자유주의 국제질서를 위한 정책 패키지의 시작점은 "사회적 목표에 뿌리박은 경제적 자유주의"(socially ingrained economic liberalism)에 대한 국가 간 합의라고 볼 수 있다. "사회적 목표에 뿌리박은 경제적 자유주의"는 다음과 같은 정책들을

....

1   시간 비일치성은 정책당국이 재량적 정책(discretionary policy)을 추구할 경우 최적의 정책 계획이 시간이 지남에 따라 비일관적으로 변할 수 있다는 점을 가리키는 개념이다. 정책당국이 사전에 발표한 정책을 사후적으로 변경할 유인과 권한을 가진 경우가 이에 해당된다.

국가 간 합의의 형태로 고려해야 한다. 첫째, 상품시장 개방으로 인한 국내 산업의 피해를 최소화하고 사회적 안정을 도모할 수 있는 사회적 적정 생산활동에 대한 다자적 합의를 도출하는 것이 필요하다. 사회적 적정 생산활동은 생산활동이 "지역"에 미치는 긍정적인 외부성(예: 낙후지역의 경제발전, 지역 경제활동에 필요한 최소 고용 및 생산시설 유지, 환경 보호, 기본적 생활권 보장 등)에 초점을 맞추어, 해당 지역의 지속적이고 독립적이며 존엄 있는 삶을 유지하는 데 필수적인 수준의 생산활동을 지칭한다. 사회적 적정 생산활동을 유지하기 위한 구체적인 방법으로는 우선 국가 간에 사회적 적정 관세(socially optimal tariff)를 동시에 도입하여 지역의 경제활동을 유지하는 데 필수적인 생산시설과 고용을 안정적으로 유지하는 것을 고려할 수 있다. 동시에 국내로 들어오는 해외직접투자(inbound foreign direct investment)에 대한 문호를 완전히 개방하여 사회적 적정 생산활동의 유지라는 목표가 기업의 국적에 대한 차별로 이어지지 않도록 해야 한다. 즉, 사회적 적정 관세는 국적과 무관하게 국내에서 생산활동을 하는 기업을 보호하는 정책이 되어야 한다.

보조금과 같은 비관세장벽에 비해 관세는 투명하고 추적이 용이하며 일몰조항(sun-set clause)을 적용할 수 있어서 경제에 미치는 악영향을 정부가 미세하게 통제할 수 있으며 관세로 인한 조세 수입을 다시 사회적 적정 생산활동을 유지하는 데 투입할 수 있다는 장점이 있다.[2] 다만 적정 관세가 적용될 산업과 세율에 대한 결정을 개별 국

....

2   이런 점에서 EU에서 회원국 간 경제적·사회적 격차를 줄이고 균형 잡힌 발전을 촉진하기 위해 낙후지역에 대해 진행한 다양한 보조금 정책은 차선책이라고 할 수 있다. EU의 지역보조금은 구조기금(Structural Funds)과 응집기금(Cohesion Fund)으로 크게 나뉘지는데, 구조기금은 유럽지역개발기금(ERDF), 유럽사회기금(ESF), 농촌개발기금(EAFRD) 등으로 구성되며 낙후지역의 인프라 개선, 중소기업 지원, 교육 및 훈련, 일자리 창출 등에 사용된다. 응집기금은 1인당 GNI가 EU 평균의 90% 이하인 회원국을

가가 아니라 국가별 협의를 통해 정함으로써 근린 궁핍화와 같은 폐해를 줄여야 한다.[3] 관세를 통해서만 생산활동이 유지되는 기업은 결국 좀비 기업화되어 도덕적 해이에 빠질 가능성이 높은 것이 사실이다. 사회적 적정 관세를 한정관세(bound tariff)의 형태로 국가 간 합의에 의해 한계를 미리 설정하고 점차 단계적으로 축소해나가면서 도덕적 해이가 확산되는 것을 방지해야 한다.

최근 필자는 동료 연구자들과 함께 미국에서 해외직접투자(FDI)의 유입이 해당 지역 유권자들에게 반세계화 캠페인에 대한 중요한 백신 효과를 가진다는 점을 발견했다. 해외직접투자의 유입은 단순히 고용을 증가시키는 것에 머물지 않고 지역경제의 활성화, 공공재 제공의 증가, 그리고 주민들 사이에서 경제적 낙관론이 증대되는 효과가 나타나 모든 경제문제에 대한 해법으로 세계화에 대한 반대를 주장하는 선거운동이 그리 손쉽게 표를 얻기 어려운 환경을 만든다는 것이다(Kim, Kim, and Park 2024).

둘째, 사회적 적정 생산활동에 대한 다자적 합의는 WTO에 대한 개혁을 필요로 한다. 미국은 현재 WTO의 분쟁해결제도 개선 문제를 두고 다른 국가들과 큰 의견 차이를 보이고 있다. 미국의 입장은 WTO의 분쟁해결제도를 간소화(예: 이심제가 아닌 단심제)하고 상소위원들의 권한을 대폭 축소(예: 패널/상소 위원이 자문 의견을 발표하는 것을 금지)하여 국내 산업을 보호하기 위한 미국 정부의 조치들(예:

....

지원하기 위한 것인데, 환경 프로젝트와 범유럽 교통망(TEN-T) 프로젝트에 투자된다. European Commission(2015).

3   폴 크루그먼(Paul Krugman)은 2007-2009년 금융위기로 인한 불황에 대처하기 위해 다자적으로 협의된 보호무역정책을 제안한 바 있다. 그는 경기부양 법안에 보호무역정책(the buy-American provisions in the stimulus bill)이 포함된 것을 옹호하며 국가 간에 서로 협의가 된다면 보호무역정책은 불황에 대처하는 중요한 정책 수단이 될 수 있다고 주장했다. 이러한 주장에 대한 반발을 의식한 듯, 크루그먼은 보호무역을 무조건적으로 거부하는 것은 경제학이 아니라 신학이라고 비판했다. Krugman(2009).

세이프가드 관세(safeguard tariffs), 상계 관세(countervailing duties), 반덤핑 관세(anti-dumping duties) 등)을 최대한 WTO 분쟁해결기구의 심사 대상이 되지 않도록 하고 싶어 한다(황의식·서진교·강형준·표유리·우가영 2024). 다니엘 아이켄슨(Daniel Ikenson)에 따르면 1995년 WTO 출범 이후 미국이 당사국으로 제소된 무역 분쟁 사건 중 약 89%에서 미국은 패소했다(Ikenson, 2017). 패소한 사례들 중에는 노골적인 보호무역 조치도 있었지만 미국이 중국과 다른 무역상대국의 불공정 무역 관행에 대항하기 위해 취한 조치들도 포함되어 있었기에 미국은 WTO의 결정이 회원국이 정한 범위를 넘어서는 위임 실패(delegation failure)를 범했다고 보고 있다.

그러나 미국이 자유주의 국제질서를 유지하고자 하는 유인이 있다면 WTO의 분쟁해결제도를 계속 기능 정지 상태로 두지는 않을 것이다. 다른 회원국들 역시 미국이 제기하는 위임 범위에 대한 명확한 재규정 요구를 일부 수용하여 WTO의 분쟁해결제도를 회복하는 것이 기능 정지 상태보다는 낫다는 점을 인식하고 있다. 따라서 미국과 회원국들 간의 협상과 타협의 여지는 매우 크다고 볼 수 있다. 2024년 3월에 끝난 WTO 최고의 의결기구인 각료회의(Ministerial Conference)의 13차 회의에서도 분쟁해결제도의 개혁에 대한 국가들의 입장 차이를 좁히기 어려웠다. 2024년 내에 모든 회원국이 접근할 수 있는, 제대로 기능하는 분쟁해결제도를 복원하는 것에 합의했지만 재선을 앞둔 바이든 정부가 얼마나 큰 양보를 할 수 있을지는 의문이다(Denamiel, Schleich, and Reinsch 2024). 한국과 같은 대외 무역 비중이 높은 국가에게 WTO의 분쟁해결제도의 복원은 무엇보다도 중요한 과제인데, 이를 위해서는 미국의 대내적 (n-1) 문제를 완화할 수 있는 제한적인 권한 조정과 WTO 분쟁해결제도의 기능 복원을 맞바꾸는 타협을 신속하게 진행하는 것이 필요하다.

셋째, 사회적 적정 생산활동에 대한 다자적 합의와 WTO에 대한 개혁이 진행되기 위해서는 산업보조금에 대한 국가 간 합의가 새롭게 도출되어야 한다. 현행 WTO의 보조금 협정(Agreement on Subsidies and Countervailing Measures, SCM)은 보조금을 금지 보조금(prohibited subsidies), 조치 가능 보조금(actionable subsidies), 무조치 보조금(non-actionable subsidies)의 세 가지 유형으로 분류하고 있다. 그러나 현행 SCM 협정은 그 적용 범위가 제한적이어서 경제 안보나 기후 변화와 관련되어 우후죽순으로 등장하는 새로운 형태의 보조금을 효과적으로 규제하기 어렵고 개발도상국에 대한 특별 대우 조항이 남용되는 문제점이 있다고 지적되고 있다. 그중에서도 가장 심각한 문제점은 보조금에 대한 정보를 회원국들의 자발적 보고에 의존하고 있다는 것이다. 이로 인해 회원국들이 보조금 정보를 제때 통보하지 않거나 불완전한 정보를 제공할 유인이 매우 크다. 또한 보고 기준이나 내용도 모호하고 불완전하여 보조금의 규모, 수혜 대상, 지급 조건 등 핵심적인 내용이 누락되는 경우가 많다.

보조금에 대한 합의가 필요한 가장 중요한 이유는 중국 때문이다. 중국 공산당 정부와 인민해방군, 그리고 중국 기업 간의 특수 관계는 중국의 초고속 성장이 안보적 우려로 바뀌게 된 결정적인 고리라고 볼 수 있다. 이 특수 관계는 자유주의 국제질서를 유지하고자 하는 국가들에 다음과 같은 세 가지 위험을 야기했다. 1) 중국 인민해방군과 기업 간의 협력 관계를 통해 민간 영역의 기술이 군사적 용도로 전용되는 이중기술(dual use technology) 위험, 2) 중국 인민해방군과 기업 간의 협력 관계를 통한 기술 탈취와 산업스파이 활동, 그리고 사이버 안보 위험, 3) 중국 정부가 기업에 제공하는 막대한 보조금. 이 세 가지 위험은 시진핑 체제에서 중국 공산당의 이념적 지배가 강화되고 시진핑에게 권력이 집중되면서 더욱 심각해지

고 있다.[4]

　　1)과 2)의 영역에서 자유주의 국제질서를 유지하고자 하는 국가들이 중국과 협력할 수 있는 여지는 크지 않다고 볼 수 있다. 이중기술의 위험과 사이버 안보 위험은 억지(deterrence)의 대상이기 때문이다. 반면 3)의 영역은 중국만의 문제가 아니며 중국 정부 역시 불공정 무역에 대한 불필요한 논란을 줄이기 위해서 일정 부분 협력의 여지가 있다고 기대할 수 있다. 국가보조금을 투명하게 함으로써 중국의 경제성장에 대한 우려와 불신을 완화할 수 있다면 보조금 문제를 국제적인 기준에 맞게 정비하는 것이 중국에 장기적으로 유리한 선택일 수 있다. 중국은 과거 지적재산권 상습 위반국이라는 오명을 가지고 있었으나 중앙정부의 노력으로 지적재산권의 위반을 적극적으로 규제하여 현재 그 오명을 상당히 벗어난 상태이다(Mertha 2009;

4　이러한 우려를 가장 잘 보여준 두 가지 사례는 화웨이의 기술 탈취 사건과 "중국제조 2025"이다. 한국과학기술정보연구원(2015). 280억 달러 규모의 노텔은 캐나다에서 역사가 오래되고 기술력이 뛰어난 회사였으나 협력기업이었던 화웨이에 의해 기술을 빼앗긴 뒤 화웨이의 저가공세를 못 이기고 파산했다. 이 과정에서 화웨이에 의한 기술 탈취와 지적재산권 침해 사례가 매우 많았음이 확인되었다. 화웨이는 이동통신 장비 분야에서 후발 주자였으나 노텔이나 시스코와 같은 선두주자를 물리치고 1위로 부상했다. 권석준(2022), pp. 133-38. 조선일보, "화웨이의 '원죄'가 된 노텔의 죽음", 2020년 12월 14일(https://www.chosun.com/international/china/2020/12/14/YGKNZ2G2GBCY-7DUUPTFV5QWPPA/, 최종 접속 2022년 10월 22일). 중국제조 2025는 2015년 5월에 발표된 중국 정부의 보고서로, 중국의 중장기 경제계획을 담고 있다. 보고서는 2015년부터 2045년까지 총 30년간을 3단계로 나누어 각 단계별로 각각 10년의 기간을 설정한 뒤 이에 대한 계획을 설정했다. 문제는 이러한 제조업의 혁신적 강화가 민간 주도가 아니라 공산당의 지도와 지원 아래 이루어진다는 점이고 인민해방군이 중국 정부가 아니라 중국 공산당의 통제를 받는다는 점이다. 중국제조 2025를 추진하기 위해 중국 정부는 '국가 제조강국 건설 영도(領導) 그룹'을 구성할 것이라고 천명했다. 2021년 19기 5중전회를 통해 발표된 14차 5개년 계획(2021~2025)은 중국의 이러한 계획을 더욱 구체화하여 2035년까지 미국을 추월한 세계 제1의 경제대국을 성장 목표로 제시한 바 있다. 현상백·최원석·문지영·이효진·오윤미(2020). 이런 이유로 미중경제안보보고서위원회(US-China Economic and Security Review Commission)는 14차 5개년 계획이 미국의 국가안보에 심각한 위험을 가지고 있다는 점을 분명히 명시했다. 2021 US-China Economic and Security Review Commission, pp. 37-40.

Dimitrov 2009). 환율시장에 대한 개입도 중국 정부의 노력으로 2020 년 1월 환율조작국에서 해제된 이후 관찰대상국 지위를 계속 유지해 오고 있다.

　미국 역시 현재 경제안보에 대한 강조 속에서 보조금을 중심으로 한 산업정책을 본격화하고 있다. 바이든 행정부는 2022년 통과된 인플레이션 감축법(Inflation Reduction Act)과 반도체 및 과학법(CHIPS and Science Act)에 각각 3,690억 달러, 520억 달러가 넘는 보조금을 포함한 바 있다. 경제안보에 대한 우려로 인해 자국의 산업정책을 위한 보조금을 국가들이 포기하려고 하지 않으리라는 점은 분명하지만, 규율되지 않은 보조금 전쟁이 국가들의 재정 부담 증가와 과잉생산으로 이어질 것이라는 점은 모두 잘 인지하고 있다. 보조금 레짐을 현대화하는 것이 미국과 유럽, 일본, 한국과 같은 선진 산업국가만이 아니라 중국에도 도움이 될 수 있다는 점이 확인된다면 보조금에 대한 규칙을 WTO 내에서 새롭게 제정하고 WTO를 통해 이를 집행해나갈 수 있어야 할 것이다.

　산업보조금은 정의와 추적(detection)이 쉽지 않고 이에 대한 국가 간 합의가 대단히 어렵기 때문에 필자의 이러한 주장은 현실성이 없는 것으로 치부될 수 있다. 그러나 이미 EU는 매우 높은 수준의 국가보조금(state aid) 규제 체계를 성공적으로 운영하고 있다는 점에 주목할 필요가 있다. 이를 좀 더 구체적으로 살펴보면, EU 회원국들은 자국의 국가보조금 내역을 매년 유럽연합 집행위원회(European Commission, EC)에 보고해야 할 의무가 있다. EC는 회원국의 국가원조가 EU의 규정에 부합하는지 조사할 수 있는 권한을 가지고 있는데(EU 2015), 회원국이 보고 의무를 다하지 않거나 불법적인 국가보조금을 제공할 경우 EC는 해당 국가에 제재를 가할 수 있다. 또한 회원국이 국가보조금 보고를 누락하거나 불법 지원을 할 경우 이로 인해 피해를 입은 기업이나 개인은 유럽사법재판소(European Court of Justice, ECJ)에 제소할 수 있다. ECJ는 해당 사건을 심리하고 EC가 내린 결정의 적법성을 판단한다. ECJ의 판결 결과 해당 국가원조가 불법으로 판정될 경우 EC는 피해구제를 명령할 수 있다. 예를 들어, EC는 불법 국가원조의 회수를 명령하거나 피해 기업에 대한 보상을 요구할 수 있다. 회원국은 EC의 결정을 이행할 의무가 있으며, 불이행 시 제재를 받을 수 있다. 이러한 EU의 국가원조 통제 시스템은 보조금 지급의 투명성을 높이고 불공정한 지원으로 인한 피해를 구제하는 데 큰 역할을 하고 있다. 특히 EC와 ECJ라는 초국적 기구가 감시와 집행의 중심에 있다는 점에서 국가 간 이해관계를 초월한 공정한 규제가 가능하다는 장점이 있다(Park 2012).

지속 가능하고 보다 공정한 상호 의존

자유주의 국제질서는 배타적인 선진국 클럽이 되어서는 안 된다. 자유주의 국제질서에 참여하는 국가들은 자유주의 국제질서가 제시하는 규칙 안에서 개인의 기본권과 자유, 그리고 경제적 기회가 증가할 것이라는 기대를 가질 수 있어야 한다. 하지만 현재의 자유주의 국제질서는 이러한 기대를 약화시킬 수 있는 몇 가지 요소를 가지고 있는데, 이를 수정하지 않고서는 개발도상국들의 적극적인 참여를 기대하기 어려울 수 있다.

자유주의 국제질서가 개발도상국들에게 기회보다는 위험으로 인식될 수 있는 첫 번째 요인은 금융시장의 불안정성이다. 급격한 자본 유출입으로 인한 금융 불안정과 이로 인한 금융위기는 정부의 거시경제정책에 대한 자율성을 심각하게 훼손하고 사회적 약자와 세계화의 피해자들을 위한 정책 개입을 어렵게 한다. 금융자본의 단기적 이동에 대한 무제한적 허용은 1994년 멕시코 위기와 1997-1998년 아시아 금융위기, 1998년 러시아 금융위기, 1999년 브라질 금융위기 등 주기적인 외환위기와 금융위기를 야기했다. 또한 2007-2008년 금융위기에서 확인되는 것처럼 선진국 금융시장의 무분별한 규제 완화가 금융시장의 증권화(securitization)와 경제의 금융화(financialization)를 가속화해서 선진국의 금융시스템 역시 불안정성이 크게 증가했다.[5]

이런 이유로 IMF는 2010년에 발간된 정책 노트를 통해 대규모 자본 유입은 환율의 과도한 상승이나 자산 가격의 버블을 초래할 수 있으며 이는 금융 취약성과 위기 위험을 증폭시킬 수 있다는 점을 명시했다. 이런 점에서 IMF는 2007-2009년 금융위기 이후 무제한의 자본 흐름이 근본적으로 긍정적인 현상이라는 기존 견해를 다시 고려하는 것이 필요하다고 지적했다. 보고서는 경제가 잠재력에 가까운 상태에서 운영되고, 외환준비금 수준이 적절하며, 환율이 과소 평가

....

5   증권화란 유동성이 떨어지는 자산을 유동성이 높은 증권으로 전환하는 것을 말한다. 쉽게 말해, 현금 흐름을 창출하는 자산(예: 대출채권, 부동산 등)을 기초로 하여 이를 증권의 형태로 발행하는 것이다. 증권화의 대표적인 예로는 주택저당증권(Mortgage-Backed Securities, MBS)이 있다. 은행이 받은 주택담보대출은 만기가 길고 현금화하기 어려운 자산이다. 이때 은행은 이 대출채권을 모아 하나의 풀(pool)을 만들고 이를 기초로 증권을 발행할 수 있다. 투자자들은 이 증권을 사들이고 대출자들이 매달 납부하는 원리금은 증권 보유자들에게 지급된다. 이와 같이 증권화의 원래 목적은 비유동적 자산의 유동성 증대, 위험자산의 위험 분산이지만, 문제는 증권화가 무분별하게 증가할 경우 금융시스템 전체의 불안정성이 증가한다는 것이다. 2007-2008년 글로벌 금융위기 이전 미국 금융시장의 버블이 축적되는 과정에서 악성채권인 서브프라임 모기지론을 기초로 한 MBS가 무분별하게 발행되었고 이것이 주택 버블과 금융시스템의 불안정으로 이어졌다. 경제의 금융화는 경제에서 금융 부문의 중요성이 증가하는 현상을 가리키는데, 이는 주로 금융 부문의 크기가 커지는 현상과 비금융기관의 금융 업무가 증가하는 현상을 모두 가리킨다. 금융시장의 증권화와 경제의 금융화는 금융위기의 가능성을 증가시키고 소득이 상위 0.01%에게 집중되는 초집중 현상을 가속화한다. 박종희(2013).

되지 않았고, 자본 유입이 일시적일 경우 자본 통제의 사용이 정당화 될 수 있다고 결론지었다(Ostry et al. 2010). 이 보고서의 결론에 대해 대니 로드릭(Dani Rodrik)은 다음과 같이 논평했다.

IMF의 정책 보고서는 국경 간 금융 흐름에 대한 통제가 바람직할 뿐만 아니라 효과적일 수 있음을 분명히 하고 있습니다. 이는 중요한데, 왜냐하면 자본 통제에 반대하는 전통적인 최후의 논거는 그것이 지속될 수 없다는 것이었기 때문입니다. 금융시장은 항상 정책 입안자들보다 더 영리할 것이라는 거죠.

설사 그것이 사실이라 할지라도, 통제를 회피하려면 자금을 한 국가에 들여오고 내보내는 데 추가 비용을 감수해야 합니다. 이는 정확히 자본 통제가 달성하고자 하는 바입니다. 그렇지 않다면 왜 투자자들과 투기자들은 자본 통제가 가능성으로 언급될 때마다 피를 토하며 고함을 지르겠습니까? 만약 그들이 정말로 신경 쓰지 않는다면, 그들은 전혀 신경 쓰지 않아야 할 것입니다(Rodrik 2010).

2007-2008년 금융위기 직후 서울에서 개최된 2010년 G-20 정상회의는 금융자본에 대한 초국적 규제에 대한 국가들의 합의를 도출할 수 있는 중요한 기회였다. 자본 통제의 정당성에 대한 IMF 정책 노트 발간, 선진국의 양적 완화 정책으로 인한 개발도상국들의 자본 유입과 통화 절상 압력, 그리고 금융위기로 드러난 초국적 자본이동의 불안정성에 대한 공감대에 힘입어 G20 회원국들은 세계화 이후 처음으로 자본 통제에 대한 국가 간 합의에 다다를 수 있는 기회를 맞았다. 당시 미국 재무부 장관이었던 티모시 가이트너(Timothy Geithner) 역시 "자본 통제에 대한 문이 반쯤 열려 있다"(The door is ajar on capital controls)는 다소 애매한 표현으로 합의 가능성을 시사했다. 그러나 미국 오바마 행정부는 끝내 자본 통제에 대해 부정적인 입장을 취했고 G20 정상회의에서 자본 통제에 대한 구체적인 합의를 도출하지 못했다. 다만 '서울 액션 플랜'에서 급격한 자본 유출입의 영향을 완화하기 위한 정책 대응의 중요성을 인정하는 선에서 타협이 이루어졌다(Gallagher 2012, 120).[6]

자본 이동성과 금융 부문의 과도한 팽창은 동전의 양면처럼 연결되어서 미국을 제외한 국가들에게는 이중 위기(twin crisis: 외환위기와 은행 위기가 동시에 진행되는 현상)의 가능성을 높이고 있다. 그 결과 금융자본의 움직임이 시장 안정화와 자원의 효율적 배분의 기능보다는 시장 불안정화와 자본소득의 초집중화 현상을 초래하고 있다. 중장기 자본의 이동은 적극 장려하되 단기 투기성 자본에 대해서는 최소한의 자본거래세를 부과하여 무분별한 초국적 이동으로 인한 불안정 여지를 줄여야 한다. 기축통화를 유지하기 때문에 외환위기의 위험으로부터 자유로운 미국이 초국적 금융시장의 위험성을 계속 방치하는 것은 자유주의 국제질서의 대외적 정당성을 심각하게 약화시킬 것이고 궁극적으로는 달러의 신뢰성을 훼손하게 될 것이다.

자유주의 국제질서가 개발도상국에게 기회보다는 위험으로 인식되도록 하는 두 번째 요인은 국가부채이다. 개발도상국들이 새로운 자유주의 국제질서에서 선진국과 함께 번영하기 위해서는 국가부채 청산을 위한 국제제도가 마련되어야 한다. IMF 내에 국가부채 구조조정 메커니즘(Sovereign Debt Restructuring Mechanism)을 만들려는 시도는 미국과 금융 선진국의 반대로 그동안 실패해왔다(Ryan

....

6　G-20 서울 미팅에 대한 공식 기록은 다음에서 확인할 수 있다: https://www.oecd.org/g20/summits/seoul/, 최종 접속 2024년 4월 20일.

2014). 이런 이유로 현재 국가부채 청산은 채권국(주로 미국) 국내 재판소에 의해 진행되는 경우가 많다. 하지만 이로 인해 많은 문제가 발생하고 있는데, 그 대표적인 예가 아르헨티나의 국가부채에 대한 미국 법원의 판결(NML Capital *v.* Argentina)이다. 여기서 문제가 된 것은 파리 파수(*pari passu*) 조항인데, 이는 채권자 동등 대우 조항으로 채무 불이행 시 모든 채권자를 동등하게 대우해야 한다는 미국 국내법 조항(1837년 Bank of the United States *v.* Van Horne에서 처음으로 인정)이다. 아르헨티나의 국가부채 협상에서 파리 파수 조항이 적용됨으로써 다음과 같은 현상이 나타났다. 첫째, 아르헨티나가 대부분의 채권단과 채무조정에 합의했음에도 불구하고, (채권을 중간에서 싼값에 인수한) 일부 채권자들(주로 헤지펀드와 벌처펀드)이 이를 거부하고 전액 상환을 요구하여 채무조정 합의를 어렵게 했다. 채무조정에 합의하지 않은 모든 채권자들에게 채무를 상환하지 않으면 이미 조정이 끝난 다른 채권자들에게도 상환을 할 수 없게 된다. 둘째, 소수 채권자의 협상력이 매우 강해진다. 파리 파수 조항은 소수 채권자들에게 강력한 협상의 레버리지를 제공하기 때문에 이들이 아무리 소수라도 미국 법원에 소송을 제기하여 자신들의 권리를 끝까지 관철시킬 수 있다. 셋째, 파리 파수 조항으로 인해 채권자들이 채무조정에 합의할 유인이 줄어들게 된다. 소수의 채권자라도 전액 상환을 요구할 수 있게 되면서 채무조정을 통한 채무 경감의 효과가 반감된다. 마지막으로 아르헨티나 사례에서 드러났듯이, 파리 파수 조항은 채무국과 채권국 간의 협상을 장기화한다. 이로 인해 채무국의 경제 회복이 지연되고 국내 정치적인 갈등이 심화된다.

국가부채가 가진 이러한 문제점은 이미 20세기 초부터 인지되었다. 이런 이유로 국제연맹(League of Nations)은 국제부채재판소(The International Loans Tribunal)을 만들어서 국가부채 청산을 국가 간에 해결하고자 했으나 이러한 노력은 채권국과 채무국 간 이해관계의 차이로 결실을 맺지 못했다. 채무조정의 국가 간 제도적 틀이 없는 상태로 국가부채가 계속 증가하고 그 조정이 채권국의 국내 법원에서 진행되는 현재 상태는 지극히 비정상적이다. 중국이나 러시아와 같은 비전통적 채권국이 증가하고 있는 현재 시점에서 제도의 부재는 더욱 심각한 문제라고 할 수 있다. 국가부채를 청산하기 위한 국제제도를 만들어 개발도상국가의 주권이 부채 청산 과정에서 심각하게 제약되지 않으면서도 채권자의 권리를 보호하고 채무국의 도덕적 해이를 방지할 수 있는 시스템을 만들어야 한다.

자유주의 국제질서가 개발도상국의 채무불이행을 채권국 국내 법원의 절차에 따라 처리하도록 방치하고 그 과정에서 벌처펀드와 같은 투기 세력의 개입을 막지 못한다면, 개발도상국들에게 자유주의 국제질서의 대외적 정당성은 심각하게 훼손될 것이고 비자유주의 강대국들은 그 틈을 파고들어 자신들의 영향력을 넓힐 것이다.

비자유주의 강대국과의 공존

자유주의 국제질서가 직면한 대외적인 도전 중에서 가장 중대한 도전은 비자유주의 강대국과의 공존 문제이다. 여기서 중요한 질문은 특정한 국가가 자유주의 국제질서와 양립 가능한가에 대한 판단, 즉 롤스가 말한 괜찮은 비자유주의 국가인가 아니면 무법국가에 더 가까운가에 대한 판단이다.

자유주의 국제질서가 확장 독트린이나 부시 독트린에서 나타난 실수를 범하지 않기 위해서는, 그리고 자유주의 국제질서에 다양한 유형의 국가들이 참여할 수 있도록 독려하기 위해서는 이념적 기준이 아닌 행동주의적 기준을 통해 괜찮은 비자유주의 국가와 무법국가를 구분해야 한다. 여기서 행동주의적 기준이란 추상적인 이념이나 정체에 기반한 구분(예: 권위주의, 공산주의, 인권)이 아니라 국가가 취하는 정책과 행동에 기초해서 자유주의 국제질서와의 양립 가능성을 판단하는 것이다. 최근 민주주의 후퇴에 대한 논의가 잘 보여주고 있는 것처럼, 민주주의 제도를 통해 권위주의적 정부가 등장할 수 있고 또 그 반대로 베트남처럼 권위주의 제도를 채택하고 있지만 자유주의 국제질서의 규칙을 준수하고 존중하는 정부가 등장할 수도 있기 때문이다. 특히 비자유주의 국가가 자유주의 국제질서의 규칙을 준수하고 존중하여 자유주의 국제질서 안에서 공동 번영할 수 있도록 허용하는 것은 자유주의 국제질서가 자유팽창주의를 채택하지 않으면서도 시장경제와 인권, 민주적 가치의 확산을 도모할 수 있는 중요한 메커니즘이라고 할 수 있다.

구체적인 정책이나 행동에 기반해서 자유주의 국제질서와 양립할 수 없는 비자유주의 국가를 선별할 때 가장 중요한 기준은 국제법을 무시하고 타국을 무력이나 강제력으로 위압하는지의 여부이다. 그 대표적인 예가 자신의 주변 국가에 대해 하나의 세력권을 형성하려고 하는 지정학적 팽창주의(geopolitical expansionism)이다. 지정학적 팽창주의란 공격적인 군사행동을 통해 영토 또는 전략적 이득을 추구하는 외교정책 전략으로, 종종 외부의 안보적 위협을 해결하거나 제거해야 한다는 인식에 의해 정당화된다. 이는 전형적으로 국가의 이익을 추구하기 위해 추가적인 영토, 기지, 자원 등을 획득하기 위한 무력의 사용 또는 위협을 수반하며, 종종 한 국가의 영토 또는 세력권을 확장하는 것이 국가안보 또는 전략적 우위를 강화할 것이라는 믿음에 의해 작동된다. 지정학적 팽창주의는 영토의 합병, 외국 영토 점령 또는 영향력을 확장하기 위한 후견국가(client state)의 설립으로 나타날 수 있다. 경제력이나 국력 수준과 무관하게 민족주의나 이념의 형태〔예: 특정 민족이 외부 위협 없이 안전하게 정주해야 할 지정학적 공간에 대한 염원, 실지회복주의(irredentism)〕로 존재할 수 있으나 경제력이나 국력이 어느 수준에서 확보되고 이러한 민족주의적 염원을 달성하고자 하는 국내 정치세력의 등장과 함께 현실화될 수 있다.

지정학적 팽창주의를 추구하는 국가에 대해서는 냉전 시기 자유주의 진영이 소련에 대해 취했던 것과 같은 강력한 억지와 제재가 필요하다. 상대국의 영토적 완전성을 침해하거나 보호국화하는 것, 또는 특정 지역을 분쟁 지역화하여 그 위에 자신의 세력권을 구축하려는 시도는 자유주의 국제질서에 대한 가장 중대한 위협이며 이는 공동의 노력으로 차단되어야 한다. 이런 측면에서 러시아의 우크라이나 침공은 푸틴이 지배하는 러시아가 자유주의 국제질서 안에서 공존하기 어려운 국가라는 점을 스스로 명확하게 드러낸 사건이라고 볼 수 있다. 만약 러시아의 우크라이나에 대한 군사작전이 우크라이나나 서방 측의 별다른 저항 없이 신속하게 성공했다면, 군사력을 통해 주변 국가에 대한 세력권을 구축하려는 시도가 동아시아, 중동, 아프리카, 동유럽 등에서 등장했을 가능성이 높다. 비록 2024년 현재 전황은 우크라이나에 다소 불리한 방향으로 진행되고 있지만, 우크라이나의 효과적인 저항과 서방의 신속한 지원, 국제사회의 전방위적 대러시아 제재(〈표 9-1〉 참조)로 인해 군사력을 통한 세력권 구축 시도는 순탄하게 진행되기 어렵다는 사실이 재확인되었다.

비자유주의 강대국 중에서 자유주의 국제질서와의 관계 설정이 점점 어려워지고 있는 국가는 중국이다. 미국은 1960년대부터 1970년대 초까지 중국과 적대적인 관계를 유지하면서 중국을 자유주의 국제질서에 대한 적대 국가로 간주했다. 1972년 닉슨 대통령의 중국

표 9-1 우크라이나 침공 이후 러시아에 대한 국제사회의 제재

주체	제재 내용
미국	-Sergei Magnitsky Rule of Law Accountability Act of 2012: 인권 침해와 부패에 연루된 러시아 관리들에 대한 제재를 규정 -Support for the Sovereignty, Integrity, Democracy, and Economic Stability of Ukraine Act of 2014: 우크라이나의 주권과 영토 보전을 지원하고 러시아의 침략에 대응하는 제재 조치를 도입 -Ukraine Freedom Support Act of 2014: 우크라이나에 대한 지원 강화 및 러시아의 에너지, 방위 산업에 대한 추가 제재를 규정 -Countering Russian Influence in Europe and Eurasia Act of 2017: 러시아의 유럽 및 유라시아 영향력에 대한 대응을 위한 포괄적 제재 조치를 도입 -Protecting Europe's Energy Security Act of 2019: Nord Stream 2 가스관 프로젝트에 참여하는 기업에 대한 제재를 규정 -Ending Importation of Russian Oil Act: 러시아산 석유, 석유제품, LNG, 석탄의 수입 금지 -Suspending Normal Trade Relations with Russia and Belarus Act: 러시아와 벨라루스에 대한 정상무역관계(MFN) 지위 박탈 -Russia and Belarus SDR Exchange Prohibition Act of 2022: 러시아와 벨라루스의 IMF 특별인출권(SDR) 교환 금지(Welt 2024).
EU	**러시아:** 특정 부문을 대상으로 하는 경제 제재 러시아 중앙은행의 자산 동결을 포함한 금융 조치 무기 금수 조치 및 수출입 금지를 포함한 상업을 제한 영공 폐쇄를 포함한 운송을 제한 에너지 부문 제한 및 석유 가격 상한제 러시아 국영 매체에 대한 미디어를 제한 1,206명의 개인과 108개 조직에 대한 개별 제재(여행 금지 및 자산 동결) 우크라이나 임시 점령 지역에 대한 무역 및 투자를 제한 **벨라루스:** 경제 제재를 포함한 광범위한 제한 조치 10. 개별적 제한 조치 무역 제한 **이란:** 이란에 대한 드론 부품의 수출, 이전, 판매 또는 공급 금지 13. 이란의 드론 프로그램에 관여한 개인에 대한 여행 금지 이란의 드론 프로그램에 관여한 개인 및 단체에 대한 금융 조치(자산 동결) European Union, "Sanctions adopted following Russia's military aggression against Ukraine" 2024년 6월 29일(https://finance.ec.europa.eu/eu-and-world/sanctions-restrictive-measures/sanctions-adopted-following-russias-military-aggression-against-ukraine_en).
UN	러시아의 UN 인권이사회 회원국 자격 정지

방문 이후 양국 관계의 개선이 이루어지고 1979년 미중 수교 정상화와 함께 중국이 개혁개방 정책을 시작하면서 미국과 중국은 경제협

력을 진행하게 되었다. 1989년 천안문 사태로 다시 양국 관계가 악화되었고 중국에 대한 제재가 시작되었으나 1990년대에 이르러 점진적인 관계 개선이 이루어졌다. 2000년 미국 의회는 중국에 최혜국 대우(Permanent Normal Trade Relations) 지위를 부여하여 2001년 중국의 WTO 가입을 가능하게 했다. WTO에 가입한 중국은 매년 평균 10% 이상의 경제성장을 이루었고 미국과 중국의 경제적 상호 의존도도 크게 증가하여 중국은 미국과 경쟁하는 G2 국가로 발돋움했다. 그러나 미국과 유럽의 글로벌 금융위기(2007-2009) 이후 경제적 우위를 이용한 중국의 공세적 외교정책이 본격화되고 무역수지 불균형, 산업보조금, 외국기업에 대한 차별적 조치, 기술 탈취, 첨단기술의 군사적 전용에 대한 우려가 본격화되면서 미국과의 갈등이 증가했다.

〈그림 9-1〉은 서울대학교 국가미래전략원 경제안보 클러스터가 개발한 공급망 지배력 지수이다. 2021년 현재 중국은 세계 1위의 공급망 지배력 국가이며 2001년 3위에서 20년 만에 미국과 독일을 제치고 1위로 상승했다. 반면 같은 기간 동안 미국은 1위에서 3위로 하락했다. "power score"는 개별 국가가 세계 10% 이상의 시장지배력을 가지면서 동시에 특정 국가에 대해 40% 이상의 수출지배력을 가진 국제통일상품분류체계(Harmonized Commodity Description and Coding System) 여섯 자리 상품의 수를 표시한다. 중국은 2001년 당시 총 11,637국가-상품에 대해 공급망 지배력을 가지고 있어서 미국의 절반 수준의 공급망 지배력을 가졌다면, 2021년 중국은 그로부터 여덟 배 가까이 증가한 총 83,130국가-상품에 대한 공급망 지배력을 가지고 있다. 반면 미국의 공급망 지배력은 같은 기간 동안 절반으로 감소했음을 확인할 수 있다. 중국의 압도적인 공급망 지배력은 여섯 번째 칼럼에 표시된 낮은 수입 취약성으로도 확인된다. 2021년 현

SNU IFS Economic Security Cluster

Supply Chain Dominance Rank

Explore global rankings in our Supply Chain Dominance Index, featuring in-depth analysis of countries based on their export power and import vulnerability. Navigate through interactive tables showcasing each nation's position in global trade, offering insights into their economic strengths and weaknesses.

Country	2021 Power Rank	2001 - 2021 Power Rank Shift	2021 Power Score	2001 Power Score	2021 Vulnerability Rank	2001 - 2021 Vulnerability Rank Shift	2021 Vulnerability Score	2001 Vulnerability Score
China	1	▲ 2	83210	11637	56	▼ 17	975	716
Germany	2	0	22235	18749	29	▲ 29	1135	581
USA	3	▼ 2	12749	26789	19	▲ 2	1220	842
Italy	4	No Value	5102	No Value	44	No Value	1029	No Value
India	5	▲ 3	4562	1771	8	▲ 39	1363	675
Japan	6	▼ 2	2067	5238	7	▼ 4	1371	1087
France	7	▼ 2	1857	4215	55	▼ 19	977	736
Netherlands	8	▲ 2	1545	1612	32	▼ 14	1113	858
Turkey	9	▲ 15	1503	218	2	▲ 38	1420	715
Switzerland	10	▲ 1	1467	1545	26	▼ 11	1183	872
Spain	11	▲ 2	1390	792	15	▲ 31	1253	680
United Kingdom	12	▼ 6	1360	3134	12	▲ 16	1278	806
Belgium	13	▼ 4	1165	1726	50	▼ 24	997	820
Rep. of Korea	14	▼ 2	852	1295	1	▲ 3	1492	1027
Russian Federation	15	0	670	552	17	▲ 35	1235	622
Austria	16	▲ 1	594	465	31	▼ 26	1129	956
Malaysia	17	▲ 3	494	309	10	▲ 38	1312	669
Pakistan	18	▲ 17	468	96	5	▲ 44	1392	643
Canada	19	▼ 2	462	465	11	▼ 10	1301	1212
Sweden	20	▼ 6	430	673	56	▼ 21	975	738
Czechia	21	▲ 7	406	155	35	▼ 23	1106	899
Portugal	22	▼ 3	390	325	108	▼ 26	669	460

그림 9-1 공급망 지배력 지수

출처: 서울대학교 국가미래전략원 경제안보 클러스터(https://snu-economic-security.vercel.app, 최종 접속 2024년 6월 30일)

재 중국은 총 975국가-상품에 대해 취약성을 가지고 있으나 미국은 1,220국가-상품에서 취약성을 가지고 있다.

중국의 높은 공급망 지배력과 낮은 취약성은, 중국에 대한 무역 상대국들의 의존성이 매우 비대칭적이라는 점을 단적으로 보여준다. 이러한 비대칭성은 중국의 힘을 적극적으로 과시〔有所作爲〕하고자 하는 중국의 정책결정가들에게 중요한 정책 수단으로 인식되었다. 2010년 일본에 대한 희토류 수출 제한(관련 이슈: 센카쿠·댜오위다오 섬 인근에서 중국 어선과 일본 해안경비대가 충돌한 사건)을 기점으로 노르웨이(관련 이슈: 중국 반체제 인사 류 샤오보 노벨평화상 수상), 필리핀(관련 이슈: 남중국해 스카보로 숄 영유권 분쟁), 대만(관련 이슈: 대만 독립을 지지하는 민진당 선거 승리), 몽골(관련 이슈: 달라이 라마의 몽골 방문), 한국(관련 이슈: 미국의 고고도 미사일의 한국 성주 배치), 캐나다(관련 이슈: 멍완저우 화웨이 부회장 체포), 호주(관련 이슈: 호주 정부의 코로나 기원에 대한 조사), 그리고 리투아니아(리투아니아 수도 빌뉴스에 '주 리투아니아 대만대표처'가 공식 개관)에 대한 강압적 경제외교를 본격화했다. 그러나 박종희(2022)의 연구에 따르면 이러한 상호 의존의 무기화는 중국에 대한 민주주의 국가들의 선호를 오히려 하락시켜 UN 총회 투표에서 반중 경향성을 증가시킨 것으로 나타났다.

중국은 1979년 베트남과의 단기전 외에는 아직 노골적인 군사 행동을 통해 주변 국가를 침략하지는 않았다. 따라서 행동주의적인 관점에서 볼 때, 우크라이나를 침공한 러시아와 달리 중국은 아직 무력을 통한 세력권 구축이나 지정학적 팽창주의를 추구하고 있다고 판단하기는 어렵다. 그러나 중국과 미국 혹은 주변 국가와의 무력 충돌의 가능성은 점점 높아지고 있다는 것이 전문가들 대부분의 관측이다. 정재호(2022)에 따르면 1980년대 이후 중국은 '우두머리 맡지 않기, 패권 추구하지 않기, 영토 확장하지 않기'라는 대외관계에 대한 세 가지 원칙을 견지해오다 2014년 이후 첫 번째 원칙에 대한 언급을 자제하고 있다(정재호 2022, 19-20). 수전 셔크(Susan Shirk)는 중국이 군사적 수단을 통해서라도 반드시 수호하고자 하는 "핵심 이익(core interest)"이 점점 확대되고 있다는 점을 특히 주목한다. 셔크는 2000년 중반 이전까지 중국의 핵심 이익은 주권과 대만을 포함한 중국 영토의 완전성으로 제한되었으나 2008년 베이징올림픽을 거치면서 티베트와 신장 문제가 핵심 이익으로 포함되었고 2009년에는 중국의 정치제도와 경제사회 발전 역시 핵심 이익에 포함되었다고 지적한다. 그리고 2010년부터 중국은 남중국해와 동중국해에서의 해양 주권이 중국의 주권이자 핵심 이익이라는 주장을 지속적으로 공표하고 있다. 다만 이를 공식화하는 것이 주변 국가와의 관계를 악화시킬 수 있기 때문에 모호하게 남겨두었으나 해양 주권 문제에서 군사력의 사용 가능성을 열어두었다(Shirk 2023, 3, 131-134).[7]

〈표 9-2〉는 1995년 이후 2022년까지 발간된 미국 국가안보 전략에서 중국에 대한 주요 언급을 발췌한 것이다. 1990년대와 2000년대 초반까지 미국에게 중국은 개입과 대화의 대상이자 평화로운 세계를 만들기 위한 책임 있는 국가, 미국의 상품을 수입할 수 있는 시장이자 공산당 일당 독재하에서 시장 중심 사회로 점차 이행하는 국가였다. 2010년도에 이르러 오바마 행정부는 중국의 평화로운 부상과 중국과의 긍정적이고 건설적이며 포괄적인 관계를 추구한다는 점을 분명하게 천명했다. 그러나 2017년 트럼프 행정부의 국가안보 전

....

7   "제2조 국가안전이란, 국가 정권, 주권, 통일과 영토 완정성, 인민 복지, 경제사회의 지속 가능한 발전과 국가의 기타 중대한 이익이 상대적으로 위험이나 내외의 위협을 받지 않는 상태, 그리고 지속적인 안전 상태를 보장하는 능력을 의미한다." "제11조 중국의 주권과 영토 완전성은 침범하거나 분할할 수 없다. 국가 주권, 통일과 영토 완전을 지키는 것은 홍콩과 마카오 동포, 대만 동포를 포함한 모든 중국 인민의 공통적인 의무이다." 중화인민공화국 국가안전법(中华人民共和国国家安全法)(2015. 7. 1).

표 9-2 미국 국가안보 전략에 나타난 중국에 대한 주요 언급: 중국에 대한 관점이 협력보다는 경쟁 혹은 갈등에 가까운 경우 진한 색으로 표시했다

연도	주요 언급	정부
1995	우리는 중화인민공화국과의 더 광범위한 관계를 발전시키고 있으며, 이는 우리의 경제적 이익과 전략적 이익을 모두 포괄할 것입니다. 이러한 정책은 중국의 최혜국 대우를 인권 기록과 연계시키지 않기로 한 우리의 결정에 가장 잘 반영되어 있습니다.	공화당
1997	우리는 중국과 더 깊이 있는 대화를 추구해야 합니다. 고립되고 내부 지향적인 중국은 미국이나 세계에 좋지 않지만 국제사회의 책임 있고 활동적인 일원으로서 올바른(rightful) 역할을 하는 중국은 미국이나 세계에 유익합니다.	공화당
1998	더 평화로운 세상을 건설하기 위한 책임을 지는 안정되고 개방적이며 번영하는 중화인민공화국(PRC)은 분명히 우리의 이익에 부합합니다.	민주당
1999	중화인민공화국을 세계 무역 체제에 더 완전히 편입시키는 것은 분명히 우리의 국가 이익입니다. 중국은 우리 상품과 서비스의 주요 잠재 시장입니다.	민주당
2000	법치를 존중하고 더 평화로운 세상을 건설하기 위한 책임을 지는 안정되고 개방적이며 번영하는 중화인민공화국(PRC)은 분명히 우리의 이익에 부합합니다.	민주당
2002	중국은 많은 개인적 자유를 허용하고 마을 단위 선거를 실시하면서 정치적 개방의 길을 걷기 시작했지만, 여전히 공산당에 의한 국가 차원의 일당 통치에 강하게 전념하고 있습니다.	공화당
2006	우리는 중국이 시장 기반의 유연한 환율 제도에 대한 자국의 약속을 이행하도록 계속 촉구할 것입니다. 또한 안정적이고 건전한 금융 관행을 장려하는 더 개방적인 금융 서비스 시장을 촉진할 것입니다.	공화당
2010	우리는 중국과 긍정적이고 건설적이며 포괄적인 관계를 추구할 것입니다. 우리는 경제 회복, 기후 변화 대응, 비확산 등의 우선 과제를 추진하기 위해 미국 및 국제사회와 협력하여 책임 있는 리더십 역할을 맡는 중국을 환영합니다.	민주당
2015	미국은 안정되고 평화로우며 번영하는 중국의 부상을 환영합니다. 우리는 우리 두 국민에게 혜택을 주고 아시아와 전 세계의 안보와 번영을 증진하는 중국과의 건설적인 관계 발전을 추구합니다.	민주당
2017	세 가지 주요 도전 세력—중국과 러시아라는 현상 변경 국가들, 이란과 북한이라는 불량국가들, 그리고 특히 지하디스트 테러 단체와 같은 초국가적 위협 조직들—이 미국과 우리의 동맹국 및 파트너 국가들에 적극적으로 대항하고 있습니다. (…) 중국과 러시아는 미국의 안보와 번영을 약화시키려고 시도하면서 미국의 힘, 영향력, 이익에 도전하고 있습니다. 그들은 경제를 덜 자유롭고 덜 공정하게 만들고, 군사력을 키우고, 정보와 데이터를 통제하여 사회를 억압하고 영향력을 확대하려고 합니다.	공화당
2021 (중간 보고서)	우리는 또한 전 세계적으로 힘의 분포가 변화하면서 새로운 위험이 생겨나고 있는 현실에 직면해야 합니다. 특히 중국은 급속히 더 강경해졌습니다. 중국은 안정적이고 개방적인 국제체제에 대해 지속적인 도전을 가할 수 있는 경제적·외교적·군사적·기술적 힘을 결합할 수 있는 유일한 경쟁자입니다.	민주당
2022	중국은 국제질서를 재편할 의도와 그렇게 할 수 있는 경제적·외교적·군사적·기술적 힘을 가지고 있는 유일한 경쟁자입니다.	민주당

출처: NSS 각 연도, 필자 발췌 및 번역.

략은 처음으로 중국을 러시아와 함께 미국의 힘에 도전하는 현상 변경 국가(revisionist powers)로 규정하고 미국의 안보에 대한 가장 중대한 위협으로 적시했다.

2022년 바이든 행정부의 국가안보 전략은 현상 변경 국가라는 표현을 쓰지는 않았지만 중국을 "국제질서를 재편할 의도와 그렇게 할 수 있는 힘"을 가진 전략적 경쟁자로 규정했다. 바이든 행정부 역시 중국의 현상 변경 "의도"를 바꾸고자 했던 지난 30년 동안의 미국의 노력이 실패했다는 점을 명백하게 인정했다. 이제 미국의 대중 정책은 국제질서를 재편할 수 있는 중국의 "힘"을 약화시키는 것으로 초점을 바꾸었다. 트럼프 행정부가 중국에 대한 수출 규제와 관세 부과를 통해 미국의 과도한 대중 경제의존을 줄이는 무역의 디커플링(decoupling)에 초점을 맞추었다면, 바이든 행정부는 첨단기술 분야에서 중국의 발전 속도를 지체시키는 디리스킹(derisking)에 초점을 맞춘다는 차이가 있을 뿐이다(Sullivan 2023). 그러나 중국에 대한 거친 수사와 다양한 경제적 제한조치에도 불구하고 트럼프 행정부나 바이든 행정부 모두 중국을 스탈린의 소련이나 나치 독일, 2022년 이후의 러시아와 같은 전면적인 봉쇄와 억지의 대상으로 간주하고 있지는 않다.

진공 속에서 숨쉬기

세력권 질서의 부활을 미국 패권의 쇠퇴에 대한 현실적 대안, 또는 받아들여야 할 부인할 수 없는 현실로 주장하는 입장은 미국의 외교정책 엘리트들로부터 심각한 비판을 받았다. 예를 들어 스티븐 파이퍼(Steven Pifer)는 미국이 세력권을 둘러싼 경쟁에 직면한 것은 사실이지만 러시아의 영향력 확대 시도(크림반도 합병)를 정당한 것으로 받아들여서는 안 된다고 강조한다(Pifer 2020).[8] 러시아의 세력권은 우크라이나와 조지아와 같은 인접 국가들의 자주권을 부정하는 방향으로 작동할 것이기 때문이다. 파이퍼는 세력권론자들이 주장하는 바와 달리 클린턴 행정부의 확장정책(enlargement policy)이 러시아의 세력권 확장과는 근본적으로 다르다고 주장한다. 그가 제시한 근거는 두 가지이다. 첫째, 확장정책은 시장경제와 민주주의라는 비군사적 영역에 초점을 맞추었고, 둘째, 해당 국가의 요구에 의한(demand-driven) 것이었다는 점이다. 반면, 러시아는 소련 붕괴 이후 이웃 국가들에 대한 영향력을 확대하기 위해 군사 공격, 에너지 공급 중단, 무역 분쟁 등을 포함한 다양한 강제적 수단을 사용했다는 것이다. 그러나 확장정책이 비군사적 영역에 한정된 것이고 우크라이나 내부로부터 요청되었다는 점이 "EU의 확장은 NATO의 확장을 위해 앞세운 미끼(stalking horse)나 다름없었다"는 미어샤이머와 러시아의 주장을 얼마나 약화시킬 수 있을지는 의문이다(Mearsheimer 2014, 80).

헐 브랜즈(Hal Brands)와 찰스 에델(Charles Edel) 역시 세력권 부활론을 신랄하게 비판했다(Brands and Edel 2018; Brands 2020). 이들은 미국의 대외정책이 전통적으로 다른 국가들의 세력권 형성을 견제하는 데 초점을 맞춰왔음을 지적하면서, 세력권이 부활할 경

....

8   스티븐 파이퍼는 미국 국무부에서 25년 이상 근무하며 주로 전 소비에트 연방 및 유럽과의 미국 관계, 무기 통제 및 안보 문제를 담당했고 현재 브루킹스 연구소(Brookings Institution)의 스트로브 탈보트 안보, 전략 및 기술 센터와 미국과 유럽 센터의 연구원이자 스탠포드 대학교 국제안보협력센터(CISAC)의 연구원이다. NPR, PBS NewsHour, CNN, BBC 등에 핵무기 통제, 우크라이나, 러시아에 대한 논평을 작성한 바 있다. *The Eagle and the Trident: U.S.-Ukraine Relations in Turbulent Times*와 *The Opportunity: Next Steps in Reducing Nuclear Arms*의 공동 저자이다(https://www.brookings.edu/people/steven-pifer/, 최종 접속 2024년 4월 17일).

우 민주주의와 인권, 자유무역이 위축되고 지정학적 불안정이 심화될 것이라고 경고한다. 그렇지만 브랜즈는 미국 역시 먼로 독트린 이후 서반구에 자신의 세력권을 구축하려고 했던 역설이 있었고 냉전을 통해 지구적인 세력권(global sphere of influence)으로 국가들을 끌어들였음을 인정하고 있다. 이런 논리라면, 중국이 중국 버전 먼로 독트린을 동아시아에 선포하고 러시아가 러시아 버전의 먼로 독트린을 동유럽과 중앙아시아에 선포하는 것을 어떤 논리로 막을 수 있는가? 브랜즈는 이에 대해 미국의 세력권은 다른 강대국들의 세력권보다 "훨씬 더 진보적"(far more progressively than past great powers)이라는 차이점을 갖는다고 강조한다.

이러한 비판들은 대부분 세력권 질서 자체가 가진 시대착오성, 비자유주의적 함의, 그리고 중국과 러시아의 이해를 대변한다는 점에 초점을 맞출 뿐, 세력권 질서의 부활이 매우 실현 가능한 현실이 되었다는 점, 그리고 자유주의 국제질서 역시 상당한 대내적, 대외적 문제점을 가지고 있다는 점을 간과하고 있다. 미국이 냉전 기간 동안에 남미에서 진행했던 많은 주권 침해 사례들과 이라크와 아프가니스탄에서의 일방적 무력 사용을 기억하는 세계인들에게 "미국의 세력권은 다른 강대국들의 세력권보다 훨씬 더 진보적"이라는 주장이 과연 얼마나 설득력을 가질 수 있겠는가?

이런 점에서 미어샤이머와 함께 자유주의 국제질서를 줄기차게 비판해온 스티븐 월트(Stephen Walt)의 주장은 일견 경청할 만한 내용을 가지고 있다. 그는 자유주의 국제질서에 대한 비판을 담은 최근 저서에서 자유주의 국제질서가 국가 주권 원칙을 존중해야 하고 정권교체라는 사회공학적 접근을 버려야 한다고 충고하고 있다(월트 2021). 특히 월트는 미국 일반 대중의 외교정책에 대한 인식을 고려하지 않고 복음주의적으로 진행되는 국제문제에 대한 개입을 자제해야 한다고 충고한다. 월트는 "아사드 정권이 시리아 내전에서 화학무기를 사용"했지만 미국인 "응답자의 69%는 시리아 내전 개입이 미국의 국익에 도움이 되지 않는다고 보았"다는 점을 상기하며 "세계적 행동주의"는 더 이상 과반수 대중의 지지를 받기 어려울 것이라고 경고한다(월트 2021, 168-178).

자유주의 국제질서란 무정부 상태에 놓인 국가들이 합의를 통해 규칙을 만들고 이를 바탕으로 스스로의 행동을 규제하는 질서를 수립하려는 시도이다. 따라서 이는 마치 진공 상태에서 숨을 쉬려는 것처럼 언뜻 보기에는 불가능해 보이는 프로젝트라고 할 수 있다. 이 책에서 살펴본 바와 같이 초창기 자유주의 국제질서는 수많은 시행착오와 현실적 한계를 경험해야 했다. 세력권 질서의 부활을 도모하는 영국과 소련 사이에서 전후 세계를 윌슨주의의 한계를 극복한 자유주의 국제질서로 만들고자 했던 루스벨트의 노력은 자유주의 국제질서를 향한 도전의 험난함을 잘 보여준다. 따라서 그동안 자유주의 국제질서 프로젝트에 대한 비관과 조롱, 냉소가 자유주의 국제질서에 대한 낙관보다 더 많은 지면을 차지해온 것은 전혀 놀랄 만한 일이 아니다.

자유주의 국제질서는 미국의 힘에 의해 등장했지만 그것이 이렇게 오래 지속되고 있고 또 많은 국가들이 그 근본 원칙을 계속 유지하고자 하는 이유는 자유주의 국제질서가 이상적인 것이어서라거나 미국의 지속적인 패권을 지켜주고자 해서가 아니다. 그것은 자유주의 국제질서가 사라지거나 약화되었을 때 등장하게 될 세력권 질서를 거부하고자 하는 국가들의 암묵적 합의 때문이다. 세력권 질서를 거부하고자 하는 이유는 간단하다. 역사적으로 세력권 질서의 형태로 등장한 제반 위계적 국제질서의 폐해가 자유주의 국제질서의 유지로부터 오는 비용보다 훨씬 크기 때문이다. 푸틴이 2019년 인터뷰에서 푸념하듯이 "자유주의 이념이 자신의 목적보다 더 오래 지속"
되고 있는 이유는 미국의 힘이 쇠퇴했음에도 불구하고 러시아가 원
하는 세력권 질서의 부활을 국가들이 거부하고 있기 때문이다.

　　힘에 기반한 국제질서에서 규칙과 동의에 기반한 국제질서로 이
행한 것은 20세기 국제정치의 가장 중요한 역사적 진보이다. 국제질
서가 국가들의 사회적 딜레마를 해결하기 위한 하나의 원칙이라면,
자유주의 국제질서가 세력권 질서보다 훨씬 더 많은 공공재를 훨씬
더 안정적으로 제공할 수 있다는 것을 지난 1세기 동안 국가들은 직
접적 혹은 간접적으로 경험할 수 있었다. 자유주의 국제질서가 제공
하는 다양한 공공재 중에서도 가장 핵심적인 것은 바로 무정부 상태
에 놓인 국가들이 스스로 준수할 의지가 있는 "규칙"을 국제법이나
조약, 국제기구를 통해 안정적으로 제공할 수 있다는 점이다.

　　러시아의 '근외' 국가들은 "크렘린에 대해 더 두려워하고 더 공
손해지는 법을 배워야" 한다는 그레이엄 앨리슨(Graham Allison)의
충고(Allison 2020, 37)는 사실 한국 근현대사를 아는 독자들에게 그
리 낯설지 않다. 조선을 일본의 보호국으로 비밀리에 인정한 가쓰
라-태프트 협정 제3항에서 일본의 가쓰라 타로(桂太郎)는 "만약 러
일전쟁 후에 그대로 조선을 내버려둔다면, 또다시 조선은 아무 강대
국과 조약이나 협정을 맺는 경솔한(improvidently) 행동을 할 것이며
이는 러일전쟁 이전에 존재했던 국제문제를 또다시 야기할 것이다"
라고 경고했고, 이에 대해 미국 전쟁장관이자 훗날 27대 대통령이 될
윌리엄 태프트(William Taft)는 다시는 조선이 일본의 동의 없이 (경
솔하게) 다른 강대국과 조약을 맺지 못하는 종주권(suzerainty)을 일
본이 가져야 한다고 동의한다. 이것이 동양의 영구평화(permanent
peace in the East)를 위한 양국의 공통된 이해였고 아시아에서의 세
력권 질서에 대한 서로의 약정이었다.[9]

세력권 질서의 부활에 대한 한 가지 불편한 진실은, 세력권 질서의 부활을 주장하는 논평가들이 대부분 강대국 안에 살고 있다는 점이다. 자국이 세력권 질서 안에서 다른 강대국에 의해 제약될 수 있는 상황이라면, 과연 세력권 질서의 부활이 그들에게 여전히 유효한 제안일 수 있을까? 만약 앨리슨이 미국 시민이 아니라 러시아의 이스칸데르(Iskander) 미사일이 쏟아지는 키에프의 시민이었다면 "우크라이나나 크림반도의 상실을 잊어버려야 할 것이며, 러시아의 '근외' 국가들은 크렘린에 대해 더 두려워하고 더 공손해지는 법을 배워야 할 것이다"라는 충고를 자신의 국민들에게 말할 수 있을지 되묻고 싶다.

러시아의 우크라이나 침공과 중국의 권위주의 체제 강화로 인해 21세기에 세력권이 재등장할 가능성은 높아지고 있다. 냉전과 같이, 2024년 미국 대선의 결과나 우크라이나 전쟁의 향방, 또는 동아시아에서의 급변 사태 등으로 세력권은 갑작스럽고 우발적으로 등장하여 하나의 기정사실(*fait accompli*)로 존재할 가능성이 있기 때문이다. 그러나 이렇게 우발적으로 등장한 '세력권'이 국제질서를 '세력권 질서'로 바꿀 수 있을 것인가는 전혀 다른 문제이다. 자유주의 국제질서를 구성하고 있는 국가들이 세력권의 등장 가능성에 대한 우려에 기반하여 세력권 질서의 등장을 불가피하고 자연스러운 국제질서의 변화로 받아들이는 순간, 20세기 동안 진행된 규칙 기반 질서로의 이행이라는 인류사적 성과는 하나둘씩 역사 속으로 사라지게 될 것이다. 세력권의 등장 가능성을 고려하면서 자유주의 국제질서가 직면한 대내적·대외적 도전에 대응하는 새로운 자유주의 국제질

235

---

9   이 내용은 가쓰라-태프트 협정 내용에 대해 태프트가 보낸 전보에 기반한 것이다. 이는 https://www.icasinc.org/history/katsura.pdf(최종 접속 2024년 4월 17일)에서 확인할 수 있다. 또한 Dennett(1924), pp. 15-21에도 그 내용이 게재된 바 있다.

서를 재구성해내는 것이 오늘날 국제정치학이 당면한 중대한 과제인 이유가 바로 여기에 있다. 이 책에서 논의된 자유주의 국제질서에 대한 통찰이 새로운 자유주의 국제질서를 구축하기 위한 현실의 노력에 조금이나마 보탬이 되기를 바라는 마음으로 글을 마무리한다.

참고문헌

국문 논문 및 저작

강정인·이상익. 2015. "유교적 국제질서의 이념과 그 현대적 함의."『한국철학논집』47: 171-206.

김상배 편. 2020.『신흥무대의 중견국 외교: 복합지정학의 시각』. 서울: 사회평론아카데미.

김용구. 2012.『세계외교사』. 서울: 서울대학교 출판부.

개디스, 존 루이스. 2021.『미국의 봉쇄전략』. 홍지수·강규형 옮김. 서울: 비봉출판사. Gaddis, John Lewis. 2005. *Strategies of Containment: A Critical Appraisal of American National Security Policy during the Cold War.* Oxford University Press, Revised edition.

권석준. 2022.『반도체 삼국지: 글로벌 반도체 산업 재편과 한국의 활로』. 서울: 뿌리와이파리.

김동기. 2020.『지정학의 힘: 시파워와 랜드파워의 세계사』. 서울: 아카넷.

김종학. 2023. "'宗主權'이라는 말의 국제정치적 기원에 관하여: 1890년대 말 일본에서의 번역 경위와 동아시아로의 전파."『국제정치논총』63(4): 7-48.

_____. 2024. "[역사시론] '宗主權' 개념과 韓中관계: '宗主權'은 19세기의 발명품… 前近代 韓中관계 설명할 수 없어."『월간조선』2024년 3월.

김준석. 2016. "위기의 국제정치사상─휴고 그로티우스의 정전론(正戰論)."『세계정치』25: 65-112.

김태영. 2024. "일본에서의 지정학의 수용─하우스호퍼와 일본 지정학 사상을 중심으로."『일어일문학연구』128: 257-88.

김태환. 2019. "지정학, 탈지정학, 대항지정학: 평화와 공존의 한국 외교정책 정체성을 향하여." 김태환·이재현·인남식.『지정학적 시각과 한국 외교』. 서울: 사회평론아카데미.

김태환·이재현·인남식. 2019.『지정학적 시각과 한국 외교』. 서울: 사회평론아카데미.

박영준. 2014.『해군의 탄생과 근대일본: 메이지유신을 향한 부국강병의 길』. 서울: 그물.

박상섭. 1988. "소련-동구의 통합군사질서: 바르샤바 조약기구에 관한 일 연구."『사회과학과정책연구』20(2). 서울대학교 사회과학연구소.

박종희. 2013. "금융산업의 발전은 소득불평등을 증가시키는가?: 미국 상위소득계층의 소득비중 자료를 통한 역사적 정량연구."『평화연구』21(1): 5-46.

_____. 2016. "2장 20세기 영국과 미국의 금융패권 경쟁과 상호인식."『평화적 세력전이의 국제정치』. 정재호 편. 서울: 서울대학교 출판문화원.

_____. 2022. "상호의존 무기화의 두 얼굴: 중국의 상호의존 무기화는 유엔총회 투표에 어떤 영향을 미쳤는가?"『한국정치학회보』56(1): 289-321.

사카키바라, 에이스케. 1999.『일본재생』. 이상호 외 옮김. 서울: 한울.

손병권. 2024.『티파티 운동과 위대한 미국 운동 '리얼 아메리카'의 회복을 위한 저항운동』. 서울대학교출판문화원.

신욱희. 2016.『삼각관계의 국제정치: 중국, 일본과 한반도』. 서울: 서울대학교 출판문화원.

안두환. 2014. "제5장: 세력 균형에서 협조 체제로? 폴 슈뢰더(Paul W. Schroeder)의 근대 유럽 외교사."『세계정치』20: 193-282. 서울: 사회평론아카데미."

_____. 2016. "1장 19세기 영국의 대미국 인식: 적대적 공존에서 유화적 승인으로."『평화적 세력전이의 국제정치』. 정재호 편. 서울: 서울대학교 출판문화원.

앨리슨, 그레이엄. 2018.『예정된 전쟁: 미국과 중국의 패권 경쟁, 그리고 한반도의 운명』. 정혜윤 옮김. 서울: 세종서적. Graham Allison. 2017. *Destined for War: Can America and China Escape Thucydides's Trap?* Houghton Mifflin Harcourt.

오스트롬, 앨리너. 2010.『공유의 비극을 넘어: 공유자원 관리를 위한 제도의 진화』. 윤홍근 옮김. 서울: 랜덤하우스코리아. Ostrom, Elinor. 1990. *Governing the Commons: The Evolution of Institutions for Collective Action*. Cambridge University Press.

월트, 스티븐. 2021.『미국 외교의 대전략: 자유주의 패권의 연장인가, 역외균형으로의 복귀인가』김성훈 옮김, 서울: 김앤김북스. Stephen Walt. 2018. *The Hell of Good Intentions: Americ's Foreign Policy Elite and the Decline of U.S. Primacy*. Farrar, Straus and Giroux.

윤영관. 2015.『외교의 시대: 한반도의 길을 묻다』. 서울: 미지북스

_____. 2022. "윤석열 정부의 대외정책 방향과 과제."『외교』141: 13-27.

이근욱. 2012.『냉전: 20세기 후반의 국제정치』. 서울: 서강대학교 출판부.

이승주 편. 2021.『지경학의 기원과 21세기 전환』. 서울: 사회평론아카데미.

이혜정. 2002. "웨스트팔리아와 국제관계의 근대성: 러기의 비판적 이해."『국제정치논총』42(2): 727-44.

이혜정·이경아. 2014. "근대 국제관계와 유럽협조체제: 슈뢰더의 유럽 국제정치 변환론."『평화연구』22(1): 453-91.

전재성. 2003. "관여(engagement)정책의 국제정치이론적 기반과 한국의 대북 정책."『국제정치논총』43(1): 231-51.

_____. 2009a. "유럽의 국제정치적 근대 출현에 관한 이론적 연구: 중첩, 복합의 거시이행."『국제정치논총』49(5): 7-31.

_____. 2009b, "동아시아 전통질서 연구의 현황과 과제: 국제정치학과 역사학의 만남"『세계정치』12(30-2), 가을·겨울.

_____. 2019.『주권과 국제정치: 근대 주권국가체제의 제국적 성격』. 서울: 서울대학교 출판문화원.

정병준. 2014. "카이로회담의 한국문제 논의와 카이로선언 한국조항의 작성과정."『역사비평』107: 301-47.

_____. 2023. "영국의 카이로회담 인식과 카이로선언 한국 조항에 미친 영향."『역사비평』145: 368-419.

정재호. 2021.『생존의 기로: 21세기 미·중 관계와 한국』. 서울: 서울대학교 출판문화원.

_____. 2022. "중국의 해외 군사기지 '독법'(讀法): 확대된 국익, 원칙의 변경, 그리고 전략적 불확실성."『중소연구』45(4): 7-29.

정재호 편. 2016.『평화적 세력전이의 국제정치』. 서울: 서울대학교 출판문화원.

정하늘. 2023.『21세기 국제질서 맥락으로 이해하기』. 서울: 국제법질서연구소.

차태서. 2024.『30년의 위기: 탈단극 시대 미국과 세계질서』. 서울: 성균관대학교 출판부.

키신저, 헨리. 1994[2023].『헨리 키신저의 외교』. 김성훈 옮김. 서울: 김앤김북스. Henry Kissinger. 1994. *Diplomacy*. Simon & Schuster.

하워드, 마이클. 1977[2018].『전쟁과 자유주의 양심』. 안두환 옮김, 파주: 글항아리. Michael Howard. 2008. *War and the Liberal Conscience*. C Hurst & Co Publishers Ltd.

한국과학기술정보연구원. 2015. "중국제조 2025." 한국과학기술정보연구원. 中华人民共和国国务院. 2015. "国务院关于印发《中国制造2025》的通知." 国发 28号, 2015年 5月

참고문헌

19日. http://www.gov.cn/zhengce/content/2015-05/19/content_9784.htm, 최종 접속 2024년 5월 21일.

한시준. 2014. "카이로선언과 대한민국 임시정부." 『한국근현대사연구』 71: 126-56.

허재철·연원호·김상배·김연규·김흥규·박성빈·이승주·이준구·이왕휘. 2022. "미중 전략경쟁 시대 지정학적 리스크와 경제안보." 대외경제정책연구원 연구보고서 22-01.

현상백·최원석·문지영·이효진·오윤미. 2020. "중국 14차 5개년 규획(2021~25)의 경제정책 방향과 시사점." 『KIEP 오늘의 세계경제』 20(29).

황의식·서진교·강형준·표유리·우가영. 2024. "MC13 주요 의제 분석과 협상 대책." 대외경제정책연구원 연구보고서 23-17. 대외경제정책연구원.

영문 논문, 저작, 사료

Acharya, Amitav. 2014. *Constructing a Security Community in Southeast Asia: ASEAN and the Problem of Regional Order*. 3rd ed. Routledge.

_____. 2018. *The End of American World Order*, 2nd ed. Cambridge, U.K.: Polity.

Allison, Graham. 2020. "The New Spheres of Influence: Sharing the Globe With Other Great Powers." *Foreign Affairs* 99(2): 30-40.

Allison, Graham and Philip Zelikow. 1999. *Essence of Decision: Explaining the Cuban Missile Crisis*. 2nd ed. New York: Longman.

Arabia, Christina L., Andrew S. Bowen, and Cory Welt. 2024. "U.S. Security Assistance to Ukraine." Congressional Research Service, February 15, 2024.https://crsreports.congress.gov/product/pdf/IF/IF12040, 최종 접속 2024년 4월 23일.

Ashford, Emma. 2023. "Yes, the World Is Multipolar: And That Isn't Bad News for the United States." *Foreign Policy*, October 5, 2023. https://foreignpolicy.com/2023/10/05/usa-china-multipolar-bipolar-unipolar/, 최종 접속 2024년 5월 22일.

Autor, David, David Dorn and Gordon H. Hanson. 2021. "On the Persistence of the China Shock." Technical Report Working Paper 29401 National Bureau of Economic Research.

Bailey, Michael A., Judith Goldstein, and Barry R. Weingast. 1997. "The Institutional Roots of American Trade Policy: Politics, Coalitions, and International Trade." *World Politics* 49(3): 309-38.

Barber, Lionel and Henry Foy. 2019. "Vladimir Putin Says Liberalism Has 'Become Obsolete'." *Financial Times*, June 28, 2019. https://www.ft.com/content/670039ec-98f3-11e9-9573-ee5cbb98ed36, 최종 접속 2024년 4월 27일.

Becker, Gary S. 1964. *Human Capital*. Chicago: University of Chicago Press.

Bendor, Jonathan, Ami Glazer, and Thomas Hammond. 2001. "Theories of Delegation." *Annual Review of Political Science* 4(1): 235-69

Brinkley, Douglas. 1997. "Democratic Enlargement: The Clinton Doctrine." *Foreign Policy* 106: 111-27.

Boix, Carles. 2003. *Democracy and Redistribution*. Cambridge, UK: Cambridge University Press.

Brands, Hal. 2020. "Don't Let Great Powers Carve Up the World." *Foreign Affair*, April 20, 2020. https://www.foreignaffairs.com/articles/china/2020-04-20/dont-let-great-powers-carve-world, 최종 접속 2024년 4월 27일.

Brands, Hal and Charles Edel. 2018. "The Disharmony of the Spheres." *Foreign Affairs*, January.

Bunn, Daniel and Cecilia P. Weigel. 2024. "Sources of U.S. Tax Revenue by Tax Type, 2024." March 26, 2024. https://taxfoundation.org/data/all/federal/us-tax-revenue-by-tax-type-2024/#:~:text=This%20is%20especially%20important%20as,percent%20of%20total%20tax%20revenue, 최종 접속 2024년 4월 27일.

Burnham, Walter D. 1970. *Critical Elections and the Mainsprings of American Politics*. New York: W. W. Norton & Company.

Casey, Christopher A. and Brandon J. Murrill. 2023. "Presidential Authority to Address Tariff Barriers in Trade Agreements," Congressional Research Service, February 28, 2023. https://crsreports.congress.gov/product/pdf/IF/IF11400, 최종 접속 2024년 4월 21일.

Chamberlain, Muriel E. 1999. *The Scramble for Africa*. 2nd ed. London: Longman.

CNN. 2008. "Clinton, Obama Go at It over Trade." https://edition.cnn.com/2008/POLITICS/02/25/clinton.obama/index.html, 최종 접속 2024년 4월 21일.

Coase, Ronald H. 1960. "The Problem of Social Cost." *The Journal of Law and Economics* 3: 1-44.

Cox, Gary W. and Mathew D. McCubbins. 2001. "Political Structure and Economic Policy: The Institutional Determinants of Policy Outcomes." in *Presidents, Parliaments, and Policy*. eds. Stephan Haggard and Mathew D. McCubbins. Cambridge: Cambridge University Press, pp. 21-63.

Coyne, Christopher J. 2008. *After War: The Political Economy of Exporting Democracy*. Stanford University Press.

Culpitt, Richard T. and Euel Elliot. 1994. "Schattschneider Revisited: Senate Voting on the Smoot-Hawley Tariff Act of 1930." *Economics & Politics* 6: 187-99.

Churchill, Winston. 1938. "The Munich Agreement." *House of Commons*, October 5, 1938. https://winstonchurchill.org/resources/speeches/1930-1938-the-wilderness/the-munich-agreement/, 최종 접속 2024년 4월 26일.

Dallek, Robert. 1979. *Franklin D. Roosevelt and American Foreign Policy, 1932-1945*. New York: Oxford University Press.

Dawisha, Karen and Jonathan Valdez. 1987. "Socialist Internationalism in Eastern Europe." *Problems of Communism*(January-February): 1-14.

Denamiel, Thibault, Matthew Schleich, and William A. Reinsch. 2024. "Insight into the 13th WTO Ministerial Conference." CSIS. https://www.csis.org/analysis/insight-13th-wto-ministerial-conference, 최종 접속 2024년 5월 21일.

Dennett, Tyler. 1924. "President Roosevelt's Secret Pact With Japan." *Current History*(1916-1940) 21(1): 15-21.

Destler, Ian. 2005. *American Trade Politics*. Washington, DC: PIIE.

Desilver, Drew. 2018. "For Most U.S. Workers, Real Wages Have Barely Budged in Decades." *Pew Research Center*, August 7, 2018. https://www.pewresearch.org/short-reads/2018/08/07/for-most-us-workers-real-wages-have-barely-budged-for-decades/, 최종 접속 2024년 4월 26일.

Dimitrov, Martin. 2009. *Piracy and the State: The Politics of Intellectual Property Rights in China*. Cambridge: Cambridge University Press.

Donnan, Shawn. 2016. "Hillary Clinton's Awkward History on Trade Policy." *Financial Times*, September 29, 2016. https://www.ft.com/content/c2d1c2ca-85e3-

11e6-8897-2359a58ac7a5, 최종 접속 2024년 4월 21일.

Downes, Alexander B. and Mary L. Lilley. 2010. "Overt Peace, Covert War?: Covert Intervention and the Democratic Peace." *Security Studies* 19(2): 266-306.

Downes, Alexander B. and Jonathan Monten. 2013. "Forced to Be Free?: Why Foreign-Imposed Regime Change Rarely Leads to Democratization." *International Security* 37(4): 90-131.

Doyle, Michael. 1997. *Ways of War and Peace*. New York: W. W. Norton.

Emerson, Guy. 1916. "Tariff Making by Log Rolling." *The Annals of the American Academy of Political and Social Science* 64: 56-65.

Epstein, David and Sharyn O'Halloran. 1999. *Delegating Powers: A Transaction Cost Politics Approach to Policy Making under Separate Powers*. Cambridge: Cambridge University Press.

Etzioni, Amitai 2015. "Spheres of Influence: A Reconceptualization." *Fletcher Forum of World Affairs* 39(2): 117-32.

EU. 2015. "Council Regulation (EU) 2015/1589 of 13 July 2015 Laying Down Detailed Rules for the Application of Article 108 of the Treaty on the Functioning of the European Union." *Official Journal of the European Union* L 248/9.

European Commission. 2015. *Investment for Jobs and Growth: Promoting Development and Good Governance in EU Regions and Cities*. Sixth report on economic, social and territorial cohesion. Luxembourg: Publications Office of the European Union. https://op.europa.eu/en/publication-detail/-/publication/af7fd29d-22a3-49a5-a2bd-5f364e28da62/language-en, 최종 접속 2024년 4월 20일.

Ezrati, Milton. 2023. "The East-West Wage Gap Not Nearly As Compelling As It Once Was." *Forbes*, January 30, 2023. https://www.forbes.com/sites/miltonezrati/2023/01/30/the-east-west-wage-gap-not-nearly-as-compelling-as-it-once-was/?sh=667b8330254d, 최종 접속 2024년 4월 20일.

Feenstra, Robert C. 2004. "The Heckscher-Ohlin Model." in *Advanced International Trade: Theory and Evidence*. Princeton: Princeton University Press, pp. 31-63.

Flory, Peter C. W. 2006. "Nuclear Exchange: Does Washington Really Have (or Want) Nuclear Primacy?" *Foreign Affairs*, September/October. http://www.foreignaffairs.org/20060901faresponse85514/, 최종 접속 2024년 4월 20일.

Gaddis, John L. 1972[2000]. *The United States and the Origins of the Cold War 1941-1947*. New York: Columbia University Press.

_____. 1997. *We Now Know: Rethinking Cold War History*. New York: Oxford University Press.

Gallagher, Kevin P. 2012. "Regaining Control? Capital Controls and the Global Financial Crisis." in *The Consequences of the Global Financial Crisis: The Rhetoric of Reform and Regulation*. eds. Wyn Grant and Graham K. Wilson. https://doi.org/10.1093/acprof:oso/9780199641987.003.0007, 최종 접속 2024년 4월 20일.

Gardner, Lloyd C. 1993. *Spheres of Influence: The Great Powers Partition Europe, from Munich to Yalta*. Chicago: Ivan R. Dee.

Gartzke, Erik. 2007. "The Capitalist Peace." *American Journal of Political Science* 51(1): 166-91.

Gelman, Andrew, Nate Silver, and Aaron Edlin, 2012. "What Is The Probability Your Vote Will Make A Difference?." *Economic Inquiry, Western Economic Associa-*

tion International 50(2): 321-26.

Goldstein, Judith L., Douglas Rivers, and Michael Tomz. 2007. "Institutions in International Relations: Understanding the Effects of the GATT and the WTO on World Trade." *International Organization* 61(1): 37-67.

Gowa, Joanne. 2011. *Ballots and Bullets: The Elusive Democratic Peace.* Princeton: Princeton University Press.

Gowa, Joanne, and Soo Yeon Kim. 2005. "An Exclusive Country Club: The Effects of the GATT on Trade, 1950-94." *World Politics* 57(4): 453-78.

Genda, Minoru. 1969. "Tactical Planning in the Imperial Japanese Navy." *Naval War College Review* 22(2): 45-50.

Hagerty, Devin T. 1991. "India's Regional Security Doctrine." *Asian Survey* 31(4): 351-63.

Hall, John A. 2013. *International Orders.* Cambridge, U. K.: Polity Press.

Hast, Susanna. 2016. *Spheres of Influence in International Relations: History, Theory, and Politics.* London: Routledge.

Helleiner, Eric. 1994. *States and the Reemergence of Global Finance: From Bretton Woods to the 1990s.* Ithaca: Cornell University Press

Henning, C. Randall, and I.. M. Destler. 1988. "From Neglect to Activism: American Politics and the 1985 Plaza Accord." *Journal of Public Policy* 8(3-4): 317-33.

Hibbs, Jr. Douglas A. 1982. "President Reagan's Mandate from the 1980 Elections: A Shift to the Right?" *American Politics Quarterly* 10(4): 387-420.

Hiscox, Michael J. 1999. "The Magic Bullet? The RTAA, Institutional Reform, and Trade Liberalization." *International Organization* 53(4): 669-98.

_____. 2002. *International Trade and Political Conflict: Commerce, Coalitions, and Mobility.* Princeton: Princeton University Press.

Hofstadter, Richard. 1955. *The Age of Reform: From Bryan to F.D.R.* Vintage.

Holloway, David. 2016. "The Soviet Union and the Creation of the International Atomic Energy Agency." *Cold War History* 16(2): 177-93.

Ikenberry, G. John. 1992. "A World Economy Restored: Expert Consensus and the Anglo-American Postwar Settlement.." *International Organization* 46(1): 289-321

Ikenson, Daniel J. 2017. "US Trade Laws and the Sovereignty Canard." Cato Institute. https://www.cato.org/commentary/us-trade-laws-sovereignty-canard, 최종 접속 2024년 5월 21일.

Imai, Kosuke and James Lo. 2021. "Robustness of Empirical Evidence for the Democratic Peace: A Nonparametric Sensitivity Analysis." *International Organization* 75(3): 901-19.

Interagency Task Force. 2018. "Assessing and Strengthening the Manufacturing and Defense Industrial Base and Supply Chain Resiliency of the United States." Report to President Donald J. Trump in Fulfillment of Executive Order 13806.

Irwin, Douglas A. and Randall S. Kroszner. 1996. "Log-rolling and Economic Interests in the Passage of the Smoot-Hawley Tariff." *Carnegie-Rochester Conference Series on Public Policy* 45: 173-200.

Iversen, Torben. 2005. *Capitalism, Democracy, and Welfare.* Cambridge: Cambridge University Press.

Jackson, Van 2020. "Understanding Spheres of Influence in International Politics."

European Journal of International Security 5(3): 255-73.

Jacobson, Gary C. 2017. "The Triumph of Polarized Partisanship in 2016: Donald Trump's Improbable Victory." *Political Science Quarterly* 132(1): 9-41.

Jervis, Robert. 1978. "Cooperation under the Security Dilemma." *World Politics* 30(2): 167-214.

Jones, Robert A. 2016. *The Soviet Concept of 'Limited Sovereignty' from Lenin to Gorbachev: The Brezhnev Doctrine*. Springer.

Josephson, Harold. 1979. "Outlawing War: Internationalism and the Pact of Paris." *Diplomatic History* 3(4): 377-90.

Kagan, Robert. 2015. "The United States Must Resist A Return to Spheres of Interest in the International System." *Brookings*, February 19, 2015. https://www.brookings.edu/blog/order-from-chaos/2015/02/19/the-united-states-must-resist-a-return-to-spheres-of-interest-in-the-international-system/, 최종 접속 2024년 4월 27일.

Keal, Paul. 1983. "Contemporary Understanding about Spheres of Influence." *Review of International Studies* 9(3): 155-72.

Kennan, George. 1946. "The Charge in the Soviet Union (Kennan) to the Secretary of State." February 22, 1946. https://nsarchive2.gwu.edu/coldwar/documents/episode-1/kennan.htm, 최종 접속 2024년 4월 23일.

Kennedy, Ross A. 2001. "Woodrow Wilson, World War I, and an American Conception of National Security." *Diplomatic History* 25(1): 1-31.

Kessler, Glean. 2016. "Fact Check: Clinton did call TPP 'the gold standard'." *The Washington Post*. September 27, 2016. https://www.washingtonpost.com/politics/2016/live-updates/general-election/real-time-fact-checking-and-analysis-of-the-first-presidential-debate/fact-check-clinton-dod-call-tpp-the-gold-standard/, 최종 접속 2024년 4월 21일.

Key, V. O., Jr. 1955. "A Theory of Critical Elections." *Journal of Politics* 17(1): 3-18.

Kim, Seungjun, Byung Koo Kim, and Jong Hee Park. 2024. "Easing Globalization Discontent:The Impact of FDI on US Presidential Elections." Presented at the Annual Meeting of 2024 Midwest Political Science Association.

Kindleberger, Charles. 1973. *The World in Depression, 1929-39*. Berkeley: University of California Press.

Kissinger, Henry A. 1968. "The White Revolutionary: Reflections on Bismarck." *Daedalus* 97(3): 888-924.

_____. 2015. *World Order: Reflections on the Character of Nations and the Course of History*. New York: Penguin Books Ltd.

Kottman, Richard N. 1975. "Herbert Hoover and the Smoot-Hawley Tariff: Canada, A Case Study." *Journal of American History* 62(3): 609-35.

Krasner, Stephen D. 1999. *Sovereignty: Organized Hypocrisy*. Princeton University Press.

_____. 2010. "State Power and the Structure of International Trade" in *International Political Economy: Perspectives on Global Power and Wealth*. New York: W. W. Norton & Company.

Krugman, Paul. 2009. "Protectionism and Stimulus (Wonkish)." *New York Times*, February 1, 2009. https://archive.nytimes.com/krugman.blogs.nytimes.com/2009/02/01/protectionism-and-stimulus-wonkish/, 최종 접속 2024년 4월

29일.

Lake, David A. 2009. *Hierarchy in International Relations*. Ithaca: Cornell University Press.

Li, Hongbin, Lei Li, Binzhen Wu, and Yanyan Xiong. 2012. "The End of Cheap Chinese Labor." *Journal of Economic Perspectives* 26(4): 57-74.

Lichbach, Mark Irving. 1995. *The Rebel's Dilemma*. Michigan, Ann Arbor: University of Michigan Press.

Lieber, Keir A. and Daryl G. Press. 2006. "The Rise of U.S. Nuclear Primacy." *Foreign Affairs*(March/April): 42-55.

Lohmann, Susanne. 1998. "An Information Rationale for the Power of Special Interests." *American Political Science Review* 92: 809-27.

Macdonald, David. 2021. "Labor Unions and White Democratic Partisanship." *Political Behavior* 43: 859-79.

Mackinder, H. J. 1942. *Democratic Ideals and Reality: A Study in the Politics of Reconstruction*. NDU Press, p. 50. https://www.files.ethz.ch/isn/139619/1942_democratic_ideals_reality.pdf.

Maggi, Giovanni and Massimo Morelli. 2006. "Self-Enforcing Voting in International Organizations." *American Economic Review* 96(4): 1137-58.

Martin, Andrew D., Gary Miller, and Norman J. Schofield. 2003. "Critical Elections and Political Realignments in the United States: 1860-2000." *Political Studies* 51: 217-40.

McCubbins, Mathew D. and Thomas Schwartz. 1984. "Congressional Oversight Overlooked: Police Patrols versus Fire Alarms." *American Political Science Review* 28: 165-79.

Mead, Walter R. 2014. "The Return of Geopolitics: The Revenge of the Revisionist Powers." *Foreign Affairs*(May/June).

Mearsheimer, John J. 1990. "Back to the Future: Instability in Europe After the Cold War." *International Security* 15(1): 5-56.

_____. 2001. *The Tragedy of Great Power Politics*. New York: W. W. Norton & Company.

_____. 2014. "Why the Ukraine Crisis Is the West's Fault: The Liberal Delusions That Provoked Putin." *Foreign Affairs* 93(5): 77-89.

_____. 2019. "Bound to Fail: The Rise and Fall of the Liberal International Order." *International Security* 43(4): 7-50.

Mertha, Andrew. 2005. *The Politics of Piracy: Intellectual Property in Contemporary China*. Ithaca, N.Y.: Cornell University Press.

Miller, Gary J. 1992. *Managerial Dilemmas: The Political Economy of Hierarchy*. Cambridge: Cambridge University Press.

Miller, Gary and Norman Schofield. 2003. "Activists and Partisan Realignment in the United States." *American Political Science Review* 97(2): 245-60.

Miller, Lynn H. 1999. "The Idea and the Reality of Collective Security." *Global Governance* 5(3): 303-32.

Mohan, C. Raja. 2007. "Balancing Interests and Values: India's Struggle with Democracy Promotion." *The Washington Quarterly* 30(3): 99-115.

Monteiro, Nuno P. and Alexandre Debs. 2014. "The Strategic Logic of Nuclear Proliferation." *International Security* 39(2): 7-51.

Mueller, Robert S. III. 2019. Report On The Investigation Into Russian Interference In The 2016 Presidential Election. U.S. Department of Justice. https://cdn.cnn.com/cnn/2019/images/04/18/mueller-report-searchable.pdf, 최종 접속 2024년 4월 20일.

Office of the Vice President. "Vice President's Remarks at the U.S. Military Academy Commencement." United States Military Academy, West Point, New York, May 31, 2003. https://georgewbush-whitehouse.archives.gov/news/releases/2003/05/20030531-7.html, 최종 접속 2024년 4월 17일.

Olson, Mancur. 1974. *The Logic of Collective Action*. Boston: Harvard University Press.

Oneal, John, and Bruce Russett. 2001. *Triangulating Peace: Democracy, Interdependence, and International Organizations*. New York: W. W. Norton.

Organski, A .F. K. and Jacek Kugler. 1980. *The War Ledger*. Chicago: University of Chicago Press.

O'Rourke, Lindsey and Joshua Shifrinson. 2022. "Squaring the Circle on Spheres of Influence: The Overlooked Benefits" *The Washington Quarterly*, 45(2): 105-124.

Ostrom, Elinor et al. 1999. "Revisiting the Commons: Local Lessons, Global Challenges." *Science* 284: 278-82.

Ostry, Jonathan D., Atish R. Ghosh, Karl Habermeier, Marcos Chamon, Mahvash S. Qureshi, and Dennis B. S. Reinhardt. 2010. "Capital Inflows: The Role of Controls." *IMF Position Note*, February 19, 2010 SPN/10/04. https://www.imf.org/external/pubs/ft/spn/2010/spn1004.pdf.

Park, Jong Hee. 2012. "What Determines the Specificity of Subsidy?" *International Studies Quarterly* 56(2): 413-26.

Perry, Tim. 2016. "Clinton Sets the Record Straight on Her Free Trade Stance." *CBS News*. May 9, 2016. https://www.cbsnews.com/news/clinton-sets-the-record-straight-on-her-free-trade-stance/, 최종 접속 2024년 4월 21일.

Petito, Fabio. 2016. "Dialogue of Civilizations in a Multipolar World: Toward a Multi-civilizational-Multiplex World Order." *International Studies Review* 18(1): 78-91.

Phillips, Amber. 2016. "Hillary Clinton's Position on Free Trade? It's (Very) Complicated." *Washington Post*, September 26, 2016. https://www.washingtonpost.com/news/the-fix/wp/2016/09/26/hillary-clintons-position-on-free-trade-its-very-complicated/, 최종 접속 2024년 4월 21일.

Pifer, Steven. 2020. "Contending With—Not Accepting—Spheres of Influence." March 5, 2020. https://www.russiamatters.org/analysis/contending-not-accepting-spheres-influence, 최종 접속 2024년 4월 17일.

Polanyi, Karl. 1944[2001]. *The Great Transformation: The Political and Economic Origins of Our Time*. Boston: Beacon Press.

Ponder, Stephen. 1994. "The President Makes News: William McKinley and the First Presidential Press Corps, 1897-1901." *Presidential Studies Quarterly* 24(4): 823-36.

Rawls, John. 1973. *Theory of Justice*. Cambridge: Belknap Press of Harvard University Press.

_____. 2001. *The Law of Peoples: With "The Idea of Public Reason Revisited."* Boston: Harvard University Press.

Reilly, Kaitie. 2016. "Read Hillary Clinton's 'Basket of Deplorables' Remarks About Donald Trump Supporters." *The Time* September 10, 2016. https://time.com/4486502/hillary-clinton-basket-of-deplorables-transcript/, 최종 접속 2024년 7월 17일.

Reiter, Dan. 2014. "Security Commitments and Nuclear Proliferation." *Foreign Policy Analysis* 10(1): 61-80.

_____. 2017. "Is Democracy a Cause of Peace?" in *Oxford Research Encyclopedia of Politics*. https://doi.org/10.1093/acrefore/9780190228637.013.287, 최종 접속 2024년 4월 17일.

Rodrik, Dani. 2010. "The End of an Era in Finance." *Project Syndicate*. March 11, 2010. https://www.project-syndicate.org/commentary/the-end-of-an-era-in-finance, 최종 접속 2024년 4월 29일.

Rogowski, Ronald. 1989. *Commerce and Coalitions: How Trade Affects Domestic Political Alignments*. Princeton: Princeton University Press.

Rosato, Sebastian. 2003. "The Flawed Logic of Democratic Peace Theory." *American Political Science Review* 97(4): 585-602.

Ruggie, John G. 1982. "International Regimes, Transactions, and Change: Embedded Liberalism in the Postwar Economic Order." *International Organization* 36(2): 379-415.

Ruggie, John G.. ed. 1993. *Multilateralism Matters: The Theory and Praxis of an Institutional Form*. New York: Columbia University Press.

Ryan, Molly. 2014. "Sovereign Bankrupcy: Why Now and Why Not in the IM.F." *Fordham Law Review* 82(5): 2473-2520.

Saez, Emmanuel and Gabriel Zucman. 2016. "Wealth Inequality in the United States Since 1913: Evidence from Capitalized Income Tax Data." *Quarterly Journal of Economics* 131(2): 519-78.

Sankey, Evan R. 2020. "Reconsidering Spheres of Influence." *Survival* 62(2): 37-47.

Saunders, Paul. 2020. "US Embrace of Great Power Competition Also Means Contending With Spheres of Influence." February 13, 2020. https://www.russiamatters.org/analysis/us-embrace-great-power-competition-also-means-contending-spheres-influence, 최종 접속 2024년 4월 17일.

Schaller, Tom and Paul Waldman. 2024. *White Rural Rage: The Threat to American Democracy*. New York: Random House.

Schattschneider, Elmer E. 1935. *Politics, Pressures and the Tariff: A Study of Free Private Enterprise in Pressure Politics, as Shown in the 1929-1930 Revision of the Tariff*. New York: Prentice-Hall.

Schnietz, Karen E. 2000. "The Institutional Foundation of U.S. Trade Policy: Revisiting Explanations for the 1934 Reciprocal Trade Agreements Act." *Journal of Policy History* 12(4): 417-44.

_____. 2003. "The Reaction of Private Interests to the 1934 Reciprocal Trade Agreements Act." *International Organization* 57(1): 213-33.

Schreuder, D. M. 1970. "Gladstone and Italian Unification, 1848-70: The Making of a Liberal?" *The English Historical Review* 85(336): 475-501.

Shirk, Susan L. 2023. *Overreach: How China Derailed Its Peaceful Rise*. New York: Oxford University Press.

Shue, Henry. 2002. "Rawls and the Outlaws." *Politics, Philosophy & Economics*, 1(3): 307-323.

Snyder, J. Richard. 1973. "Hoover and the Hawley-Smoot Tariff: a View of Executive Leadership." *The Annals of Iowa* 41(7): 1173-89.

Stasavage, David. 2003. *Public Debt and the Birth of the Democratic State: France and Great Britain 1688-1789*. Cambridge: Cambridge University Press.

Steil, Benn. 2013. *The Battle of Bretton Woods: John Maynard Keynes, Harry Dexter White, and the Making of a New World Order*. Princeton: Princeton University Press.

Stephen, Matthew D. and David Skidmore. 2019. "The AIIB in the Liberal International Order." *Chinese Journal of International Politics* 12(1): 61-91.

Stokes, Susan C. 2001. *Mandates and Democracy: Neoliberalism by Surprise in Latin America*. New York: Cambridge University Press.

Stolper, Wolfgang F. and Paul A. Samuelson, 1941. "Protection and Real Wages." *The Review of Economic Studies* 9(1): 73.

Stubbs, Richard. 2008. "The ASEAN Alternative? Ideas, Institutions and the Challenge to 'Global' Governance." *The Pacific Review* 21(4): 451-68.

Sullivan, Jake. 2023. "The Biden Administration's International Economic Agenda: A Conversation with National Security Advisor Jake Sullivan." *The Brookings Institution*, April 27, 2023. Falk Auditorium, Washington, D. C. https://www.brookings.edu/wp-content/uploads/2023/04/es_20230427_sullivan_intl_economic_agenda_transcript.pdf, 최종 접속 2024년 7월 2일.

Sundquist, James L. 1983. *Dynamics of the Party System: Alignment and Realignment of Political Parties in the United States*. Brookings Institution Press.

The Associated Press. 2007. "Obama criticizes Clinton on NAFTA, trade." November 18, 2007. http://usatoday30.usatoday.com/news/politics/election2008/2007-11-18-obama_N.htm, 최종 접속 2024년 4월 20일.

The Economist. 2008. "The Battle of Smoot-Hawley." December 18, 2008. https://www.economist.com/christmas-specials/2008/12/18/the-battle-of-smoot-hawley, 최종 접속 2024년 4월 20일.

The Times. 2016. "Read Donald Trump's Speech on Trade." June 28, 2016. https://time.com/4386335/donald-trump-trade-speech-transcript/, 최종 접속 2024년 4월 21일.

U.S. Department of State. 2024. "Stimson Doctrine, 1932." https://2001-2009.state.gov/r/pa/ho/time/id/16326.htm, 최종 접속 2024년 4월 26일.

U.S.-China Economic and Security Review Commission. 2001-2021. *Annual Report to Congress*. U.S.-China Economic and Security Review Commission.

Waltz, Kenneth N. 1979. *Theory of International Politics*. Boston: Addison-Wesley Publishing Company.

Wang, Hongying. 2019. "The New Development Bank and the Asian Infrastructure Investment Bank: China's Ambiguous Approach to Global Financial Governance." *Development and Change* 50: 221-44.

Welt, Cory. 2024. "U.S. Sanctions on Russia: Legal Authorities and Related Actions." *Congressional Research Service*, April 26, 2024.

Wendt, Alexander and Daniel Friedheim. 1995. "Hierarchy under Anarchy: Informal Empire and the East German State." *International Organization* 49(4): 689-

721.

White House. 2021. "Remarks by President Biden on Afghanistan." August 16, 2021. https://www.whitehouse.gov/briefing-room/speeches-remarks/2021/08/16/remarks-by-president-biden-on-afghanistan/#:~:text=If%20anything%2C%20the%20developments%20of,spent%20over%20a%20trillion%20dollars, 최종 접속 2024년 4월 23일.

Wight, Martin. 2023. "The Balance of Power and International Order." in *Foreign Policy and Security Strategy* (online edn, Oxford Academic). ed. David Yost. https://doi-org-ssl.libproxy.snu.ac.kr/10.1093/oso/9780192867889.003.0003, 최종 접속 2024년 5월 28일.

Wright, Quincy. 1932. "The Stimson Note of January 7, 1932." *American Journal of International Law* 26(2): 342-48.

Zaccaria, Giuseppe. 2022. "You're Fired! International Courts, Re-contracting, and the WTO Appellate Body during the Trump Presidency." *Global Policy* 13(3): 322-33.